Gregoriana

9

DIES ACADEMICUS

L'evento conciliare
nella vita della Chiesa
14-15 marzo 2013

Pontificia
Università
Gregoriana

Collana diretta da Roland Meynet S.I.
Series directed by Roland Meynet S.I.

© 2014 Gregorian & Biblical Press
Piazza della Pilotta, 35 00187 - Roma
books@biblicum.com

ISBN 978-88-7839-293-9

Finito di stampare nel mese di novembre 2014
presso Lisanti S.r.l. - Roma

IL CONCILIO VATICANO II, EVENTO MORALE

P. Humberto Miguel Yáñez, S.I.
Facoltà di Teologia

Lo scopo di questo forum è prendere in considerazione il Concilio Vaticano II in quanto *evento* che, come tale, manifesta l'emergere di una *nuova* coscienza ecclesiale. Intendo per «evento» la produzione, da parte della coscienza dell'uomo, di qualcosa di nuovo nella storia. Infatti, il Concilio Vaticano II è stato uno degli avvenimenti storici che più hanno influito nella vita della Chiesa per quanto riguarda il rinnovamento della Teologia e della pastorale. Prendo qualche spunto del libro di J. O'Malley, *Cosa è successo nel Concilio Vaticano II*[1], per avviare la mia riflessione.

I. PRESA DI COSCIENZA DEL CAMBIAMENTO EPOCALE

Che ci sia stato un cambiamento epocale non sembra una questione messa in discussione, piuttosto il quando (il momento storico in cui) esso avvenne e la sua portata. Infatti, J. O'Malley[2] accenna alcuni fatti storici (ai quali aggiungo qualche elemento in più) che hanno determinato oppure rappresentano questo cambiamento epocale:
• la *rivoluzione francese* e la fine dell'*ancien régime*, che ha avviato un movimento sociale e politico che sfocia nella fine del colonialismo e la fine del traffico legale di persone (schiavitù) da parte dei paesi europei;
• la *rivoluzione industriale* e le lotte ideologiche a causa dell'emergere della ideologia marxista che impulsò diversi movimenti socio-politici che sboccarono nelle rivoluzioni e guerre che terminarono nella guerra fredda al tempo del Concilio.
Questi fatti storici sono stati accompagnati dal comparire di nuove forme di pensiero (e inversamente) soprattutto in Europa, comprese nella cosiddetta «modernità» caratterizzata dalla ricerca di libertà di pensiero, e dalla nascita e il progresso della scienza moderna (scienze fisico-matematiche) e della tecnologia. Giovanni XXIII espresse un apprezzamento di questi cambia-

---

[1] J. O'MALLEY, *Cosa è successo nel Concilio Vaticano II* Milano 2010; orig. *What happened at Vatican II*, Cambridge (Mass) – London 2008.
[2] J. O'MALLEY, *Cosa è successo* (cf. nt. 1), 3-15; 55-94.

menti nella Costituzione Apostolica *Humanae salutis* con la quale convocò ufficialmente il Concilio: «l'umanità è alla svolta di un'era nuova»[3].

Dal *punto di vista ecclesiale*, secondo l'opinione di diversi autori raccolti da O'Malley, il Concilio Vaticano II rappresentò «la fine dell'epoca costantiniana» e «la fine della Controriforma»[4]. La prima fa emergere la questione del «rapporto Chiesa-Stato», e la seconda la questione del dialogo ecumenico e il problema del rapporto alla Sacra Scrittura nella vita della Chiesa e della Teologia, mettendo in crisi e ridimensionando appunto, il ruolo del Magistero ecclesiastico. Tutto questo comportava pure la ridefinizione del «rapporto fra centro e periferia nella Chiesa» («giusta distribuzione dell'autorità fra il papato e la curia vaticana e il resto della Chiesa»), e «lo *stile*» dell'esercizio dell'autorità. Finalmente, riguardo alla possibilità di cambiamento all'interno della Chiesa, la questione sollevata da John Courney Murray dello «sviluppo della dottrina»[5], presente già in modo implicito nell'indizione del Concilio e man mano più esplicito lungo tutto l'arco dei dibattiti. Secondo Rahner, siamo nella «terza epoca della storia del cristianesimo»: «il tempo della Chiesa mondiale»[6].

Quindi, il Concilio Vaticano II sarebbe il frutto di un lungo periodo (forse dal Cinquecento, quindi, dalla nascita della modernità) di evoluzione storico-culturale nel quale la Chiesa si era man mano chiusa nel proprio cerchio, scontrandosi con il nuovo mondo che emerse con un atteggiamento critico verso la Chiesa istituzionale alleata al potere temporale. Ma all'interno della Chiesa, da più di un secolo si era già avviato un movimento di rinnovamento che ebbe delle resistenze da parte del magistero pontificio e che alla fine (in parte) veniva accettato come accade con gli studi biblici, liturgici, patristici e filosofici, sebbene ogni area ebbe il proprio processo particolare più o meno travagliato. Allora, il Concilio Vaticano II rappresenta la presa di coscienza di questo grandissimo cambiamento epocale. In fondo a queste problematiche, la questione centrale che emerse al tempo del Concilio Vaticano II è appunto, l'*identità della Chiesa*, tematica già trattata nell'enciclica *Mystici Corporis* di Pio XII, che però invece non sembra abbia risolto la questione, in tanto rimaneva nei vecchi schemi della manualistica neoscolastica.

---

[3] GIOVANNI XXIII, Costituzione Apostolica *Humanae salutis*, 3, in *Enchiridion Vaticanum* (d'ora in poi: *EV*), 1. *Documenti del Concilio Vaticano II. Testo Ufficiale e versione italiana*, Bologna 1985[3], 3.

[4] J. O'MALLEY, *Cosa è successo* (cf. nt. 1), 5-6.

[5] J.C. MURRAY, «This Matter of Religious Freedom», *America* 112 (1965) 40-43. Cit. da J. O'MALLEY, *Cosa è successo* (cf. nt. 1), 10, nt. 8.

[6] K. RAHNER, «Towards a Fundamental Theological Interpretation of Vatican II», *Theological Studies* 40 (1979) 716-727. Cit. da J. O'MALLEY, *Cosa è successo* (cf. nt. 1), 14, nt. 12.

A questo punto è da evidenziare l'atteggiamento di onestà da parte di Giovanni XXIII. Le sue parole forse non esprimono tutta la portata della sua intuizione nel convocare il Concilio Vaticano II che le era venuta per un'ispirazione spontanea[7], della quale prese nota nel suo diario dove leggiamo: «tutto fu chiaro e semplice nel mio spirito», «Come se l'idea di un concilio mi sorgesse in cuore con la naturalezza delle riflessioni più spontanee e più sicure» (20 gennaio 1959); e l'11 settembre 1962: parla delle «buone ispirazioni del Signore» in modo «simpliciter et confidenter»[8]. Queste parole ci rimandano alle regole di discernimento di Sant'Ignazio di Loyola, dove nella seconda settimana si parla della consolazione senza causa (EE 336), in cui si conosce con chiarezza la volontà di Dio[9]. Suddette note mostrano un'anima delicata e attenta ai movimenti interiori in cui Dio si manifesta. È questo atteggiamento che ha reso possibile che un papa che intendeva un concilio per ribadire la dottrina e la disciplina, come annunciò ai Cardinali nella Basilica di San Paolo fuori le mura il 25 gennaio 1959[10], ma contemporaneamente aveva l'intuizione che questo non bastava per rinnovare spiritualmente la Chiesa, si è messo in un atteggiamento di ricerca della volontà di Dio, la quale intuiva di ricercarla nella storia. O'Malley sottolinea l'assenza voluta di «termini negativi, di monito o di condanna», come era di consueto tra i suoi predecessori. Infatti, nella Costituzione Apostolica *Humanae salutis* (HS) leggiamo:

> Anime sfiduciate non vedono altro che tenebre gravare sulla faccia della terra. Noi, invece, amiamo riaffermare tutta la Nostra fiducia nel Salvatore nostro, che non si è dipartito dal mondo, da Lui redento. Anzi, facendo Nostra la raccomandazione di Gesù di saper distinguere «i segni dei tempi» (Mt. 16,3), Ci sembra di scorgere, in mezzo a tante tenebre, indizi non pochi che fanno bene sperare sulle sorti della Chiesa e della umanità[11].

Questi aspetti verranno ripresi nei documenti conciliari, quando la *Gaudium et spes* parla della finalizzazione della storia in Cristo, e dei segni dei tempi, come segni di Dio presente nella storia umana (GS 4,11)[12].

---

[7] Cf. G. CAPRILE, ed., *Il Concilio Vaticano II. Cronache del Concilio Vaticano II*, Roma 1966-1969, vol I/1, 39-45 e vol. V, 703-705. Cit. da J. O'MALLEY, *Cosa è successo* (cf. nt. 1), 17.

[8] *Lo spirito del Concilio nella mente di Papa Giovanni XXIII*. Testi a cura di G. Zanchi – F. Mores, Studium – Fondazione Papa Giovanni XXIII, Roma – Bergamo 2012, 15-16.

[9] «accogliendo come venuta dall'alto una voce intima del Nostro spirito». GIOVANNI XXIII, Costituzione Apostolica *Humanae salutis*, 6, in *EV* 1, 6*.

[10] *Lo spirito del Concilio* (cf. nt. 9), 17-19.

[11] GIOVANNI XXIII, Costituzione Apostolica *Humanae salutis*, 4, in *EV* 1, 4*.

[12] E. CHIAVACCI, «La teologia della "Gaudium et spes"», *Rassegna di Teologia* 26 (1985) 97-120.

I motivi con cui il papa giustificava l'indizione del concilio furono principalmente due: il primo, «promuovere "l'illuminazione, edificazione e gioia dell'intero popolo cristiano"», e il secondo, «porgere «un invito cordiale e rinnovato ai fedeli delle comunità separate a partecipare con noi a questa ricerca dell'unità e della grazia"»[13]. O'Malley evidenzia il carattere positivo di ambedue motivi. Giovanni XXIII «intendeva il Concilio come un invito al rinnovamento spirituale della Chiesa e del mondo»[14], quindi, un nuovo concilio anziché la continuazione del Vaticano I che non fu compiuto, il quale si chiamerà *Vaticano II* (nelle agende di papa Giovanni si trova sotto la data «luglio 1959 mercoledì 4»)[15].

Già alla vigilia della convocazione del Concilio, Giovanni XXIII espresse il desiderio che la Chiesa fosse «la Chiesa di tutti, e particolarmente la Chiesa dei poveri»[16]. Quindi, un desiderio di autenticità, di ritrovare la sua identità universale, la quale si avvera nella preferenza per il povero, come più tardi svilupperà il magistero di Giovanni Paolo II[17], e recentemente ripreso da Francesco[18].

Nella versione preparatoria manoscritta autografa del discorso di apertura del Concilio *Gaudet Mater Ecclesia*, parla di un «balzo innanzi verso una penetrazione dottrinale e un formazione delle coscienze in corrispondenza più perfetta alla fedeltà all'autentica dottrina, anche questa studiata ed esposta attraverso le forme della indagine e della formulazione letteraria del *pensiero moderno*». Quindi, compare un'altra volta la consapevolezza del cambiamento epocale. Ed è qui che fa la distinzione tra la sostanza della dottrina e la formulazione, puntando su «un magistero a carattere prevalentemente pastorale»[19]. Allora si tratta di un approccio positivo, nuovo in paragone con l'atteggiamento della Chiesa negli ultimi secoli, e di quasi tutti i concili, secondo O'Malley.

Ed è questo atteggiamento che apparirà soprattutto nello svolgimento dello stesso Concilio, già dalla fase preparatoria, quando di fronte alla proposta della Commissione Preparatoria di inviare a tutti i vescovi un questionario già predisposto sui temi da affrontare, il Papa propone che i vescovi inviino

---

[13] *Acta et Documenta Concilio Oecumenico Vaticano II Apparando*. Series secunda (Praeparatoria), I, 6; cit. da: J. O'MALLEY, *Cosa è successo* (cf. nt. 1), 19, nt. 4.

[14] J. O'MALLEY, *Cosa è successo* (cf. nt. 1), 20.

[15] *Lo spirito del Concilio* (cf. nt. 9), 20-21.

[16] GIOVANNI XXIII, Nuntius radiophonicus universis catholici orbis christifidelibus, mense ante quam Oecumenicum Concilium sumeret initium, in EV, 1, 25*l.

[17] GIOVANNI PAOLO II, Lettera enciclica Laborem exercens, n. 8.

[18] «Ah, come vorrei una Chiesa povera e per i poveri!». FRANCESCO, Discorso ai rappresentanti dai media, 16 marzo 2013. Cf.http://www.vatican.va/holy_father/francesco/speeches/2013/march/documents/papa-francesco_20130316_rappresentanti-media_it.html

[19] *Lo spirito del Concilio* (cf. nt. 9), 74.

liberamente le sue proposte. Quindi, troviamo già dall'inizio un atteggiamento di *ascolto* rivolto all'interno della Chiesa, che poi il suo successore svilupperà nell'enciclica programmatica *Ecclesiam suam*. Questo favorì l'emergere d'iniziative all'interno della Chiesa e nel dialogo con le altre chiese. Dall'interno della Chiesa, la proposta del card. Agostino Bea riguardo alla costituzione di un Segretariato per l'unità dei cristiani, la quale iniziativa viene subito accolta dal Papa[20], e poco dopo, lo stesso card. Bea comunica a Giovanni XXIII il desiderio del Patriarca di Costantinopoli Atenagora I di poter trovare il Papa[21]. In continuazione, nel pontificato di papa Giovanni, numerose visite sono state effettuate da molti esponenti delle diverse Chiese cristiane[22]. Più tardi, nel suo rapporto con il Cardinale Suennens[23], ha reso il sostegno alla maggioranza rinnovatrice, senza però accantonare i principali personaggi della Curia Romana. Quindi, un atteggiamento sincero di dialogo, di ascolto dei suoi fratelli nell'episcopato, dei fratelli separati, della Chiesa tutta e infine, del mondo contemporaneo.

Perciò, Giovanni Paolo II, nella commemorazione del XX anniversario del Concilio, riconosceva la *novità* del concilio, in accordo con i nuovi tempi che si avvicinavano:

> Un'enorme ricchezza di contenuti ed un nuovo tono, prima sconosciuto, nella presentazione conciliare di questi contenuti, costituiscono quasi un annuncio di tempi nuovi[24].

Benedetto XVI, da parte sua, nel suo discorso alla Curia Romana in occasione della presentazione degli auguri natalizi (22/12/2005), punta sul rapporto tra la Chiesa e l'età moderna: «il Concilio doveva determinare in modo nuovo il rapporto tra Chiesa ed età moderna», indicando la problematicità del suo inizio e le principali questioni che racchiudeva questo rapporto:
- la relazione tra fede e scienze moderne
- il rapporto tra Chiesa e Stato moderno
- rapporto tra fede cristiana e religioni del mondo
- rapporto tra la Chiesa e la fede di Israele

Indicando però che queste novità si diedero nella continuità.

---

[20] *Lo spirito del Concilio* (cf. nt. 9), 25-26.
[21] *Lo spirito del Concilio* (cf. nt. 9), 29-31.
[22] *Lo spirito del Concilio* (cf. nt. 9), 33-34.
[23] Sulla figura del Card. Suennens e il suo ruolo nel Concilio, vedi: S. MADRIGAL, *Vaticano II: remembranza y actualizacion. Esquemas para una Eclesiologia*, Santander 2002, 15-40.
[24] GIOVANNI PAOLO II, *Tertio millennio adveniente*, 20, in *EV* 1, 1745.

Benedetto XVI parla di un «sì» fondamentale all'età moderna nell'assumere certi elementi essenziali del pensiero moderno.

Da questo *atteggiamento di ascolto di Dio nella cultura e nella storia* sorse la teologia dei «segni dei tempi», in accordo con la «mentalità storica con la quale la maggioranza dei vescovi e teologi più influenti affrontò il proprio compito nel Vaticano II». A questo riguardo fu molto importante l'influsso di Marie-Dominique Chenu nel centro studi domenicano *Le Saulchoir*, dove si era sviluppato uno studio storico della teologia che accoglieva il «grande sviluppo della ricerca storica iniziato nell'Ottocento»[25]. Y. Congar riteneva appunto, che la storia è per la chiesa un luogo teologico[26].

Come conseguenza, *l'atteggiamento di ricerca della volontà di Dio* si espresse nei termini: «aggiornamento», «sviluppo», «resourcement». Tutti e tre «segnalano l'abbandono della visione del mondo cosiddetta «classicista», che considera la vita umana in termini statici, astratti e immutabili». Il termine più usato e introdotto da Giovanni XXIII, fu «aggiornamento», che intendeva di fare «opportuni emendamenti»[27], guardando «al presente, alle nuove condizioni e forme di vita introdotte nel mondo moderno». E l'aggiornamento diventò «un tema conduttore»[28] insieme al «ressourcement» come ritorno alle fonti della Sacra Scrittura e della patristica per schiudere la Teologia dal cerchio della neoescolastica e renderla più «autentica» e più «adatta» al mondo moderno. Appunto, autenticità e adattabilità vanno insieme, in tanto il mondo contemporaneo ha fame di autenticità, la quale richiede la adattabilità, ed è questo uno dei principali «segni dei tempi» da applicare a tutta la teologia, in modo particolare alla Teologia morale.

A questo punto, si indica pure il cambiamento del genere letterario: dallo stile giudiziario a uno stile «pastorale» che lasciava da parte le condanne del passato per offrire una proposta, un invito che puntava sul convincimento delle coscienze, sulla conversione, sulla santità, sull'interiorità piuttosto che sulle misure disciplinari e intimidatorie della tradizione legislativo-giudiziaria presente nei precedenti concili, il che comportò un cambiamento del sistema di valori sottostante a queste pratiche. Infatti, già dalla convocatoria del Concilio, Giovanni XXIII diede delle indicazioni al suo segretario sul «carattere, lo stile e la forma» della Bolla d'indizione, che doveva essere diverso dallo stile della Bolla che annunciò la celebrazione del Vaticano I. «Il

---

[25] M.-D. CHENU, *Une École de théologie. Le Saulchoir*, Paris 1985, 132; cit. da J. O'MALLEY, *Cosa è successo* (cf. nt. 1), 38, nt. 46.

[26] « L'histoire ou l'expérience humaine est pour [l'Église] un lieu théologique». Y. M.-J. CONGAR, « Église et monde dans la perspective de Vatican II», in Y. M.-J. CONGAR, *L'Église dans le monde de ce temps. Constitution pastorale Gaudium et spes*, Paris 1967, 29.

[27] J. O'MALLEY, *Cosa è successo* (cf. nt. 1), 39.

[28] J. O'MALLEY, *Cosa è successo* (cf. nt. 1), 40.

Papa pensa al Concilio di Trento e al discorso finale pronunciato a Trento da [...] Gerolamo Regazzoni», il quale «aveva esposto in maniera positiva la "sana dottrina nella sua forza di attrazione"»[29]. Quindi, Giovanni XXIII, facendo riferimento alla tradizione (*resourcement*), fa una interpretazione del presente avviando in modo nuovo uno stile che ha delle sue radici nella storia. E questo è stato possibile grazie a un gesto di ascolto della storia come luogo di rivelazione di Dio, un aria di fiducia in Lui e anche nell'uomo sua creatura, contrariamente a quelli che «[...] si comportano come se nulla abbiano imparato dalla storia, che pur è maestra di vita [...]»[30]. Giovanni XXIII capì quindi, che qualcosa non andava più e diede inizio a un lavoro di ricerca e di adattamento della Chiesa ai nuovi tempi, insomma, un lavoro di «riforma».

II. CAMBIAMENTO NELLA TEOLOGIA MORALE NUOVA ECCLESIOLOGIA

La Teologia morale si colloca all'interno di questo movimento rinnovatore che diede inizio nell'autocomprensione della Chiesa stessa. Da questa si potrà estrarre degli elementi fondamentali per una Teologia morale della comunità ecclesiale e per la comunità ecclesiale consone alla nuova autocoscienza ecclesiale. Il *Dialogo* divenne allora una categoria basilare:

1. DIALOGO AD INTRA

La costituzione dogmatica sulla Chiesa *Lumen gentium*, tratta della Chiesa «ad intra», ossia, della nuova auto comprensione nel contesto culturale contemporaneo. La costituzione si apre indicando la natura della Chiesa (sacramento dell'unità) e la sua finalità (l'unione degli uomini con Dio e fra loro) (nn. 1.9.12). Per la Teologia morale ciò significa mettere al centro dell'attenzione la comunione (*koinonia*), che non si circoscrive solo alla comunità cristiana, bensì abbraccia tutto il genere umano. La Chiesa è presentata come Corpo di Cristo (LG 8), indicando con tale immagine una realtà e un'unità spirituale nominata «Popolo di Dio» (LG 9). In effetti, entrambe le immagini sono integrate, indicando la sua realtà spirituale incarnata nella realtà storica. Infatti, il Popolo di Dio (GS 3) è in intima solidarietà con il genere umano (GS 1. 3), ed offre la sua collaborazione al fine di instaurare la fraternità universale attraverso il *dialogo* (GS 3). Tale profonda solidarietà nasce dal mistero dell'Incarnazione, per il quale «non c'è

---

[29] *Lo spirito del Concilio* (cf. nt. 9), 35-37.
[30] GIOVANNI XXIII, Discorso di apertura del Concilio *Gaudet Mater Ecclesia*, in *EV* 1, 40*.

nulla di veramente umano che non trovi eco» nel cuore della Chiesa (GS, 1), la quale vuole essere la Chiesa di tutti, «soprattutto dei poveri e di tutti i sofferenti» (GS 1), d'accordo con il pensiero di Papa Giovanni XXIII espresso nel radiomessaggio previo all'inaugurazione del Concilio[31].

Si supera in questo modo l'idea della Chiesa come «società perfetta» e la sfiducia con cui guardava alla cultura secolare: «la Chiesa non ignora quanto ha ricevuto dalla storia e dall'evoluzione del genere umano...» come «la sapienza dei filosofi» (GS 44). La Chiesa desidera piuttosto «comprendere il mondo in cui viviamo e le sue attese, le sue aspirazioni...» (GS 4). Perciò il *dialogo* è una categoria centrale basata sulla concezione della coscienza personale capace di comprendere la verità (GS 26), nella dignità personale basata sull'Incarnazione (GS 22) e sulla vocazione umana alla comunione con Dio (GS 19. 21). In tal modo, il dialogo è il modo di relazionarsi dei figli della Chiesa fra loro (GS 43) e della Chiesa col mondo (GS 3).

Perciò, partendo dalla Chiesa come «comunità di fede, speranza e carità» (LG, 8), il suo dinamismo proprio è appunto, la carità (LG 7.12.40.41). Tutti i suoi membri sono chiamati alla santità, vale a dire «alla pienezza della vita cristiana ed alla perfezione della carità» (LG 40). Quindi il Concilio invita «ognuno secondo i propri doni e compiti» ad «avanzare senza esitazione nella via della fede viva, che accende la speranza e opera per mezzo della carità» (LG 41).

Il Concilio riconosce nella «universalità dei fedeli» l'infallibilità nel loro credere basato sull'unzione del Santo che produce in questi un «soprannaturale senso della fede» (LG 12). In tal punto resta ancora la domanda implicita, di cui il Concilio non si occupa, sul modo in cui la «indefettibilità in credendo», propria del popolo di Dio nella sua totalità, si ripercuota in un senso soprannaturale rispetto alla moralità personale[32].

Il Concilio riconosce anche a quelli che, «senza colpa ignorano il Vangelo di Cristo e la sua Chiesa», la possibilità della salvezza seguendo onestamente «il dettame della coscienza» (LG 16). Si riprende una lunga tradizione teologica sulla centralità della coscienza, il cui dettame si deve seguire sempre, ed il conseguente problema della coscienza erronea, trattati in maniera più ampia nella *Gaudium et spes* (n.16).

Infine, tocca alla Chiesa offrire agli esseri umani il senso della vita temporale (LG, 48). Qui la Teologia morale trova ampio spazio per reimpiantare

---

[31] Cf. M. FARINA, *Chiesa di poveri e Chiesa dei poveri. La fondazione biblica di un tema conciliare*, Roma 1986, 45.

[32] Sul dibattito recente, si vedano le posizioni di P. Valadier, N.Y. Soédé e G. Angelini in J. KEENAN, ed., *Los desafios éticos del mundo actual: una mirada intercultural. Primera Conferencia Intercontinental e Intercultural sobre la Ética Teológica Católica en la Iglesia Mundial*, Buenos Aires 2008, 257-284 (orig. inglese, versioni in diverse lingue).

secondo una nuova categoria, quella del senso dell'esistenza, il suo fondamento filosofico nel dialogo con la filosofia moderna e contemporanea.

La *Lumen Gentium* offre un'ecclesiologia di comunione che si completa con la Costituzione pastorale *Gaudium et spes*, che tratta della relazione della Chiesa con il mondo contemporaneo.

Nell'*Optatam totius* il Concilio propone il termine «vocazione» come categoria centrale della Teologia morale e indica una categoria storico-salvifica. Si riferisce al dialogo che Dio instaura in ogni uomo in Cristo, vale a dire, in virtù del mistero dell'Incarnazione e dell'invio dello Spirito santo. In tal modo, al centro dell'esperienza di moralità cristiana, si trova il dialogo dell'essere umano con Dio, che avviene nella storia umana, assunta come categoria teologica.

Il testo conciliare pondera la «sublimità» di tale vocazione, ossia, chiede alla Teologia morale di aiutare a comprendere attraverso la riflessione critica l'importanza decisiva della chiamata in Cristo per la moralità personale.

Il modello di Chiesa popolo di Dio «più orizzontale» sostituisce «il modello tradizionale, gerarchico e verticale». Per prima volta in un concilio si parla della dignità dei laici (*Apostolicam actuositatem*); della «relazione fra ordine e carisma, ovvero fra l'obbedienza e i doni dello Spirito», e «fu così che la parola "carisma" entrò, per la prima volta nella storia, nella terminologia di un concilio». Veniva fuori la questione dell'esercizio dell'autorità in una società dove le monarchie assolute erano abolite per dare luogo alle istituzioni democratiche. Tutto questo indicava la convenienza di un «nuovo stile nell'esercizio dell'autorità»[33].

Siccome la Chiesa non ha soluzioni per tutto, ha bisogno dell'esperienza umana per capire più profondamente la verità rivelata nel Vangelo (GS, 44)[34]. Si richiede «la testimonianza di una fede viva e matura» come risposta alla sfida dell'ateismo contemporaneo (GS 21) ma anche come meta dell'evangelizzazione che sul piano sociale promuove la «vera e piena liberazione» (GS 10) ed il progresso umano (GS 37. 39), collocandosi la Chiesa, in tal modo, a sostegno dei poveri (GS 42). Si tratta di una Chiesa che riscopre la sua vocazione di servizio alla persona umana, vissuta nel mondo, aperta al dialogo come modo di essere, e come strumento di autocomprensione e di evangelizzazione.

---

[33] J. O'MALLEY, *Cosa è successo* (cf. nt. 1), 12.
[34] E. CHIAVACCI, «La teologia della "Gaudium et spes"», *Rassegna di Teologia* 26 (1985) 112.

2. DIALOGO AD EXTRA

Sebbene lo Schema XIII fosse stato l'ultimo schema, il rapporto tra Chiesa e mondo contemporaneo fu dall'inizio del Concilio una preoccupazione centrale, come può rintracciarsi nel Messaggio dei Padri conciliari all'umanità del 20 ottobre 1962.

La Costituzione pastorale *Gaudium et spes* tratta del rapporto Chiesa–mondo, e si collega in modo stretto alla Costituzione dogmatica sulla Chiesa *Lumen gentium*, e raccoglie pure lo spirito del Concilio espresso nei principali documenti. La *Gaudium et spes* solleva l'intenzione del papa Giovanni XXIII di convocare un concilio «pastorale», cioè, in grado di avviare una pastorale consone al mondo contemporaneo.

Il Concilio riconosce «l'autonomia degli uomini o delle società o delle scienze»[35], cosa che significa pure il riconoscimento della specificità della condizione laicale e la sua corrispondente autonomia in rapporto alla gerarchia per ciò che riguarda la sua missione nel mondo[36].

III. NUOVA METODOLOGIA

La *Optatam totius* parte dalla Sacra Scrittura, in accordo con la *Dei verbum*, e da essa, trae i principali punti di un programma di rinnovamento della formazione, che viene ripreso dalla stessa Teologia e che ha di mira la pastorale. In questo modo, favorendo un contatto più vivo e assiduo, a diversi livelli, con la Sacra Scrittura, il Concilio auspica un rinnovamento della Teologia che abbia come scopo favorire la vita cristiana dei candidati al sacerdozio, e attraverso il loro ministero, di tutto il popolo di Dio. L'indicazione conciliare si realizza precedentemente per tutta la Teologia: «con particolare diligenza gli alunni siano formati mediante lo studio della Sacra Scrittura, che deve essere come l'anima di tutta la teologia...» (OT 16). Quindi, il *principale fondamento* della Teologia è la S. Scrittura. Da essa viene desunta «una morale cristocentrica, fondata più sulla vocazione che sulla legge»[37]. La proposta conciliare chiede di superare un positivismo scritturistico e pone la Sacra Scrittura come punto di partenza ispiratore di tutta la riflessione teologica, per cui raccomanda di iniziare gli studenti con cura «al

---

[35] J. O'MALLEY, *Cosa è successo* (cf. nt. 1), 36.
[36] J. O'MALLEY, *Cosa è successo* (cf. nt. 1), 43; cf. H. M. YÁÑEZ, «La doctrina social y el compromiso de los fieles laicos», *CIAS* Anno LIV, n. 548-549 (2005) 479-493.
[37] A. MAYER – G. BALDANZA, «Il rinnovamento degli studi ecclesiastici», in *Il decreto sulla formazione sacerdotale. Genesi storica. Testo latino e traduzione italiana. Esposizione e commento*, Torino – Leumann 1967, 463-464.

metodo dell'esegesi», che permetta «un contatto più vivo col mistero di Cristo e la storia della salvezza»[38]. Ciò significa che la Sacra Scrittura è il mezzo più adeguato per prendere contatto con l'esperienza cristiana. La Scrittura ci presenta l'esperienza di moralità personale all'interno dell'esperienza di fede e nel dialogo con le culture dell'epoca, affinché i cristiani d'oggi possano trovare piuttosto modelli d'ispirazione che norme di attuazione[39]. Infatti, il primo frutto del ritorno alla Sacra Scrittura è il ritrovo del concetto stesso di rivelazione, il che ha il suo impatto sul concetto stesso di Teologia. Non si parla più in primo termine di «verità rivelate», superando il modello «teoretico-informativo» della Rivelazione, bensì della «autocomunicazione di Dio» (rientra una concezione relazionale-comunionale) e «del mistero della sua volontà» all'uomo per mezzo di Cristo (DV 2.6). Il concetto di «verità» (DV 19) a partire dalla quale si capiscono «i beni divini» (DV 6), viene colto all'interno di uno spazio di relazionalità tra Dio e l'uomo reso nella storia umana. In questo modo, si ricupera il senso salvifico della rivelazione andando a un modello «teoretico-comunicativo-partecipativo» che punta sul rapporto personale con Dio e a partire da ciò, alla partecipazione ai suoi beni[40]. Infatti, nell'umanità di Cristo, nelle sue opere e parole, si rivela il grande amore di Dio nei confronti degli uomini (DV 2.17). Tale rivelazione storica, contenuta nelle Sacre Scritture e nella Tradizione (DV 10), deve essere interpretata in maniera corretta secondo lo Spirito con il quale fu ispirata (DV III). In questo modo, il concetto di «rivelazione» viene collegato alla pneumatologia, di grande portata per la Teologia morale. Infatti, è lo Spirito a comunicare la Parola di Dio nel cuore del credente, è lo Spirito a far capire il credente il senso delle Sacre Scritture sotto la guida del Magistero, è lo Spirito a guidare i Pastori nell'insegnamento dei fedeli, ed è lo Spirito a guidare il credente nelle sue scelte e nel suo agire. La Sacra Scrittura, anzitutto è portatrice di un senso della storia umana che viene consegnato all'uomo come luce che guida i suoi passi (Sal 118,105). Conseguentemente, il luogo privilegiato della rivelazione è la coscienza, un concetto che viene riproposto nella *Gaudium et spes* (n.16).

La *Dei verbum* invita a considerare la moralità cristiana all'interno del dialogo salvifico fra Dio che prende l'iniziativa e l'essere umano che risponde attraverso la piena adesione della fede (DV 5). Infatti, il Vangelo è

---

[38] Cf. H.M. YÁÑEZ, *Esperanza y Solidaridad. Una fundamentación antropologico-teologica de la moral cristiana en la obra de Juan Alfaro*, Alcobendas 1999, 40-42.

[39] S. BASTIANEL – L. DI PINTO, «Per una fondazione biblica dell'etica», in T. GOFFI – G. PIANA, ed., *Corso di morale. I.Vita nuova in Cristo (Morale fondamentale e generale)*, Brescia 1983, 77-80.

[40] M. SECKLER, «Il concetto di rivelazione», in W. KERN – H.J. POTTMEYER – M. SECKLER, *Corso di teologia fondamentale. II. Trattato sulla rivelazione*, Brescia 1990, 66-74.

«fonte di ogni verità salutare e di ogni regola morale» (DV 7). L'agire morale viene inteso alla luce dell'agire di Dio nella storia.

IV. RESPIRO TEOLOGICO

La *Optatam totius* chiama a considerare la Teologia morale all'interno del «mistero di Cristo e della Chiesa». Il mistero di Cristo è la norma fondamentale tanto per la lettura della Sacra Scrittura, che per l'articolazione della Teologia, nel suo insieme e in ogni trattato singolo. L'unità della Sacra Scrittura e della Teologia sistematica, si fondano sul mistero di Cristo; in Lui si finalizza e si compie tutta la storia di salvezza[41]. La riflessione teologico morale deve assumere una profonda connotazione «cristocentrica», vale a dire, mostrare la centralità del mistero di Cristo per la moralità personale. Con questa chiara indicazione, si mira alla dimensione salvifica della moralità cristiana che deriva proprio dal mistero di Cristo presente nella storia umana. Come si può notare, la moralità cristiana si radica nell'esperienza di fede cristiana, cui appartiene in maniera inscindibile, ma della quale si ha bisogno per essere compresa umanamente, secondo l'analogia del modello dell'Incarnazione. E in questo senso, la Teologia morale è anche «cristologica», cioè, trova nel «Mistero di Cristo» una logica propria riguardo all'agire in questo mondo, che viene spiegato in seguito. Si richiama ad una Teologia che sia nutrimento della vita di fede del candidato al sacerdozio. Se Cristo è il fondamento della moralità cristiana, la carità è il dinamismo per mezzo del quale il credente realizza la moralità personale. Siamo nella dimensione «cristologica» della moralità personale, in tanto in Cristo la vita morale coglie il «logos», cioè, la sua ragionevolezza alla luce della sua Persona che si rivela come amore. È attraverso questi due perni principali che si comprende l'esperienza di «obbligo» come qualcosa di interiore, che si sperimenta, cioè, nella coscienza personale.

V. PERSONALISMO INTEGRALE

Il luogo dell'«esperienza umana» è la coscienza morale (GS 14-16; DH 4,11) e la libertà personale, ribadendo la dignità universale della persona umana (DH 1). Questa capacità rende possibile la proposta di dialogo nella ricerca della verità morale sia all'interno della Chiesa sia con gli uomini di

---

[41] J. ALFARO, «Unitas institutionis theologicae iuxta Vaticanum II», *Seminarium* 23 (1971) 220.

buona volontà (GS 3). A questo riguardo, viene riconosciuta sia l'autonomia della coscienza morale (GS 41) che l'autonomia delle scienze (GS 36) nell'attingere le conoscenze necessarie per un giudizio morale oggettivo prendendo atto della dimensione culturale di ogni conoscenza umana. Secondo il modello dell'Incarnazione, l'«esperienza umana»[42] gioverà ad una comprensione più profonda della rivelazione, e la rivelazione aprirà l'«esperienza umana» all'orizzonte della fede cristologica per cui nulla di autenticamente umano è estraneo alla fede cristiana. In questo contesto viene collocato il ruolo del magistero autentico circa l'insegnamento morale.

Se da una parte «si deve superare un'etica individualista» (GS 30), la categoria antropologica centrale è «la persona umana» che «per sua natura ha assoluta necessità di socialità» (GS 25). Quindi, al posto della legge naturale rientra un personalismo all'interno del quale viene reinterpretata la legge naturale e arricchita con i concetti di dignità della persona, coscienza e libertà, dimensione relazionale, dimensione comunitaria (GS 30) (*Gaudium et spes, Dignitatis humanae*).

La persona è analizzata sia dalla sua interiorità cui «ritorna quando si dirige al cuore dove lo aspetta Dio» (GS 14), dove sperimenta la chiamata «alla comunione con Dio» (GS 19), sia dal suo rapporto col mondo e con la comunità umana. Il concetto di persona supera quello di mero individuo, per capire l'essere umano dai suoi rapporti esistenziali, in cui è radicata la sua responsabilità personale, vissuta fin dalla coscienza (GS 6) e libertà (GS 17)[43]. Pertanto, la vita morale è presentata come il «seguire l'imperativo della propria coscienza» (GS 19.31.41), «discernere i veri segni della presenza o del pensiero di Dio» (GS 11), «rispondere alla propria vocazione mediante la relazione con gli altri» (GS 25), considerando il prossimo «come un altro se stesso» (GS 27), vivendo in questo modo il comandamento della carità (GS 38). Si tratta di «rendere più umana la famiglia degli uomini e la sua storia» (GS 40), giacché «chi segue Cristo Uomo perfetto, diventa anche lui più uomo» (GS 41). In questa presentazione conciliare, l'interiorità è il luogo di incontro del soggetto con se stesso, con gli altri uomini e con Dio[44]. Non lascia spazio a un intimismo solipsistico né a uno spiritualismo disincarnato; tutto il contrario: si tratta di armonizzare le differenti facce di ciò che è più autenticamente umano nella sua integrità personale e sociale.

---

[42] Cf. S. PRIVITERA, *Dall'esperienza alla morale. Il problema «esperienza» in Teologia Morale*, Palermo 1985.

[43] Cf. H.M. YÁÑEZ, *Esperanza y Solidaridad* (cf. nt. 38), 85-125; D. CAPONE, «Antropologia, coscienza e personalità», *Studia Moralia* 4 (1966) 73-113; ID., «La teologia della coscienza morale nel Concilio e dopo il concilio», *Studia Moralia* 24 (1986) 221-248.

[44] Cf. J. FUCHS, «Vocazione e speranza. Indicazioni conciliari per una morale cristiana», in ID., *Sussidi 1980 per lo studio della Teologia Morale Fondamentale*, Roma 1980, 303-318.

Un altro documento conciliare di carattere etico è la «Dichiarazione sulla libertà religiosa *Dignitatis humanae*»[45], un documento senza precedenti nella storia della Chiesa. In esso si accoglie, insieme con la precedente enciclica *Pacem in terris* di Giovanni XXIII, la Dichiarazione Universale dei Diritti dell'Uomo del 1948, e in base a questa, in modo particolare, il tema della libertà religiosa. È un esempio di ciò che si afferma nella GS nel riconoscere che anche la Chiesa impara dal mondo. Si proclama la dignità *universale* della persona umana, ossia, che per il puro fatto di essere una creatura umana (DH 1) merita un rispetto incondizionato. Secondo l'argomentazione teologica, la dignità ineffabile viene all'uomo per il fatto di essere creatura di Dio e sua immagine e somiglianza, come pure per essere stato redento in Cristo. Dalla dignità personale nasce il rispetto per la sua libertà e coscienza personali[46]. Nessuno deve essere forzato né dallo Stato, nel tema proposto, a non esercitare la sua libertà religiosa, né da parte della Chiesa Cattolica (né di nessuna altra), imponendo con la forzatura la fede cristiana (DH 10). In effetti, a nessuno si deve impedire di operare contro la propria coscienza, per cui tutti sono obbligati a ricercare sinceramente la verità (DH 2-3.13), la quale, «non si impone altrimenti che in forza della verità stessa, la quale penetra nelle menti soavemente e insieme con vigore» (DH 1). L'essere umano deve seguire la sua propria coscienza in qualsiasi attività svolga (DH 4.11). Per il resto, «si deve osservare il principio morale della responsabilità personale e sociale», proponendo l'educazione per la pratica di «una genuina libertà» (DH 7).

Perciò questo concilio Vaticano esorta tutti, ma soprattutto coloro che hanno il compito di educare gli altri, ad impegnarsi a formare uomini i quali, rispettando l'ordine morale, obbediscano alla legittima autorità e siano amanti della genuina libertà; cioè uomini che con criterio personale giudichino le cose alla luce della verità, svolgano le proprie attività con senso di responsabilità e si sforzino di perseguire tutto ciò che è vero e giusto, collaborando volentieri con gli altri (DH 8).

Tale esortazione ottiene un equilibrio fra l'affermazione della dignità personale che si traduce nel rispetto della coscienza individuale e la libertà personale, indicando i limiti dati dalla sua intrinseca relazionalità, vale a dire, «la responsabilità personale e sociale».

---

[45] Cf. J.L. MARTÍNEZ, *Libertad religiosa y dignidad humana. Claves católicas de una gran conexión*, Madrid 2009, 65-92.
[46] F. PARISI, *Il valore della coscienza e dell'esperienza morale*, Bari 2003, 59-60.

VI. CONCLUSIONE

Il Concilio Vaticano II ha dato una svolta notevole nel rapporto della Chiesa col mondo, accogliendo i cambiamenti culturali e riproponendo la tradizione ecclesiale per rinnovare la Chiesa ed adattarla ai nuovi tempi affinché, possa continuare a essere fedele alla sua missione di evangelizzazione del mondo contemporaneo. Possiamo affermare che i suoi documenti hanno espresso una autocoscienza ecclesiale nuova, una prassi in atto già nella preparazione del Concilio, sia dalla parte del papa che dei padri conciliari, attualizzando la sua missione rivolta al mondo contemporaneo.

La Teologia morale è chiamata a essere uno strumento privilegiato di ascolto all'interno della vita della chiesa nel suo rapporto al mondo, perché l'annuncio del Vangelo possa incarnarsi nella storia umana.

IL PICCOLO CONCILIO DI «MEDELLIN»[1] PORTA DEL CONCILIO VATICANO II IN AMERICA LATINA: «L'AGGIORNAMENTO ECCLESIALE DI UNA CHIESA CHE ASCOLTÒ IL GRIDO DEI POVERI»

P. Samuel Velásquez Serrano
Facoltà di Teologia

I. INTRODUZIONE

È ben noto, almeno per molti di noi, che la storia della Chiesa Cattolica nel Nuovo Mondo, ossia la storia ecclesiale di quegli Stati che fanno parte dell'America del Sud, del Nord e dei Caraibi, sia iniziata nel 1492, cioè 521 anni fa. Ufficialmente, l'evangelizzazione cominciò con il secondo viaggio di Cristoforo Colombo nel 1493, tramite l'eremita Ramón Pané, che, dopo aver imparato la lingua degli indigeni, incoraggiò il processo evangelizzatore[2]. Dopo 53 anni dalla nascita della Chiesa in America, ebbe luogo il Concilio Tridentino, tra gli anni 1545 e 1563[3]. Non ci fu alcuna rappresentanza da parte della Chiesa appena nata; tuttavia, le definizioni dei Padri conciliari si fecero sentire. Per questo motivo nel 1566 l'arcivescovo di Lima – Perù, il domenicano Jerónimo de Loaysa, convocò il II Concilio Limense con lo scopo di applicare nel vicereame le direttive di Trento. Non fu un lavoro semplice: basti pensare che non solo bisognava portare avanti la sfida dell'inculturazione del Vangelo ma, a questo punto, i vescovi radunati a Lima dovevano essere anche creativi per poter adattare per gli indigeni e per gli immigrati dall'Europa una teologia, un catechismo e delle regole pensate esclusivamente per gli europei[4].

Nel secolo XIX terminarono i processi di emancipazione, stabilendo anche le diverse repubbliche in tutta l'America Latina. Nonostante ciò, questa nuova

---

[1] Titolo parafrasato del lavoro di: H. PARADA, *Crónica del pequeño Concilio de Medellín*, Secretaría de Estudios de ISAL, Santiago de Chile 1973.

[2] Per approfondire di più consigliamo leggere J.I. SARANYANA, «La catequesis en el Caribe y Nueva España hasta la Junta Magna», in J.I. SARANYANA, ed., *Teología en América Latina: desde los orígenes a la Guerra de Sucesión (1493-1715)*, Madrid – Frankfurt am Main 1999, 35-87.

[3] Cf. A.L. RICHTER, ed., *Concilii Tridentini: Canones et Decreta*, Lipsiae 1853.

[4] Per approfondire di più in questo argomento consigliamo leggere: Cf. P. TINEO, *Los Concilios Limenses en la evangelización* latinoamericana, Pamplona, 1990. J.I. SARANYANA – C.J. ALEJOS-GRAU, «La primera recepción de Trento en América (1565-1582)», in J.I. SARANYANA, ed., *Teología en América Latina* (cf. nt. 2), 131-148.

situazione portò con sé svariate problematiche a livello politico (un esempio per tutti, le guerre civili) e, logicamente, difficoltà a livello ecclesiale: bisogno di istituire i seminari, una gerarchia autoctona, ristabilire i rapporti diplomatici, ecc.

Non tenendo in considerazione il Concilio Vaticano I (1869-1870), e altre riunioni dei vescovi latinoamericani, nel 1955 tale episcopato, radunato a Rio de Janeiro, stabilì la creazione del CELAM, ossia: «Conferenza Generale dell'Episcopato dell'America Latina»[5].

Nell'ambito della *nouvelle théologie* scatenata in Europa a metà del secolo XX, molti sacerdoti si formarono in grandi università europee, facendo in modo che successivamente si ponessero le basi, in America Latina, per una teologia autentica e originale.

Con la convocazione e la presenza al Concilio Vaticano II (1962-1965), la partecipazione dei vescovi latinoamericani non fu irrilevante. Tuttavia, la realtà in America Latina aveva bisogno di essere riletta più accuratamente alla luce del Concilio: si pensi alla povertà, all'ingiustizia sociale, alle dittature, ai colpi di stato, alla guerra fredda, al comunismo a Cuba. Personaggi noti come il Che Guevara (1928-1967), e il sacerdote Camilo Torres (1929-1966), il quale aveva impugnato le armi come soluzione per combattere le ingiustizie e le disuguaglianze, possono essere due icone eloquenti per descrivere l'ambiente storico di quegli anni. I vescovi latinoamericani non lontani da questa realtà, percependo tale fenomeno in ciascuno dei loro paesi, desiderarono convocare nel 1968, con il *placet* di Roma, la Seconda Conferenza dell'Episcopato Latinoamericano con il proposito di far calare nel concreto le direttive del Concilio nel Continente[6].

Con la visita per la prima volta di un Papa in America Latina, Paolo VI, sempre nel 1968, ebbe inizio l'originale Conferenza di Medellín-Colombia.

II. DALLE «CATACOMBE DEL CONCILIO VATICANO II» FINO A MEDELLÍN

Nel 1962, un mese prima dell'inizio del Concilio, Giovanni XXIII diceva in un radiomessaggio: «In faccia ai paesi sottosviluppati la Chiesa si presenta qual è, e vuol essere, come la Chiesa di tutti, e particolarmente la Chiesa dei

---

[5] Per approfondire di più consigliamo di leggere: A. LORSCHEIDER, «¿Qué es el CELAM?», in *Medellín: Reflexiones en el CELAM*, Madrid 1977, 3-10.
[6] Cf. J.F. HEREDIA ZUBIETA, *Los derechos humanos en las conferencias generales del episcopado latinoamericano de Medellín, Puebla y Santo Domingo*, México (D.F.) 2004, 194.

poveri»[7]. Ma, chi erano realmente questi poveri? Tali parole e l'intero percorso del Concilio risuonarono nel cuore di alcuni Padri conciliari latinoamericani; nella loro sensibilità riecheggiavano tanti volti di vittime, emarginati, donne e bambini abbandonati, per il pianto e la disperazione sulle strade dell'America Latina.

Ormai prossimi alla fine del Concilio e, perché non dirlo, mossi dallo Spirito Santo, il 16 dicembre dal 1965, una quarantina di vescovi firmò il «*patto delle catacombe*» dopo un'Eucaristia celebrata nelle catacombe di Santa Domitilla. In questo patto, i vescovi giurarono di portare avanti una vita di povertà in una Chiesa «serva e povera», rinunciando a tutti i simboli di potere e mettendo al centro del loro ministero i poveri. Tra quei vescovi, ce n'era uno ben noto, Don Helder Câmara, uomo dallo spirito profetico e critico. Dalle sue labbra uscivano sentenze chiare e forti dopo il Concilio:

> Aspettando: «Costantino continua a vivere in noi»[8]; oppure dopo Medellín: "chi distribuisce cibo e vestiti è subito una persona rispettabile, un santo; chi invece, arriva alla convinzione che è necessario fare una autentica *promozione* umana è rivoluzionario, un sovversivo, un bandito comunista[9].

Giunto l'anno 1968, allora, tutti i vescovi dell'America Latina si recarono alla città di Medellín – Colombia, per essere «la contestualizzazione ufficiale del Concilio Vaticano II»[10]. Ma, qual era la realtà dell'America Latina? A livello socioeconomico ci troviamo davanti ad un Continente con delle enormi e visibili disuguaglianze tra ricchi e poveri, immigrati dalle campagne alle periferie delle grande città. A livello politico ci troviamo di fronte a dittature, instabilità di governi ed eserciti di sinistra. A livello ecclesiale, movimenti di cristiani socialisti, forte tensione fra stato e Chiesa, nascita di gruppi carismatici, interrogativi sull'ordinazione delle donne, sul celibato sacerdotale[11], e la polemica appena iniziata per la pubblicazione della Enciclica *Humanae Vitae*, (25/7/1968), in cui si ricordava la dottrina sul matrimonio e l'inscindibile unione tra il significato unitivo e procreativo dell'atto coniugale, e la dichiarazione sull'illiceità di alcuni metodi di regolazione delle nascita. A sua volta, la Chiesa cominciava a riconoscere l'importanza

---

[7] GIOVANNI XXIII, Radiomessaggio ai fedeli di tutto il mondo, a un mese del Concilio Ecumenico Vaticano II (11/10/1962), *AAS* 58 (1962) 678-685.

[8] J. DE BROUCKER, *Le notti di un profeta: Dom Hélder Camera al Concilio*, Milano 2006, 32.

[9] H. CÂMERA, *Chi sono Io?*, Assisi 1979, 58 (la traduzione è nostra). Per approfondire consigliamo di leggere: I.A. RAMPON, *O camino espiritual camino espiritual camino espiritual de Dom Helder Câmara*, Roma 2011.

[10] T. MIFSUD, «El sello conciliar de la reflexión moral en América Latina», *Studia Moralia* 50/2 (2012) 295.

[11] Cf. A. LÓPEZ TRUJILLO, «Medellín mirada global», in *Medellín* (cf. nt. 5), 23-25.

della nascita delle comunità ecclesiali di base, consolidate nella lettura orante della Parola e nella partecipazione attiva dei laici. Non possiamo dimenticare che, dopo Medellín, sono stati pubblicati innumerevoli articoli, libri di teologia autoctona, ma anche esperienze pastorali fortemente polemiche, come ad esempio la comunità di «Solentiname», fondata in Nicaragua dal sacerdote Ernesto Cardenal. In quel medesimo ambiente sono state fondate delle cooperative per i poveri e, inoltre, è stato fondato un movimento socio-culturale, politico e teologico d'interpretazione rivoluzionaria delle Sacre Scritture[12].

Infine, però, vorrei fare riferimento anche a un ragguardevole vescovo «martire dell'America Latina», Mons. Oscar Arnulfo Romero, arcivescovo di San Salvador, ucciso mentre celebrava la Messa per denunciare profeticamente le ingiustizie e la violenza che sopportava il suo popolo[13].

Arrivati a questo punto, è d'obbligo la seguente domanda: se la conferenza di Medellín è stata, per l'America Latina, risonanza per la ricezione del Concilio, allora, in concreto, cosa ci ha lasciato di positivo il documento prodotto da tale Conferenza?

«Medellín è visto come il compimento reale del CELAM»[14]. È stato un grande segno concreto della collegialità episcopale di tutta l'America Latina fino ai nostri tempi, com'era già stata proposta dal Concilio nella Costituzione Dogmatica sulla Chiesa (LG III). Fino a questo punto i vescovi latinoamericani, non essendo più spettatori di conclusioni teologiche conciliari, ma pienamente coscienti della loro responsabilità, e ormai con una maturità storica ed ecclesiale unita ad una grande capacità di dialogo, facilitarono una rilettura del Concilio alla luce del Vangelo applicato all'ambiente latinoamericano; aiutando a rileggere la storia ecclesiale e rivedendone la sua missione.

Non mancarono, però, anche sbagli pratici nell'ermeneutica dopo Medellín, per esempio un'animosa lettura della *Gaudium et Spes*[15], una distorta lettura della Enciclica *Populorum Progressio* (1967) e una lettura marxista della Parola di Dio, che spinsero alcuni sacerdoti alla creazione di gruppi di matrice socialista. Nonostante ciò, Medellín fu un dono di Dio per l'America Latina e la Chiesa Universale.

---

[12] Cf. J.I. SARANYANA, «Introducción», in J.I. SARANYANA, ed., *Teología en América Latina* (cf. nt. 2), 35.

[13] Per appofondire consigliamo di leggere: O.A. ROMERO, *La voz de los sin voz: La palabra viva de Monseñor Oscar Arnulfo Romero*, San Salvador, 1980.

[14] A. LORSCHEIDER, «¿Qué es el CELAM?», en *Medellín* (cf. nt. 5), 4.

[15] CONCILIO VATICANO II, Constitución Pastoral *Gaudium et Spes* sobre la Iglesia en el mundo actual (7/12/1965), *AAS* 58 (1966) 1025-1120.

Potremmo azzardare a dire che tale desiderio di rinnovamento teologico sia stato così energico e presente, che ha portato alla nascita delle espressioni più forti nelle quali la chiesa poteva esprimersi, in un'introspezione che la toccava dal di dentro: pensiamo alle «teologie latinoamericane: — per esempio — la Teologia della Liberazione, la teologia femminista, l'eco-femminismo, la teologia del popolo, la teologia degli indigeni ecc.»[16].

Si capisce, così, che il Concilio e Medellín sono stati ispirazione e fondamento per la Teologia della Liberazione, contrariamente a quanto alcuni potrebbero immaginare, ossia che sia stato il marxismo a porre le basi di tale prospettiva teologica. Così, con questa premessa, siamo in grado di penetrare meglio la natura della Teologia della Liberazione, supportati dalle parole del Cardinale Gerhard Müller, Prefetto per la Congregazione della Dottrina della Fede, che la fa consistere:

> in un programma pratico e teorico che mira a comprendere il mondo, la storia e la società, e a trasformarle alla luce della stessa rivelazione soprannaturale di Dio come salvatore e liberatore dell'uomo. Si basa su una profonda spiritualità. Il suo substrato è la sequela di Cristo, l'incontro con Dio nella preghiera, la partecipazione alla vita dei poveri e degli oppressi, la disposizione ad ascoltare il loro grido di libertà e il loro anelito ad essere pienamente riconosciuti come figli di Dio; è il partecipare alla loro lotta per porre fine allo sfruttamento e all'oppressione, al loro desiderio per il rispetto dei diritti umani, alla loro esigenza di giusta partecipazione alla vita culturale e politica della democrazia. La Teologia della Liberazione, ben compresa nella sua concezione originaria, è la risposta migliore alla critica marxista della religione, sia in teoria sia in pratica[17].

Medellín fu uno stimolo pastorale più che un semplice *vademecum*, un ascoltare le voci di quelli senza voce, delle comunità e degli emarginati.

La Chiesa latinoamericana a Medellín fu capace di capire e dare risposta ai «segni dei tempi»[18]. Com'era stato proposto dal Concilio nella Costituzione Pastorale *Gaudium et Spes*:

> È dovere di tutto il popolo di Dio, soprattutto dei pastori e dei teologi, con l'aiuto dello Spirito Santo, ascoltare attentamente, discernere e interpretare i vari linguaggi del nostro tempo, e saperli giudicare alla luce della parola di Dio, perché la verità rivelata sia capita sempre più a fondo, sia meglio compresa e possa venir presentata in forma più adatta (GS 44).

---

[16] J.I. SARANYANA, «Introducción», in J.I. SARANYANA, ed., *Teología en América Latina* (cf. nt. 2), 23-38.
[17] G. MÜLLER, «Le mie esperienze con la teologia della liberazione». Discorso pronunciato da Mons. Gerhard L. Müller in occasione della Laurea Honoris Causa conferitagli dalla Pontificia Università Cattolica del Perù (28/11/2008). Cf. http://www.bistum-regensburg.de/download/borMedia0875605.PDF (Visitato il 21/03/2013).
[18] Cf. I.A. RAMPON, *O camino espiritual de Dom Helder Camara*, Roma 2011, 89.

Uno dei segni dei tempi sul quale i vescovi dell'America Latina hanno posto l'accento, è la preminenza data all'interlocutore; cioè, se uno dei principali interlocutori del Concilio era il soggetto moderno borghese[19], per la Chiesa Latinoamericana non era esattamente lo stesso: pur raggiungendo tutti, infatti, essa dava maggior attenzione al povero, all'escluso, all'ammalato... Pertanto, la Conferenza di Medellín fu vera «discepola» del Concilio: non soltanto una mera applicazione generale di Costituzioni e di Decreti, ma un approfondimento per tornare alle radici della Parola di Dio, un *«ressourcement»* per vedere nel povero e nella sua realtà un *«locus theologicus»*. Sembra quasi incarnare quanto leggiamo in Es 3: «Il Signore disse: Ho osservato la miseria del mio popolo [...] e ho udito il suo grido a causa dei suoi sovrintendenti: conosco le sue sofferenze. Sono sceso per liberarlo» (Es 3,7-8).

Il povero inteso come luogo teologico, secondo Tony Mifsud, è stato uno degli apporti che la teologia latinoamericana ha dato alla riflessione più generale della teologia; ma non dobbiamo neanche tralasciare, nello stesso momento, l'importanza che ha ricevuto l'analisi sociologica, compresa come una metodologia per la stessa riflessione teologica più ampia[20]. In particolare, Medellín ha contribuito perché la teologia cattolica ripensasse alle sue grandi opzioni, tramite una ben concepita e chiara Teologia della Liberazione:

> opzione e amore preferenziale per i poveri, opzione per la liberazione e promozione integrale, storica e trans-storica degli uomini e dei popoli; ossia, una liberazione che scopre le ingiustizie sociali e il peccato come situazione, però promuove come traguardo la conversione e la riconciliazione[21].

I vescovi riuniti a Medellín fanno proprie le parole della *Gaudium et spes*: «Le gioie e le speranze, le tristezze e le angosce degli uomini d'oggi, dei poveri soprattutto e di tutti coloro che soffrono, sono pure le gioie e le speranze, le tristezze e le angosce dei discepoli di Cristo»; ed inoltre propongono che una profetica opzione preferenziale e solidale per i poveri, sia il contenuto e anche l'obiettivo della evangelizzazione. Questa deve garantire una veritiera promozione dell'umano radicata nel vivere la povertà evangelica che contribuisca nella costruzione di una società più giusta e libera (cf. Puebla 1134. 1153-1154).

---

[19] Cf. J.F. HEREDIA ZUBIETA, *Los derechos humanos* (cf. nt. 6), 194.
[20] Cf. T. MIFSUD, «El sello conciliar» (cf. nt. 10), 298.
[21] Cf. A. LÓPEZ TRUJILLO, «Medellín mirada global», in *Medellín* (cf. nt. 5), 23-25.

III. DA MEDELLÍN AD APARECIDA

Dopo Medellín, un altro evento decisivo per lo sviluppo postconciliare è stato la pubblicazione dell'Esortazione Apostolica *Evangelii nuntiandi* di Paolo VI nel 1975. Secondo Carlos María Galli questo documento è «il più grande documento pastorale della storia della Chiesa»[22]. L'Esortazione voleva porre fine alla ormai vecchia discussione tra *evangelizzazione e sacramentalizzazione*[23]. Se Medellín si caratterizzò come la ricezione immediata del Concilio, la terza Conferenza dell'Episcopato Latinoamericano, svoltosi a Puebla nel 1979, può essere distinta come la seconda ricezione del Concilio, ancora più profonda e densa[24].

Se è ormai assodato che la liberazione e l'opzione preferenziale per i poveri di cui si era già parlato a Medellín abbia posto alcune basi, con la conferenza di Puebla si realizzò un metodo attento agli orientamenti della *Gaudium et spes* e dell'Esortazione *Evangelii nuntiandi*, la quale afferma la «Evangelizzazione delle culture e della cultura» (cf. EN 20). Inoltre, potremmo identificarlo come un metodo lontano dall'essere un mero fatto decorativo, artificiale o puramente bellico; o ancora, un metodo azzardato per superare il dramma della nostra epoca: «La rottura tra Vangelo e cultura». Puebla accolse la sfida di rendere concreta *l'Evangelii nuntiandi* e, per essere in grado di fare ciò e quindi per evangelizzare la cultura o le culture latinoamericane, era necessario prendere in considerazione la «religiosità popolare» (cf. EN 48); definita a Puebla come:

> L'insieme delle profonde credenze sigillate da Dio, degli atteggiamenti di base che da queste convinzioni derivano e le espressioni che le manifestano. Si concretizza nel modo o nell'esistenza culturale che la religione accoglie presso un certo popolo. La religione del popolo latino-americano, nel suo modo culturale più caratteristico, è l'espressione della fede cattolica. Si tratta di un cattolicesimo popolare (Puebla 444).

Credo sia bene ricordare che la religiosità popolare era vista con sospetto, poiché troppe volte era stata valutata come mescolanza di tradizioni africane, indigene e di cattolicesimo, riunite in un unico panorama superstizioso. Sebbene questa religiosità popolare potesse essere composta da alcuni di questi elementi, d'ora in poi doveva essere purificata, prendendo e promuovendo con sé gli elementi positivi, come: «la presenza trinitaria che si perce-

---

[22] C.M. GALLI, «Dones de la Iglesia latinoamericana a la nueva evangelización: Novedades de *Evangelii Nuntiandi* y Puebla hasta Aparecida y el Sínodo 2012», *Gregorianum* 93/3 (2012) 595.

[23] Cf. J.I. SARANYANA, «Introducción», in J.I. SARANYANA, ed., *Teología en América Latina* (cf. nt. 2), 23-38.

[24] Cf. C.M. GALLI, «Dones de la Iglesia latinoamericana» (cf. nt. 22), 596.

pisce nelle devozioni e nelle icone, il senso della provvidenza di Dio Padre, Cristo celebrato nel mistero dell'Incarnazione (Natale, bambini), nella sua Crocifissione, nella Eucaristia e la devozione al Sacro Cuore; l'amore alla Madonna» (Puebla 454). Tutto questo tramite il canto, l'immagine, i pellegrinaggi ai santuari, le danze, le novene, i diversi tipi di preghiere, il rosario, così come i diversi oggetti religiosi: lo scapolare, l'acqua benedetta, l'immagine della Madonna, ecc.

Infine, l'evangelizzazione della religiosità popolare deve arrivare al midollo delle culture. Proprio perché ha in sé «la Parola di Dio incarnata, è una forma attiva con cui il popolo evangelizza continuamente se stesso» (Puebla 450), con la finalità di arrivare anche a quei battezzati che vivono un cattolicesimo popolare debole (cf. Puebla 461).

Questa Chiesa chi se presenta come evangelizzatrice a Puebla, sottolinea che il suo modo di evangelizzare è attraverso il servizio. «La Chiesa è un popolo di servitori» (Puebla 270). Questa è la sua identità e originalità, servitrice di tutti senza escludere nessuno, ma sempre servitrice preferenzialmente per i poveri e sofferenti.

Nel 1992 la IV Conferenza dell'Episcopato latinoamericano si riunì a Santo Domingo. Continuava il cammino cominciato a Medellín, sempre con la maggior consapevolezza di essere una Chiesa con un'identità che cammina come parte del popolo di Dio in America. Come specificità di questo percorso, Santo Domingo continuò a sostenere quello che era già stato proposto nella *Evangelii nuntiandi* e confermato da Giovanni Paolo II, ossia un «impegno non certo di ri-evangelizzazione, bensì di una nuova evangelizzazione. Nuova nel suo ardore, nei suoi metodi e nelle sue espressioni»[25]. Nuovo ardore significa comunicare Cristo, novità sempre attuale. I nuovi metodi e le nuove espressioni, esprimono come primo punto l'inculturazione della fede nella storia, una maggior scoperta degli interlocutori, dei mezzi creativi per arrivare ai destinatari, affrontando sempre di più le sfide di rinnovamento della fede popolare[26]. Tutto ciò senza dimenticare di essere una Chiesa evangelizzata ed evangelizzatrice (cf. EN 15.24).

La V ed ultima Conferenza dell'Episcopato latinoamericano e dei Caraibi, si è tenuta ad Aparecida – Brasile, nel 2007. Ha avuto come tema: *"Discepoli e missionari di Gesù Cristo, affinché in Lui i nostri popoli abbiano vita"*. Questa Conferenza conferma certamente le grandi opzioni fatte precedentemente, già dal Concilio Vaticano II, e soprattutto confermando il ricco patrimonio teologico latinoamericano. Papa Benedetto XVI, nel suo discorso inaugurale a questa Conferenza, propone che si adotti un orientamento cristo-

---

[25] GIOVANNI PAOLO II, *Discorso all'Assemblea del CELAM* (9/3/1983), 4.
[26] Cf. C.M. GALLI, «Dones de la Iglesia latinoamericana» (cf. nt. 22), 599. 602.

logico, con lo scopo di sottolineare che la vera felicità che riempie la vita dell'uomo la si raggiunge soltanto se al centro della persona c'è Cristo, e non nel materialismo o nel consumismo globalizzato che falsifica il concetto di realtà. Aggiunge che Gesù Cristo è la ricchezza più grande dell'uomo: è necessario conoscerlo e seguirlo; diversamente non avremo verità né vita, poiché la nostra esistenza diventerebbe un enigma indecifrabile[27].

L'opzione preferenziale per i poveri e gli esclusi ad Aparecida è una delle caratteristiche visibili della Chiesa latinoamericana e dei Caraibi, opzione inscindibile dalla fede cristologica (Aparecida 391-392), perché «i volti sofferenti dei poveri sono i volti sofferenti di Cristo» (Aparecida 393). Così afferma Felicísimo Martínez: «Se noi dimentichiamo i poveri nella Chiesa, non c'è Vangelo, perché prendere preferenzialmente in considerazione i poveri, ci dà il criterio di autenticità del Vangelo»[28].

Aparecida conferma che la Chiesa dell'America Latina e dei Caraibi è tuttora in stato permanente di missione evangelizzatrice, a livello continentale (Aparecida 287). Una missione che implica la partecipazione di tutti i cristiani in ogni ambito sociale, culturale e politico; una missione che oltrepassa la mera struttura architettonica delle chiese.

IV. LE SFIDE DI OGGI

Se volessimo porci una domanda all'interno di una lettura rinnovata del Concilio per l'America Latina, ci potremmo chiedere che cosa manchi oggi dopo cinquanta anni. Come operare in questo contesto?

Indubbiamente il Concilio Vaticano II percepì la fine della «civilizzazione cristiana», così com'era concepita. La missione della Chiesa, sostenuta da fede, speranza e carità, era un fatto ormai dato per scontato; si presentava, però, un bivio: o si aggiornava e tornava alla radice, o si era condannati a vivere in una Chiesa eccessivamente divergente dalla realtà.

Sono ottimista perché credo in una Chiesa in costante rinnovamento e missione, in continua conversione, capace di leggere i segni dei tempi alla luce del Vangelo; credo in una Chiesa che, centrata nella persona del suo Maestro — vero modello dell'uomo —, sia capace di promuovere veramente l'umano. Questa è una vera evangelizzazione.

---

[27] Cf. BENEDETTO XVI, Discorso nella sessione inaugurale dei lavori della V Conferenza Generale dell'Episcopato Latinoamericano e dei Caraibi (13/5/2007).
[28] F. MARTÍNEZ, «Intervista di José Manuel Vidal a Felicísimo Martínez» (25/2/2013), http://www.periodistadigital.com/religion/espana/2013/02/25/felicisimo-martinez-ojala-cardenales-y-obispos-empezaran-tambien-a-renunciar-religion-iglesia-evangelio-vaticano-papa-.shtml (Visitato 25/2/2013).

Innegabilmente, la teologia latinoamericana sviluppa riflessioni autentiche e originali, ma soprattutto mantiene lo stesso passo della Chiesa Universale. Giusto per dare un'idea, bisogna attestare che, dopo il Concilio Vaticano II, la Conferenza di Medellín si è rivelata un «evento di coscienza ecclesiale» centrato su una realtà concreta, tanto che in quel momento storico ha saputo rispondere realmente, per mezzo del radicamento alle sue opzioni, alle sfide degli uomini di ieri, ma anche a quelli di oggi: una promozione dell'uomo, che implica la difesa dei più piccoli, degli emarginati, dei più poveri e deboli. Ha ripreso concretamente la sua responsabilità storica di essere la Chiesa Sacramento di unità e di carità, al servizio della salvezza e della santità degli uomini.

Credo, allora, in una Chiesa capace di vivere una costante opzione preferenziale per i poveri e, a proprio modo, capace di uscire delle sue «sicurezze». Ancora oggi alcuni non credono che il Concilio e la teologia latinoamericana siano un dono dello Spirito, ma piuttosto una «manipolazione» teologica della vera Chiesa. Questo mi riporta alla mente ciò che diceva il popolo di Israele quando, nel deserto, in preda alla disperazione, osava pronunciare: «Stavamo così bene in Egitto» (Num 11,18).

All'interno delle molteplici sfide che la Chiesa universale vive e, in particolare la Chiesa latinoamericana, mi permetto di sottolineare questo: non perdere il senso dell'autentica natura della Chiesa, come afferma la *Lumen Gentium*, ovvero il fatto che la Chiesa esiste per liberare gli uomini dalla schiavitù dell'egoismo tramite il suo DNA Divino, che è la logica della comunione, ossia, portare gli uomini a Dio e Dio agli uomini.

Per comprendere al meglio questo fatto, sentiamo il forte bisogno di «*Umanizzare l'evangelizzazione...*»[29], perché:

> il maggior pericolo che corre la religione cattolica è di essere ridotta a una teoria separata dalla vita, senza forza per comprenderla e modificarla... la Chiesa ha bisogno non soltanto di una riforma realizzata una volta per tutte, ma di una riforma permanente, quotidiana, di tutte le ore, di tutti gli istanti[30].

Al momento presente, una delle grandi sfide in America Latina è la crescita del secolarismo religioso, anche se in modo non eccessivamente rapido. Tuttavia, è abbastanza evidente anche la crescita di un sincretismo religioso forte. Comunque, percepisco un'impazienza materialista e consumista, comprensibile sociologicamente e storicamente, forse a causa del buon momento dell'economia dell'America Latina; tuttavia, la Chiesa latinoamericana che è in constante missione, secondo Aparecida, deve riuscire a dar risposta ai nuovi tipi di povertà di valori, di povertà spirituale, sociologica, ecc.

---

[29] C. DEL CAMPO, *Dios opta por los pobres: Reflexión teológica a partir de Aparecida*, Santiago de Chile 2010, 95.
[30] C. DEL CAMPO, *Dios opta por los pobres* (cf. nt. 29), 95.

Ci rendiamo conto che nella nostra Chiesa latinoamericana pian piano sta andando perdendosi il protagonismo profetico, dono grazie al quale si distinse. Penso che Aparecida non abbia ancora dato il meglio di sé. Nella sfida della missione continentale permanente è compresa la viva azione profetica di ogni battezzato cristiano, dell'annuncio di Cristo come Buona Notizia, tramite le parole e la testimonianza di vita in una continua conversione morale nella fede[31].

Ricapitolando, perché possa rimanere più impresso, direi che è impossibile dividere il vincolo che si è creato tra il Concilio Vaticano II, Medellín, Puebla, Santo Domingo e Aparecida. Il documento di Medellín è stato discepolo fedele ma, allo stesso tempo, costitutivo del Concilio per l'America Latina, specialmente per quanto riguarda la *Gaudium et Spes*[32]. Grazie all'Esortazione *Evangelii nuntiandi* e all'impegno di molti teologi latinoamericani, il documento di Puebla si è rivelato fondamentale per la salvezza e il recupero della religiosità popolare come strumento di ricchezza evangelizzatrice. Santo Domingo invece, ha raccolto e portato su di sé il tema dell'inculturazione del Vangelo e della fede. Da ultima, la Conferenza di Aparecida ha significato una maturità eccellente della collegialità episcopale, caratterizzata dalla sua impronta deliberativa e propositiva al magistero, totalmente diverso dallo stile consultivo dei sinodi dei vescovi[33]. A suo tempo, ha rivalorizzato l'opzione preferenziale per i poveri e la centralità della Parola di Dio nelle comunità ecclesiali di base.

Dal punto di vista della morale rinnovata, tale opzione preferenziale per i poveri è stato il punto di riferimento per sviluppare un'etica evangelica, almeno sotto due punti di vista: primo, la scelta di un'etica in chiave di liberazione; secondo, una più acuta riflessione etica fatta dalla Teologia della Liberazione[34]. Entrambi i punti di vista hanno ritenuto prendere come fondamento l'imperativo, «*la categoria degli impoveriti come quella che configura la prospettiva antropologica*»[35].

Dobbiamo riconoscere la ricchezza della Chiesa latinoamericana, la sua teologia, senza tralasciare la sua testimonianza. Uno dei contributi della teologia latinoamericana alla Chiesa universale è l'espressione «nuova evangelizzazione», che è diventata «*la realizzazione pastorale e il frutto maturo del rinnovamento promosso per il Concilio Vaticano II*»[36].

---

[31] Per approfondire consigliamo di leggere: Cf. J.L. SICRE DÍAZ, «¿Una Iglesia profética?», *Proyección* 244 (2012) 9-31.

[32] Cf. C.M. GALLI, «Dones de la Iglesia latinoamericana» (cf. nt. 22), 596.

[33] Cf. J.O, BEOZO., «Vaticano II: cinquant'anni dopo in America latina e nei Caraibi», *Concilium* 48/3 (2012) 143.

[34] Cf. T. MIFSUD, «El sello conciliar » (cf. nt. 10), 296.

[35] T. MIFSUD, «El sello conciliar » (cf. nt. 10), 297.

[36] C.M. GALLI, «Dones de la Iglesia latinoamericana» (cf. nt. 22), 596.

Il dono dello Spirito che incoraggiò il Concilio Vaticano II ad entrare rinnovato nel secolo XXI, ci accompagna e non ci abbandona anche nelle prove più amare. Dovremmo tenere a mente, in ogni tappa del nostro futuro prossimo, di non avere paura dei cambiamenti, così come ci insegna il Concilio Vaticano II, il quale si è caratterizzato come «l'impulso a non vergognarsi di fronte al mondo moderno e a usare la Modernità per rendere più credibile il Dio cristiano». Con un ritorno alla Parola di Dio nel Concilio, non astraendosi dal concreto della storia dell'uomo, Medellín ha ricordato alla Chiesa di «non vergognarsi di fronte ai poveri»[37]. Tale Conferenza risulta essere «un originale contributo latinoamericano al cristianesimo universale: "Il paradigma liberatore"»[38], che entra nel concreto tramite il vedere, il giudicare e l'agire. Ancora, dovremmo riconoscere con umiltà, come afferma Jon Sobrino, che «Medellín ha messo mano all'opera di ri-pulizia del volto di Dio»[39], che è il volto dei poveri.

Con una costante e continua conversione, concretizzata in una vera testimonianza personale, comunitaria ed ecclesiale, possiamo comunicare al mondo la gioia di essere cristiani. La felicità di poter essere fedeli «discepoli e missionari del Signore per poter avere in Lui vita».

---

[37] J. SOBRINO, «La "Chiesa dei poveri" non ha avuto sviluppo al Vaticano II», *Concilium* 48/3 (2012) 106.
[38] J.M. VIGIL, «Teología del pluralismo religioso: nueva etapa para la Teología de la Liberación», *Franciscanum* 155 (2011) 22.
[39] J. SOBRINO, «La "Chiesa dei poveri"» (cf. nt. 37), 106.

PRIMA DEL CONCILIO:
UNA RETROSPETTIVA ECCLESIOLOGICA
TRA VATICANO I E VATICANO II

Rev. Dario Vitali
Facoltà di Teologia

– Cosa ha significato il Concilio Vaticano II per la PUG?
– Cosa ha dato la PUG al Concilio Vaticano II?

Le due domande rendono con chiarezza il senso del presente *forum,* la cui finalità vorrebbe essere quella di delineare un quadro dei fatti che permetta di chiarire il rapporto della PUG al concilio Vaticano II in una doppia direzione:
– che cosa la PUG (in particolare la Facoltà di Teologia) ha offerto di contributo proprio all'evento conciliare, in fatto di proposte e di collaborazioni;
– che cosa il Vaticano II ha prodotto in termini di cambio nell'impostazione accademica e nella proposta teologica della PUG.

Una risposta articolata e completa alle due domande ci occuperebbe molto di più del tempo concesso. Per questo procederemo per linee direzionali, offrendo uno spaccato della realtà in quattro prospettive che, pur nella loro brevità, non rinunceranno alla rigorosità della lettura: il quadro più generale dei dati sarà integrato da sondaggi in grado di offrire una lettura e in profondità e una valutazione critica di quanto accaduto prima, durante e dopo l'evento conciliare.

Proprio questa schematizzazione permette di situare anche i quattro interventi:

Al sottoscritto il compito di aprire la sessione, provando a rileggere la storia del Collegio Romano, poi Pontificia Università Gregoriana, presente sulla scena teologica ed ecclesiale dal 1551, in piena celebrazione del concilio di Trento. Su un segmento così lungo della vita della Chiesa, è possibile cogliere il rapporto di questa istituzione accademica con tre concili: Trento, Vaticano I e Vaticano II. Pur nella velocità dei passaggi, sarà possibile fissare la scansione temporale di un *prima,* un *durante* e un *dopo* che permettono di misurare, secondo un criterio invalso nell'ermeneutica conciliare, la continuità e la discontinuità.

A Pasquale Bua, già mio Assistente, il quale ha difeso una bella tesi su *La kenosi dello Spirito,* il compito di presentare più direttamente il contributo della PUG al concilio Vaticano II. Quindi, per stare al nostro schema, il *prima* e il *durante,* per affacciarsi sul *dopo* a livello di scelte accademiche. A tema saranno messi anzitutto i *vota* della PUG, in particolare quelli della Facoltà di Teologia: da questi si può intravedere quale fosse la teologia insegnata in

Facoltà, quali i punti di maggior interesse, quali invece le lacune, quali le posizioni rispetto a questioni dottrinali particolarmente sensibili e dibattute. Non mancherà un cenno ai protagonisti, i quali potranno essere agevolmente situati anche negli schieramenti al concilio. L'intervento fornirà anche un primo quadro dei cambi determinati dal concilio nell'impostazione dei programmi della Facoltà, con un rinnovamento radicale rispetto alla teologia di scuola insegnata prima del concilio.

Alberta Maria Putti, già mia Assistente e ora Assistente nella Facoltà, offrirà invece uno spaccato delle tesi difese in PUG che hanno avuto per tema il Vaticano II: sondaggio interessante, che può mostrare un grande contributo alla recezione del concilio, e per la disponibilità dei Professori della Facoltà a dirigere tesi sul Vaticano II, e per l'interesse degli studenti di terzo ciclo, che hanno volentieri scavato nell'evento conciliare, offrendo un contributo significativo alla storia, all'ermeneutica e alla recezione del Vaticano II.

L'ultimo sondaggio sul *dopo* sarà offerto da Marcos Ribeiro Faria, dottorando che studia il tema del sacramento a partire dal Vaticano II, il quale presenterà alcune linee di sviluppo della produzione teologica in PUG dopo il concilio, evidenziando alcuni profili di professori che hanno particolarmente contribuito nello studio dell'evento e dei documenti conciliari.

Vorrei svolgere il presente intervento in tre brevi passaggi, che focalizzano il *dopo* rispetto al concilio di Trento; il *prima, durante e dopo* il concilio Vaticano I, il *prima* rispetto al concilio Vaticano II.

1. TRENTO

Richiamare il rapporto del Collegio Romano con il concilio di Trento, oltre a situare il nostro *forum* nella prospettiva che verrà sviluppata nella relazione del prof. O'Malley in *Aula magna*, aiuta nell'intento di disegnare il rapporto della PUG con il Vaticano II, perché mostra un antecedente nel quale il Collegio Romano si affacciava sulla scena delle grandi scuole di teologia, ritagliandosi un posto di merito proprio attraverso l'impegno profuso per la recezione di quel concilio.

Sarebbe complesso rendere quella situazione, per l'ampiezza delle materie, che toccano praticamente tutte le discipline teologiche, e il numero dei protagonisti che concorrono allo sviluppo di una nuova stagione della teologia, quella che va sotto il nome di controversistica post-tridentina. D'altronde, è forse inutile fare una lista di nomi, quando il rappresentante più famoso di quella stagione, che posta alla sua massima espressione ed efficaxia il metodo delle controversie, al punto da meritare il titolo di *Magister controversiarum*, è Roberto Bellarmino (1542-1621). Egli, professore e rettore del Collegio Romano fino al 1599, sviluppa un sistema teologico complesso, nel quale fornisce le ragioni della teologia cattolica contro le dottrine degli avversari (in genere, i Protestanti) in termini non solo di prova documentaria con testi desunti dalla Sacra Scrittura e dalla Tradizione, ma — fatto non usuale nella teologia del tempo, che si limitava ad accumulare le prove a favore della posizione cattolica — di argomentazione teologica delle tesi proposte.

Si può dire che, come per i secoli precedenti la teologia fu segnata dal genio di Tommaso d'Aquino, dopo la Riforma la teologia cattolica fu caratterizzata dalla sintesi di questo grande pensatore e uomo di Chiesa. Il parallelo, pur se a qualcuno sembrerà eccessivo, in verità è più che giustificato, quando si voglia soppesare l'influsso che le opere di Roberto Bellarmino hanno esercitato fino al tempo dell'Illuminismo, e anche oltre. Si può ammettere che tale influsso fosse condizionato da una situazione bloccata sulla controversia con le tesi protestanti; ma proprio qui sta la sua grandezza: di aver saputo elaborare un sistema adatto ai tempi, per custodire e far progredire la teologia cattolica, impantanata nelle secche della tarda scolastica e perciò incapace di rispondere alle sfide che la Riforma poneva al Cattolicesimo del tempo.

2. VATICANO I

Dopo la soppressione ad opera di Clemente XIV (31. 07. 1773) e la restaurazione sancita da Pio VII (7. 08. 1814), il Collegio Romano vide la felice stagione della Scuola Romana. L'impulso venne da Giovanni Perrone (1794-1876), professore al Collegio Romano dal 1824, iniziatore e promotore della Scuola, di cui fu prefetto agli studi fin quasi alle soglie del Vaticano I, il quale va ricordato non solo per le *Praelectiones theologicae,* un classico della teologia del tempo, con più di trenta edizioni, ma anche per la sua *positio* sulla definibilità dell'Immacolata Concezione, argomentata a partire dal *sensus omnium fidelium,* e per la difesa di Johann Adam Möhler, del quale assunse per primo l'idea di Chiesa come incarnazione di Cristo. Fu questa la posizione soprattutto di Carlo Passaglia (1812-1887), professore di dogmatica del Collegio, membro autorevole della commissione per la definizione dell'Immacolata, prima di lasciare la Compagnia e poi il sacerdozio per diventare senatore del Regno d'Italia. Alla Scuola Romana appartenevano anche Johann Baptist Franzelin (1816-1886), Clemens Schrader (1820-1875) e Domenico Palmieri (1829-1909): tutti parteciparono, naturalmente, alla commissione teologica che preparò il concilio Vaticano I.

Franzelin fu l'autore del primo *Schema de Ecclesia,* conosciuto come *Supremi Pastoris,* che, a partire dall'idea di Chiesa come corpo di Cristo, ne spiegava la natura, la funzione in ordine alla salvezza, l'indefettibilità e l'infallibilità, il primato del Romano Pontefice e la relazione tra Chiesa e stato. Lo scherma fu contestato dai Padri — niente di nuovo sotto il sole! —, perché l'immagine di corpo di Cristo era ritenuta non adatta, al contrario di *societas perfecta,* per opporsi agli errori del tempo, in particolare al gallicanismo. La prima stesura del nuovo schema, che diventerà la *Pastor Aeternus,* fu affidata a Schrader, e poi a Kleugten (1811-1883), grande figura della Compagnia, che fece una trafila nota, dal Collegio Germanico al Collegio Romano al governo della Compagnia come Segretario Generale, che lasciò per tornare a Innsbruck dopo una condanna — ingiusta — del Sant'Uffizio.

Non si è lontani dal vero a sostenere che lo sfondo dottrinale del Vaticano I fu quello proposto dalla Scuola Romana. Il timbro fortemente apologetico va tuttavia al di là della proposta ecclesiologica della Scuola Romana per due motivi almeno:
– l'estrapolazione del capitolo sul primato dal contesto ampio dello schema, nel quale era evidenziata l'indefettibilità della Chiesa come *universitas fidelium* prima dell'infallibilità del papa;
– il rifiuto dell'immagine ecclesiologica fondante l'intero impianto, vale a dire la Chiesa come corpo di Cristo, in favore di quella più giuridica di *societas perfecta,* che dominerà l'apologetica tra i due concili del Vaticano.

Va detto però che, una volta sancita la dottrina sull'infallibilità del papa, la posizione del Collegio Romano non solo si allinea con la dottrina, ma i suoi professori andranno oltre il dettato della costituzione *Pastor Aeternus,* o quantomeno lo interpreteranno in termini di massimalismo teologico, radicalizzando l'impostazione apologetica del *tractatus de Ecclesia,* centrata fortemente sul primato papale. A dimostrazione basti citare due opere: una dello stesso Perrone, *De Romani Pontificis infallibilitate,* Torino 1874; l'altra di Domenico Palmieri, che già nel titolo mostra l'orientamento: *Tractatus de Romano Pontifice cum prolegomeno de Ecclesia,* Roma 1877.

3. VERSO IL VATICANO II

Per capire l'ambiente della Facoltà di Teologia prima del Vaticano II, e inquadrare il suo contributo al concilio, due sono le vie privilegiate da percorrere:
– i *vota* inoltrati alla Santa Sede, che saranno illustrati da Pasquale Bua;
– l'ecclesiologia insegnata in Facoltà, a confronto con quella disegnata nella *Lumen Gentium.*

Su questo secondo versante, bisogna partire dall'impostazione degli studi prima del concilio, con la distinzione in due branchie, l'Apologetica e la Dogmatica. La prima trattava il fatto della Rivelazione, la seconda i suoi contenuti. Professori di Apologetica erano Timoteo Zapelena (1883-1962), alla PUG dal 1928, poi sostituito nel 1955 dal p. F. Sullivan; Sebastian

Tromp (1889-1975), alla PUG dal 1929, sostituito a fine concilio da p. A. Anton.

Rispetto alla teologia del tempo, legata unicamente alla visibilità della Chiesa, secondo il metodo dell'apologetica, i due professori della PUG aprono a una lettura più teologica. L'opera di Zapelena, *De Ecclesia Christi,* prevede una *Pars apologetica,* Roma 1939, 1955[6] e una *Pars apologetico-dogmatica,* Roma 1954, centrata sull'idea della Chiesa-corpo di Cristo, che costituisce il filo conduttore dell'enciclica di Pio XII, la *Mystici Corporis.* Ma di quell'enciclica, come è noto, il secondo redattore era stato l'altro professore di apologetica della PUG, il p. S. Tromp, il quale aveva sviluppato la sua proposta ecclesiologica in un'opera in tre tomi: *Corpus Christi quod est Ecclesia: I. Introductio; II. De Christo Capite; III. De Spiritu Christi anima,* Roma, 1937-1946, completato da un IV tomo dopo il concilio.

Il fatto che p. Tromp venisse eletto come segretario della Commissione teologica determinerà che molta dell'ecclesiologia insegnata in PUG entrasse nei due schemi di costituzione, *De fontibus Revelationis* e *De Ecclesia.* Schemi che contenevano idee più aperte dell'apologetica di scuola insegnata in genere nei seminari, ma che erano comunque attestati sulle finalità dell'apologetica. Come si sa, il primo fu ritirato, il secondo reimpostato su altri punti di forza; tanto l'idea di Rivelazione che di Chiesa furono radicalmente ripensate, spesso in diretto contrasto con le idee di Tromp. Il quale, da uomo di punta del rinnovamento teologico, finì per essere associato alle posizioni rigide della minoranza al concilio; l'ultimo tomo sulla Chiesa corpo di Cristo scritto dopo il concilio appare il tentativo estremo di difendere una visione ecclesiologica che ormai era stata superata dal Vaticano II, di cui resta comunque un protagonista.

Questi, i pochi cenni, i passaggi che permettono di fissare una cornice storica in grado di aiutarci a capire il contributo del Collegio Romano, poi diventato Pontificia Università Gregoriana, alla vita della Chiesa nei tre momenti privilegiati della sua storia: il concilio di Trento e il due concili del Vaticano. Vediamo ora, più da vicino, il rapporto della PUG con il concilio Vaticano II.

DOPO IL CONCILIO: LE TESI DI DOTTORATO SUL VATICANO II NELLA FACOLTÀ DI TEOLOGIA

Alberta M. Putti
Facoltà di Teologia

I. INTRODUZIONE

Il Concilio Vaticano II[1] costituisce il passaggio chiave della teologia del XX secolo poiché fu occasione di riflessione congiunta e di scambio di testimonianza della Chiesa convenuta. A distanza di cinquant'anni è di singolare valore riconoscere negli Atti e nei Documenti magisteriali definitivi l'eredità e cui tornare per capire il progredire del pensiero teologico e trovare risposte per la teologia dogmatica contemporanea.

Benché si possa riconoscere uno sviluppo di continuità tra l'insegnamento del Concilio Vaticano II e il tempo precedente, si deve altresì affermare che dopo quell'assise non si sia più potuta spiegare la teologia nello stesso modo di prima. Le discussioni Conciliari sugli schemi, così come il contributo personale dei convenuti al Concilio, hanno imposto un ripensamento obbligato del sapere teologico, tanto dal punto di vista sistematico quanto dal punto di vista argomentativo. Dopo il Concilio si è iniziato un graduale ripensamento della sistematica — pensiamo alla ricollocazione dei trattati — e nel contempo si sono scelte nuove formule per le trattazioni teologiche che fino ad allora erano solo liminari o addirittura spezzate in aree differenti — pensiamo nel primo caso all'apologetica rispetto alla teologia fondamentale, o per il secondo all'antropologia e all'ecclesiologia o alla stessa pneumatologia.

In questa logica è interessante osservare l'evoluzione che hanno subito tanto gli argomenti teologici e di conseguenza i trattati, quanto la forme metodologiche in uso: ciò è possibile proprio mettendo a fuoco, in *uno sguardo di insieme*, il contributo teologico compiuto della ricerca svolta in Gregoriana nelle tesi di dottorali pubblicate in questo cinquantennio.

Una premessa necessaria sta nel considerare che con il progredire del tempo, e soprattutto per il cambiamento del contesto storico del novecento, si sia determinata una *naturale dinamica di cambiamento metodologica* dei lavori scientifici, un dato riscontrabile in tutte le aree disciplinari e quindi anche nella teologia dogmatica.

---

[1] Aperto l'11 ottobre del 1962 e chiuso il 7 dicembre del 1965.

Cinquanta anni orsono, infatti, le tesi erano pensate come contributi essenziali di ricerca, svolti su opere o autori, su occasioni magisteriali o singoli documenti; si trattava di ricerche che avevano il fine di proporre una dimostrazione di conoscenza e capacità di discussione da parte degli studenti su argomenti puntuali. Oggi il modo di costruire e riflettere per una tesi di dottorato, sebbene debba rispettare certe regole comuni, in verità può essere svolta in molti modi, e seguendo limiti e caratterizzazioni più ampie. Stando ad osservare le tesi di dottorato dell'ultimo sessantennio queste differenze sono evidenti. Anche attorno al tema Concilio è visibile una graduale presa di coscienza del valore dei testi, da esaminare e acquisire nella prassi ecclesiale, ma soprattutto da studiare per osservare i passi della teologia nella storia, in una consapevolezza nuova e sempre maggiore di prendere in esame i testi conciliari mettendoli in dialogo con la storia e la teologia che li aveva originati.

Una seconda precisazione è necessaria per rendere ragione di quanto stimato.

L'esame dei dati raccolti per redigere questa relazione, già presentata nel *Dies Academicus* per il dipartimento di dogmatica, ha preso in esame le tesi di dottorato distinguendo i campi di ricerca teologica e la progressione argomentativa dei contenuti presi in esame nelle tesi, quindi si è compiuta una distinzione dei campi di osservazione, infine si è proseguito nel raccogliere dei dati quantitativi del campione esaminato.

Si deve tener presente che siamo dinanzi ad un campione eterogeneo perché sebbene si possano associare alcuni soggetti (tesi) per argomento considerato o per metodologia, si deve invece tener presente molti fattori di estraneità e differenza. Pertanto questa breve osservazione non presenta un esame statistico esaustivo, e non intende esprimere un giudizio qualitativo, ma è uno studio osservativo che ha inteso individuare le distinzioni che hanno caratterizzato il passaggio da un tempo all'altro, quindi l'orientamento teologico dei contributi presi in esame.

II. ANALISI

1. Nel primo decennio dopo il 1965 i contenuti relativi al Concilio Vaticano II acquisiti nelle tesi, si limitavano ad alcune citazioni, proponevano confronti di contenuto nella ricerca della continuità tra quanto affermato nell'argomento della tesi[2] e quanto già espresso nei documenti conciliari. Quasi si

---

[2] La prima tesi della Facoltà di Teologia a prendere in esame i testi del Vaticano II, è quella di W. BEINERT, *Um das dritte Kirchenattribut. Die Katholizität der Kirche im*

volesse trovare la linea di continuità tra la dottrina precedente e fino ad allora acclarata, coniugandola con le posizioni del Concilio[3].

Se nei primi anni del post-concilio l'uso delle citazioni del Vaticano II era solo premessa o sostegno di quanto detto nei contenuti teologici, dagli anni ottanta l'approccio cambia, i testi conciliari sono usati nelle argomentazioni teologiche, o vengono esaminati e confrontati con le tematiche dei documenti finali.

Dagli anni novanta a oggi l'interesse si è spostato sullo sviluppo dei contenuti, quindi sull'evolversi dell'approccio teologico che i documenti magisteriali hanno imposto alla teologia. Si è riflettuto sull'incisività dei temi esposti nelle discussioni conciliari che hanno dato occasioni di ripensamento e di cambiamento di prospettiva nella Chiesa a più livelli: pastorale, ecclesiale, così come a livello teologico, nella comprensione delle relazioni chiesa-uomo, chiesa-mondo.

Per comprendere l'avanzamento d'interesse attorno al Vaticano II e quanto si sia riflettuto in questa Università sui suoi contenuti, si è condotta quindi una ricerca mirata.

La consistente produzione teologica delle tesi della Facoltà di Teologia è pari a 2687 titoli.

Dal 1963 al 1972 pubblicate 473 tesi, dal 1973 al 1982 pubblicate 474 tesi.

Dal 1983 al 1992 pubblicate 455 tesi, dal 1993 al 2002 pubblicate 665 tesi, infine dal 2003 al 2012 pubblicate 620 tesi.

Circa 450 tesi per decennio tra il 1963 ed il 1993, e 650 tesi circa nei decenni successivi, valore che al momento attuale è in crescita.

Di queste tesi solo 221 fanno riferimento al Concilio Vaticano II, alcune in modo esplicito, cioè nel titolo della ricerca o nell'indice: il 67 %. Le altre si riferiscono al Concilio Vaticano II solo nel corpo del testo o nelle note a piè di pagina, quindi in modo implicito: il 33%.

Verständnis der evangelisch-lutherischen und der römisch-katholischen Theologie der Gegenwart, Essen 1964.

[3] Esempio di tale approccio è offerto dalla tesi di J.A. RUIZ DE LA PEÑA, *L'uomo e la sua morte nella teologia cattolica attuale*, Burgos 1971. Ogni capitolo presenta come cappello introduttivo una citazione estesa del Vaticano II.

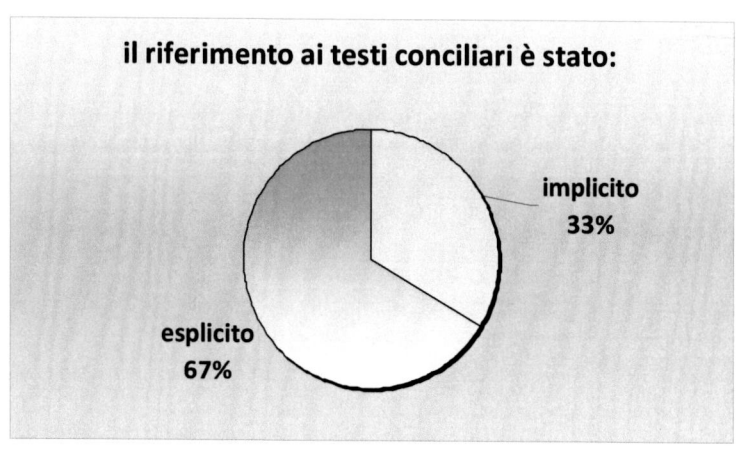

Tavola 1

2. Se consideriamo la proporzione dal punto di vista quantitativo, sono in numero minore le tesi che prendono in esame lo sviluppo dei contenuti teologici a partire dalle sessioni e discussioni conciliari. A questo aspetto si dedicano molto di più le tesi contemporanee, alcune delle quali sono ancora in corso di studio.

Le tesi che nei cinquanta anni hanno offerto il contributo più originale sono proprio quelle che hanno esplorato i contenuti a partire dalle discussioni conciliari, per giungere a conclusioni complete, e hanno garantito un apporto significativo al sapere teologico, sia per la loro originalità che per il loro contenuto.

Si tratta di studi sugli effetti che le scelte e le posizioni conciliari hanno prodotto nel contesto teologico, determinando uno sviluppo nuovo nella sistematica. I titoli indicanti ricerche mirate, sono state condotte dal 1985 ad oggi, come mostra la Tavola 2.

Tesi	N	Documenti	Anno
	1	DV cap 1	1968
	2	UR 6 e 7	1985
	3	LG I-VII	1985
	4	AG 1, 2-5	1988
	5	PO 14	1990
	6	SC 7	1989
	7	LG V, VI	1993
	8	PC 10	1993
	9	UR 22	1998

10	LG 25, 27	2005
11	DV 5, 6	2005
12	DV 12, 3	2007
13	AG 2	2007
14	DV 11	2008
15	GS 22	2009
16	OT 16 e GS 16	2009

TAVOLA 2

3. Guardando lo sviluppo dell'interesse sul Vaticano II prendendo in esame i 221 titoli dedicati esplicitamente al Concilio, come nella Tavola 3, individuiamo un movimento di attenzione (seguendo il grafico la linea verde) che è variabile e costantemente in movimento. In basso sono indicati gli anni: dal 1963 al 2012, sull'asse delle ordinate è indicato il gradiente di interesse[4]. Ed è chiaro che i momenti di maggiore concentrazione di attrattiva verso il Concilio si sono avuti nel 1969, nel 1984 e nel 1993.

Dobbiamo però sempre tener presente che gli anni di riferimento qui indicati, segnano la data della pubblicazione della tesi e non gli anni di ricerca, tantomeno la durata della stessa che è variabile a seconda dei temi studiati o del tempo dedicato obiettivamente allo studio in questione.

Questa tavola mostra un dato importante da considerare: che il gradiente non è mai sceso nei numeri negativi e quindi ciò ci può far affermare che l'attenzione verso il Vaticano II è sempre stata presente nei 50 anni del post Concilio fino ad oggi.

TAVOLA 3

[4] Il riferimento è sempre all'asse Cartesiano: asse delle ascisse (x) ed asse delle ordinate (y).

4. Osservando come l'*interesse tematico* delle ricerche sia stato variabile, possiamo capire a quali contenuti si sia rivolta preferibilmente l'attenzione dei ricercatori, come mostrato nella Tavola 4:

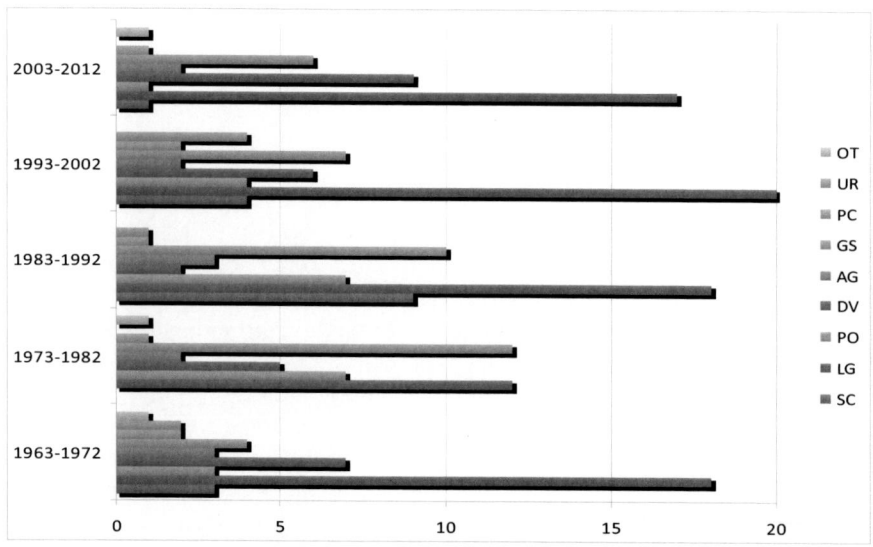

TAVOLA 4

In questo grafico si osservano 3 valori:
• ascisse – orizzontale: il gradiente numerico di interesse
• ordinate – verticale: il decennio corrispondente
• le colonne colorate (in orizzontale) rappresentano, come indicato a destra, i documenti presi in esame.

È chiaro che inizialmente lo studio vedesse un interesse omogeneo per tutti i documenti quindi anche per i decreti, ed un interesse diremmo dinamico per le costituzioni, sempre più studiate rispetto agli altri documenti.

Le preferenze evidenti da notare, sono state per la *Lumen Gentium* (in rosso), la *Gaudium et Spes* (in arancione), la *Dei Verbum* (in viola), la *Sacrosanctum Concilium* (in azzurro) e l'*Ad Gentes* in celeste. Poi con minori riferimenti: la *Presbiterorum Ordinis* (in verde scuro), l'*Optatam Totius* (in verde chiaro), L'*Unitatis Redintegratio* (in rosa) e la *Perfectae Caritatis* (in azzurro).

Osservando in dettaglio le Costituzioni si può subito apprezzare un interesse maggiore, alle aree di preferenza argomentativa. I temi più studiati davano prevalenza all'area ecclesiologica rispetto agli altri ambiti anche studiati, ma con minore incidenza, relativi a temi antropologici o scritturistici. Questo valore è stato costante dal 1992 fino ad oggi. Vedi Tavola 5.

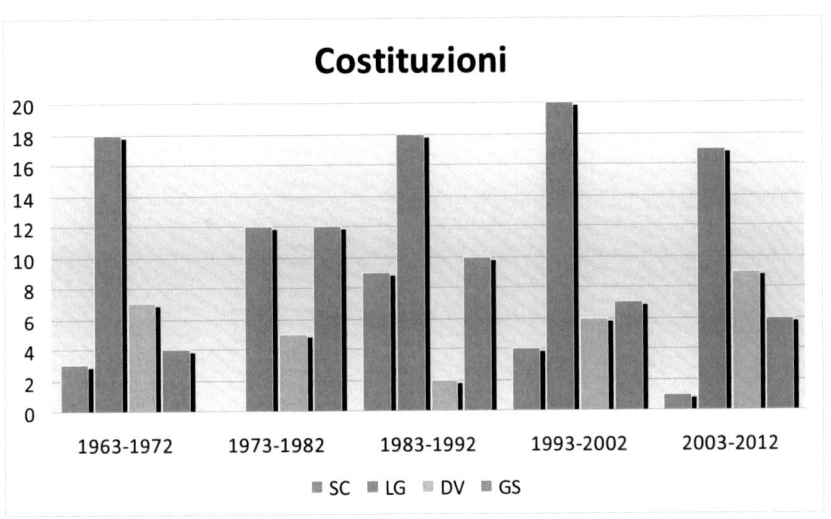

TAVOLA 5

In tale prospettiva è stato utile considerare quali argomenti fossero stati scelti per la ricerca, catalogando i temi in cinque aree di studio.

Infatti le Tesi di dottorato sul Vaticano II svolte in questa Università si sono occupate preferibilmente di alcune aree tematiche: Scrittura e Rivelazione, Trinitaria, Antropologia e Teologia Morale, Ecclesiologia, Ecumenismo e dialogo. Con questa visualizzazione nella Tavola 5 si è messa in evidenza l'incidenza tematica preferenziale delle Tesi svolte sul Concilio Vaticano II nella Facoltà di Teologia della Gregoriana. Quindi il secondo valore in analisi di questa ricerca statistico-teologica è il tema.

Fino al 1992 gli argomenti studiati coprivano prevalentemente queste aree in percentuale.
Scrittura e Rivelazione: 6%
Trinitaria: 13%
Antropologia e Teologia Morale: 32%
Ecclesiologia: 40%
Ecumenismo e dialogo: 9%

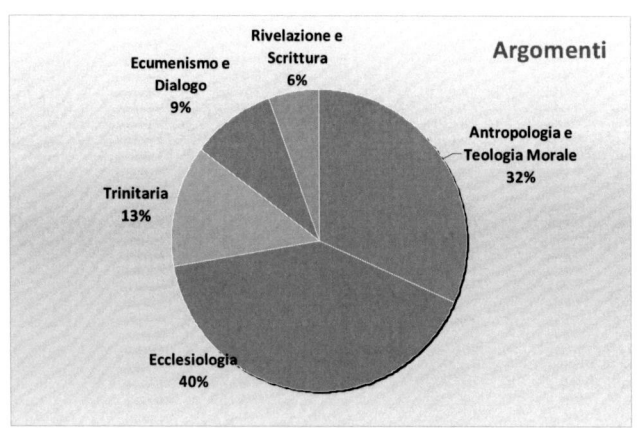

Tavola 6

Dopo il 1992 l'interesse verso l'Ecclesiologia, la Sacramentaria e i temi legati all'Ordine/Presbiterato hanno avuto un aumento sempre maggiore sino a diventare predominanti sulle altre ricerche.
Scrittura e Rivelazione: 1%
Trinitaria: 15%
Antropologia e Teologia Morale: 22% ; Ecclesiologia: 56%
Ecumenismo e dialogo: 6%.

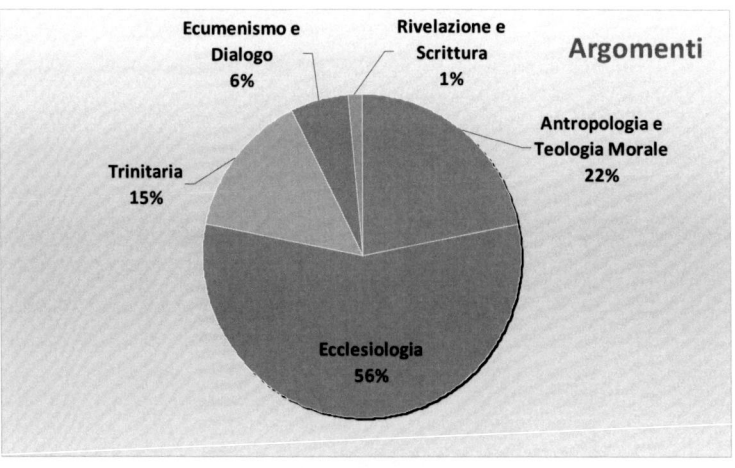

Tavola 7

Se consideriamo invece i temi di interesse nei cinquanta anni, possiamo osservare che il valore di crescita è stato sempre contenuto nell'ambito ecclesiologico (vedi Tavola 8).

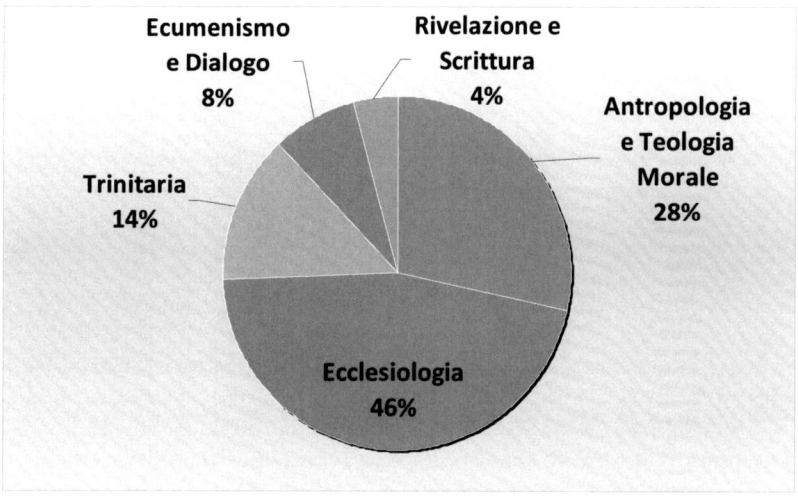

TAVOLA 8

Si può apprezzare un progredire dell'interesse che in cinquanta anni ha fatto rilevare (vedi Tavola 9):
– un interesse costante verso il contenuto della LG
– un interesse dinamico per la DV che sta riprendendo spazio negli studi attuali, dopo aver avuto un interesse iniziale significativo;
– inversamente proporzionale alla DV è invece l'interesse per la GS che ha raggiunto il massimo dei valori di interesse negli anni ottanta, e che oggi si mantiene costante nel suo valore stabile. Infatti nel secondo decennio gli studi su ecclesiologia ed antropologia erano numericamente equivalenti, rubando spazio alla liturgia, che resta, infine, con i valori più bassi (SC).

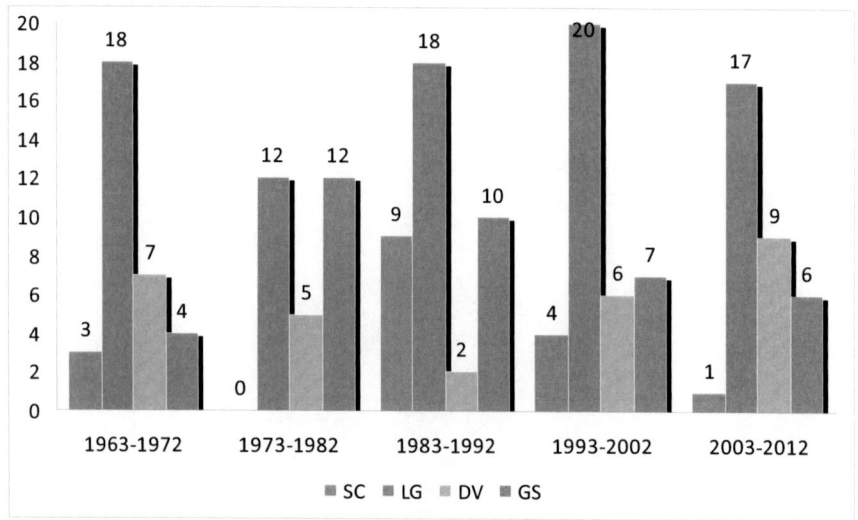

TAVOLA 9

Dovremmo a questo punto chiederci perché l'interesse attuale sembri rivolgersi con sempre maggiore determinazione all'ambito ecclesiologico.

Di fatto la novità del contesto storico, giuridico e teologico che l'ecclesiologia della *Lumen Gentium* ha proposto, consente di individuare sempre nuovi spunti di ricerca e prospettive di riflessione. Infatti, in questo momento sono le tesi svolte nell'area dell'Ecclesiologica quelle che si stanno occupando con maggiore frequenza dello sviluppo teologico al Vaticano II e dopo il Vaticano II, o che mettono in relazione quest'ultimo con le proposizioni del magistero precedente.

C'è da riconoscere anche una *linea di tendenza forte* diffusa tra gli studenti di dottorato della Dogmatica in Gregoriana che sempre di più si orientano nella scelta verso temi di studio attinenti all'Ecclesiologia.

L'Ecclesiologia costituisce un contesto dottrinale da esplorare ancora a fondo, in cui esistono dei campi ancora ignorati, specie se si prende in considerazione la rete di contenuti ricorrenti nei testi magisteriali, che vanno a intersecarsi con altri documenti del Vaticano II. Infine anche per la mancata recezione ecclesiale del Concilio, e quindi per le differenti caratterizzazioni che l'Ecclesiologia ha espresso negli ultimi anni.

Sembra importante considerare a riguardo che:

• la *Lumen Gentium* può ritenersi il momento culminante della copiosa produzione conciliare. Infatti in quelle sedute [tra il 1962 ed il 1964] andarono a convergere i temi più importanti del dibattito teologico, il rinnovamento della chiesa, la sua struttura e costituzione; la fondazione della chiesa e le relazioni che la collegano con il mondo; la chiesa come sacramento, costituita da ciò che celebra mistero e sacramento. L'azione divina nella Chiesa, che la costituisce premessa e attesa del Regno.

Quindi le relazioni: chiesa – Cristo; chiesa – Spirito; chiesa – eucaristia; chiesa – mondo, chiesa – regno; chiesa locale e chiesa universale.

Le funzioni che si compiono in essa, che si presenta nella sua caratterizzazione materna: una, santa, cattolica unita nella sola *communio*, in cui ciascun credente fa esperienza della propria intelligenza credente, nel *sensus fidelium*. Nella Chiesa si condivide e si serve l'unico Dio.

• La discussione della LG si è compiuta nel momento di maggiore chiarezza delle posizioni degli stessi Padri Conciliari, e forse di maggiore distensione, data probabilmente dal fatto che la prassi Conciliare si era consolidata, sia nel succedersi delle sedute, che per la stesura dei documenti, in una pratica ormai ordinata ed accettata da tutti i convenuti. Inoltre *le questioni* emerse furono centrali per il dibattito teologico, ciò costituisce ancora per l'oggi della teologia una consegna estremamente copiosa di contenuti tuttora taciuti.

Infine dovremmo convergere nel dire che lo studio svolto in questa Università abbia avuto e conservi, una preferenza di tipo ermeneutico, caratteristica che alla lunga potrebbe anche essere considerata come una *inclinazione di scuola* che ha animato ed orientato i teologi che si sono formati in questa Università.

Si è acquisita nella prassi della ricerca un'ermeneutica teologica, come *fides quaerens intellectum*, che ha inteso corrispondere alle categorie che i Padri Conciliari ebbero e che li mossero a rispondere alle sfide che in quel momento il mondo viveva. In questo senso la prospettiva che ha animato la ricerca teologica attorno al Vaticano II, in questa Università, ha cercato di riflettere sensibilità ed attenzione per: comprendere quanto veramente inteso e trasmettere con veridicità i contenuti; osservare quanto sia stata incisiva la scelta magisteriale e quanto abbia cambiato il contesto pastorale e teologico, e quindi, quanto abbia influito ed ancora conduca sul crinale di passaggio tra *pre* e *post* Concilio, una dorsale montuosa che in certe vette non è ancora stata valicata.

I contributi che si attendono dalle tesi dottorali sul Vaticano II consentiranno una sempre maggiore presa di consapevolezza: sulle fonti, i riferimenti ai Padri della Chiesa ripresi dal Concilio Vaticano II ed il loro legame con le tematiche teologiche contemporanee.

Suscitano interesse, inoltre, le dinamiche di cambiamento e maturazione delle aree teologiche in questione; l'impatto e la recezione che ha avuto il Concilio nel contesto territoriale nei differenti continenti; la riscoperta delle voci minori al Concilio, voci significative e non inefficaci, anche se a volte non ascoltate. Infine, sono state prese in esame le interpretazioni dei teologi che parteciparono al Concilio, alcuni di essi molto studiati: Congar, de Lubac, Daniélou, Ratzinger, Bouyer.

Se concludendo volessimo trovare un denominatore comune alla gran parte delle tesi svolte in questa Università, possiamo individuarlo in un fattore metodologico/interpretativo: di quella esplicita volontà di far parlare i testi, per individuare la visione veritiera e completa del magistero conciliare ed offrire un'analisi onesta dei contenuti, aprendo nuove prospettive per la teologia.

IL CONTRIBUTO DEI PROFESSORI DELLA FACOLTÀ DI TEOLOGIA ALLO STUDIO DEL VATICANO II

Marcos Ribeiro Faria
Facoltà di Teologia

«Questo, però, lo custodisco nel mio cuore;
e a causa di questo, mantengo la speranza» (Lam 3,21).

Voglio aprire con questa citazione, perché stabilisce un rapporto tra quello che custodiamo nel cuore e la sfida della speranza. In questo orizzonte, il tentativo di individuare, nel «Dies Academicus», il contributo dei professori della Facoltà di Teologia della Gregoriana sul Concilio Vaticano II assume un grande valore: recensire i loro contributi non significa solo tributare una meritata lode a uomini che sono stati fedeli al grande evento conciliare, lasciandoci una preziosa eredità in ciò che si riferisce alla comprensione e ricezione del Concilio[1]; significa anche raccogliere una testimonianza che è e sarà sfida e speranza per i professori e gli studenti di oggi e di domani. Dunque, ricordiamo per lodare, ricordiamo per sfidare, ricordiamo per sperare.

Tuttavia, lo facciamo con alcuni chiarimenti e limiti. Un professore può essere ricordato per il contenuto e il metodo delle sue lezioni; per il rapporto instaurato con gli studenti, in particolare per la disponibilità a moderare tesine e tesi; o per la sua ricerca e produzione teologica. Secondo quanto mi è stato chiesto, assumeremo solo quest'ultima dimensione — quella di autore e scrittore. D'altronde, trattandosi di una comunicazione, limitata a pochi minuti, e considerando l'impossibilità di recensire il gran numero di professori e la loro bibliografia, ho scelto di ricordare per accenni solo alcuni contributi più significativi dei professori che hanno fatto la storia della Facoltà, senza prendere in considerazione quei professori che ancora insegnano, certi che il loro servizio all'intelligenza del concilio non sia concluso e augurando loro di aprire ulteriori strade al cammino di recezione del Vaticano II.

Propongo questo contributo nella convinzione che debba caratterizzarsi anche per un timbro personale: più che individuare le figure di riferimento e

---

[1] Opera di riferimento per quanto riguarda il nostro tema: R. LATOURELLE, ed., *Vaticano II: bilancio e prospettive, venticinque anni dopo (1962-1987)*, I-II, Assisi 1987 [d'ora in poi: *Bilancio*]. Cf., anche, R. LATOURELLE – G. O'COLLINS, ed., *Problemi e prospettive di teologia fondamentale*, Brescia 1980; K.H. NEUFELD, ed., *Problemi e prospettive di teologia dogmatica*, Brescia 1983.

commentare la letteratura da loro prodotta sul concilio[2], ho scelto esplorare alcuni argomenti in cui, a mio avviso, i nostri docenti sono stati maggiormente autorevoli: il metodo teologico, il primato della Rivelazione, il rapporto tra antropologia e cristologia e, infine, la vitalità dell'ecclesiologia.

I. IL METODO TEOLOGICO

Innegabilmente, il Concilio Vaticano II, in continuità con la grande Tradizione della Chiesa, «rappresenta un Evento di una *originalità unica*»[3] per i temi e il modo in cui sono stati affrontati e presentati. In questa originalità entra senz'altro in questione l'apertura verso il mondo, la volontà di dialogo, la costante attenzione all'uomo contemporaneo. Una caratteristica, questa, che diventa decisiva non solo per la comprensione del concilio stesso, ma anche per il modo di fare teologia. Non c'è, quindi, da stupirsi che, dopo il concilio, si pubblichino molte opere sul metodo teologico, tra le quali spiccano alcuni contributi di professori della Gregoriana[4].

Già nel 1967 P. Adnès (1916-1999) pubblica una piccola opera introduttiva alla teologia, prendendo in considerazione alcuni dei problemi che il dibattito post-conciliare aveva fatto emergere[5]. L'anno seguente, approfondendo il discorso, R. Latourelle[6] esplorava l'impatto del concilio sullo statuto e il metodo della teologia, definendola come «scienza della salvezza» che, per missione, cerca di mostrare come il Mistero divino illumini la vita dell'uomo e della Chiesa[7].

Pochi anni dopo, accentuando la dimensione dialogica e attuale della teologia, i professori M. Flick (1909-1979) e Z. Alszeghy (1915-1991) pubblicavano *Come si fa la teologia,* dove sostenevano l'urgente necessità della «incarnazione della teologia nella totalità di esperienze e di persuasioni

---

[2] Cf. L.F. LADARIA, «I. Rome – La Grégorienne», in J. DORÉ, ed., *Le devenir de la théologie catholique mondiale depuis Vatican II, 1965-1999*, Sciences théologiques et religieuses 10, Paris 2000, 7-25.

[3] R. LATOURELLE, «Introduzione», in *Bilancio*, I, 9.

[4] Una parola su B.J.F. Lonergan. Ancora come professore della PUG, nel 1957, pubblica *Insight. A study of human understanding* in cui emergono già dei temi che, nel 1971, saranno resi espliciti con *Method in theology*, quando già non insegnava più alla PUG: di particolare interesse l'affermazione circa l'esperienza religiosa come punto di partenza della teologia. Cf. M.P. GALLAGHER, *Faith maps. Ten religious explores from Newman to Joseph Ratzinger*, London 2010, 64-77.

[5] P. ADNÈS, *La théologie catholique*, QSJ 1269, Paris 1967.

[6] Per una bibliografia, fino al 1988, vedi R. FISICHELLA, ed., *Gesù rivelatore. Teologia fondamentale*, Fs. R. Latourelle, Casale Monferrato 1988, 23-30.

[7] Cf. R. LATOURELLE, *Théologie, science du salut*, ENT.T 5, Bruges 1968.

intellettuali del credente pensante»[8]. Solo incarnandosi, tenendo presente il presente, la teologia è capace di servizio; solo così è veramente teologia, ossia, un comprensibile discorso all'uomo su Dio. La via verso questa meta, il metodo teologico, non può, quindi, essere astratto, ma deve essere concreto. Di conseguenza, questi autori ritenevano che il punto di partenza della teologia fosse la vita concreta della comunità ecclesiale che pone domande ed esige risposte, che la teologia elabora come sintesi tra teoria e prassi, ricorrendo al passato e aprendosi alle nuove situazioni.

> Il teologo — dicevano — non può fare a meno di ricorrere al passato della vita ecclesiale, da cui emerge ed è nutrita ogni nuova teologia che rimanga veramente tale; ugualmente deve però preoccuparsi anche di rendere assimilabile all'uomo di oggi il perenne messaggio di Cristo[9].

Questo «rendere assimilabile» indica che la teologia deve «farsi carne», deve destinarsi alla vita concreta dell'uomo — un obiettivo sempre presente nel lavoro di questi professori[10].

Anche J. Wicks sottolinea questo carattere vitale/esperienziale della teologia, il cui obiettivo è rafforzare la comunione di vita con Dio nell'oggi[11]. Secondo lui, in *Introduction to the theological method*, la teologia non è una saggezza gnostica e non riguarda solo le dottrine rivelate — a che fare con vita e si basa su testimonianze che sono sorgenti accertate di vita[12].

Tenendo presenti l'apertura e il dialogo come tratti fondamentali dei documenti conciliari, i nostri professori hanno incarnato questa caratteristica, orientando il metodo teologico in questa direzione. Così, insegnandoci a fare teologia, ci hanno offerto un grande contributo sullo studio del concilio Vati-

---

[8] Z. ALSZEGHY – M. FLICK, *Come si fa la teologia. Introduzione allo studio della Teologia Dogmatica*, Roma 1974, 8.

[9] Z. ALSZEGHY – M. FLICK, *Come si fa la teologia* (cf. nt. 8), 81.

[10] Cf., soprattutto, M. FLICK – Z. ALSZEGHY, *Fondamenti di una antropologia teologica*, NCTC 10, Firenze 1970; ID., *L'Uomo nella teologia*, Punti scottanti di teologia 54, Modena 1971. Postumo, C.M. Martini afferma che le pubblicazioni di M. Flick nascevano da una profonda esperienza vissuta. Cf. «Instauratio Studiorum Anni Accademici», LAPUG 1980, 39. Analogamente, G. Pelland parla dello sforzo continuato di Z. Alszeghy nella creazione di ponti tra la teologia e la cultura moderna. Cf. «Instauratio Studiorum Anni Accademici», LAPUG 1992, 46.

[11] Per una bibliografia, fino al 2004, vedi C. APARICIO VALLS – C. DOTOLO – G. PASQUALE, ed., *Sapere teologico e unità della fede*, Fs. J. Wicks, Roma 2004, x-xxiii.

[12] Cf. J. WICKS, *Introduction to the theological method*, Casale Monferrato 1994, 9-10. Quest'opera fa parte della collana «Introduction to the theological disciplines», realizzata dai professori della PUG e dalla quale fanno parte: J. O'DONNELL, *Introduction to the dogmatic theology*, Casale Monferrato 1994; R. FISICHELLA, *Introduction to fundamental theology*, Casale Monferrato 1996; M. CHAPPIN, *Introduction to church history*, Casale Monferrato 1996.

cano II: il concilio si studia con la vita e per la vita, la vita che 50 anni fa ha inondato i testi conciliari e la vita di oggi, come «luogo» in cui fare teologia.

II. IL PRIMATO DELLA RIVELAZIONE

Tutto il lavoro conciliare dallo schema *De fontibus Revelationis* alla *Dei Verbum* dimostra bene la centralità della Rivelazione nella vita della Chiesa[13]. A questo tema si è dedicato il professor R. Latourelle[14]. Già durante il Concilio, nel 1963, proponeva una «dogmatica» della Rivelazione[15] in cui mostrava la complessità del tema, per la sua stretta relazione con svariati argomenti: la Scrittura, la Tradizione, la Storia, la Chiesa, la Liturgia, la Fede, l'Ecumenismo. È interessante notare che, già in quel primo contributo, Latourelle assume una prospettiva decisiva in tutto il suo pensiero: la Rivelazione è cristocentrica e, quindi, accessibile solo all'interno dell'orizzonte della storia della salvezza. È questo che egli sottolineerà nella costituzione sulla divina Rivelazione.

Ne *Le Christ et l'Église. Signes du salut*[16], Latourelle sostiene che il concilio, operando il passaggio da una lettura apologetica a una visione cristocentrica e storico-salvifica della Rivelazione, per un processo di concentrazione e personalizzazione dei segni della rivelazione storica in Cristo e nella Chiesa (o meglio, in Cristo nella Chiesa, Segno totale di salvezza), ha coniato teologicamente un nuovo termine: la testimonianza[17]. Si tratta di una testimonianza personale ed ecclesiale che, oltre a trasformare la condizione umana, diventa un segno della venuta della salvezza in Cristo, *se* caratterizzato da questi tratti: la sensibilità per i valori umani, un'apertura ecumenica, una carità attiva e una testimonianza di appartenenza alla Chiesa. È quanto afferma ne *Le témoignage chrétien*[18]. Naturalmente, considerando la testimonianza, egli la considera nel contesto della reale condizione umana, e ciò lo porta a riflettere

---

[13] Per vedere raccolto insieme l'imponente materiale, cf. G.G. HELLÍN, *Concilii Vaticani II synopsis in ordinem redigens schemata cum relationibus necnon patrum orationes atque animadversione. Constitutio dogmatica de divina revelatione Dei verbum*, Studi sul Concilio Vaticano II 1, Città del Vaticano 1993.

[14] «Non è esagerato affermare che può essere considerato il "padre" della teologia della rivelazione postconciliare». R. FISICHELLA, «Il contributo di René Latourelle alla teologia fondamentale», in ID., ed., *Gesù rivelatore* (cf. nt. 6), 12.

[15] R. LATOURELLE, *Théologie de la Révélation*, Studia 15, Bruges 1963.

[16] R. LATOURELLE, *Le Christ et l'Eglise. Signes du salut*, RFTP 6, Tournai-Montréal 1971.

[17] Cf. R. LATOURELLE, *Le Christ et l'Eglise* (cf. nt. 16), 19-20. Cf. la sua lettura della DV in ID., «La Révélation et sa transmission selon da Constitution "Dei Verbum"» e «Le Christ Signe de la révélation selon la Constitution "Dei Verbum"», *Gregorianum* 47 (1966) 5-40; 685-709.

[18] R. LATOURELLE, *Le témoignage chrétien*, Hier-aujourd'hui 4, Tournai-Montréal 1971.

su un secondo aspetto della credibilità cristiana: Cristo non è solo la Rivelazione di Dio; è anche la rivelazione dell'uomo e, come tale, pienezza di senso per l'uomo e i suoi problemi concreti. Questo lo attesta, tenendo l'uomo dinanzi ai suoi occhi, in *L'homme et ses problèmes dans la lumière du Christ*, dove la pienezza è presentata, non solo come risposta, ma anche come sfida costante alla questione della stessa identità di Cristo[19].

Elaborando questa teologia della Rivelazione, il passaggio teologico del professor Latourelle è diventato un elemento strutturale nella configurazione della teologia fondamentale come disciplina teologica *vocata* a dimostrare la credibilità della fede cristiana[20]. E sarà, soprattutto, questa credibilità che il professor R. Fisichella[21] svilupperà, alla luce della categoria della «significatività», in *La Rivelazione: evento e credibilità*[22].

L'evento stesso della Rivelazione, come comunicazione dell'amore divino, nella sua concentrazione cristologica e mediazione ecclesiologica, ha in sé la ragione della propria credibilità, continuando ad essere provocatorio e significativo per l'uomo. E questo gli permetterà di dire che: «Solo l'amore rimane come l'ultima parola che sa rendere credibile la rivelazione, perché solo qui il soggetto ritrova, in modo del tutto evidente, l'equilibrio del suo mistero»[23]. È chiaramente visibile qui il testo della DV 2: «Con questa Rivelazione, infatti, Dio invisibile nel suo grande amore parla agli uomini come ad amici e si intrattiene con essi, per invitarli e ammetterli alla comunione con sé».

Questo dinamismo amante/relazionale della Rivelazione è vivo, attuante. E, dunque, si pone la questione della sua trasmissione. La «Rivelazione [che] avviene con eventi e parole intimamente connessi», il cui centro è Cristo, «mediatore e pienezza di tutta la Rivelazione» (DV 2), viene trasmessa

---

[19] Cf. R. LATOURELLE, *L'homme et ses problèmes dans la lumière du Christ*, RFTP 26, Tournai-Montréal 1981.

[20] A questo punto, vale la pena ricordare un paragrafo di Latourelle: «[La fondamentale] Dal Concilio non è stata nominata per niente. Tuttavia la fondamentale riconosce che gli deve molto, sia a livello di atteggiamenti che ha sviluppato nella chiesa universale (dialogo, servizio, conversione, ricerca di senso), sia a livello di prospettive, come ad es., i temi della rivelazione, la centralità di Cristo, la personalizzazione dei segni di credibilità, la ricerca del senso dell'uomo e dei suoi problemi. Queste ricchezze, di cui essa ha beneficiato, hanno contribuito a renderla più simpatica, e soprattutto a darle una "nuova immagine"». R. LATOURELLE, «Assenza e presenza della fondamentale al Concilio Vaticano II», in *Bilancio*, II, 1411.

[21] Per una bibliografia, fino al 2011, vedi G. PASQUALE – C. DOTOLO, ed., *Amore e verità. Sintesi prospettica di teologia fondamentale*, Fs. R. Fisichella, Città del Vaticano 2011, 19-52.

[22] R. FISICHELLA, *La rivelazione: evento e credibilità. Saggio di teologia fondamentale*, CTSis 2, Bologna 1985, 2007⁹.

[23] R. FISICHELLA, «Credibilità», in R. LATOURELLE – R. FISICHELLA, ed., *Dizionario di Teologia Fondamentale*, Assisi 1990, 230.

dall'annuncio del Vangelo che, fattosi Scrittura e Tradizione, «unico sacro deposito della Parola di Dio» (DV 10), si conserva integro e vivo nella Chiesa (cf. DV 7).

Tenendo presente questa vitalità, il professor J. Wicks guarda il *depositum fidei* come *depositum vitae*[24] che, contenendo la verità liberatrice rivolta agli uomini del nostro tempo, deve essere accolto e compreso con fedeltà creativa[25]. È questa vitalità stessa che permette alla Chiesa di rendersi conto che, nel suo insegnamento/vita/culto, «perpetua e trasmette a tutte le generazioni tutto ciò che essa è, tutto ciò che essa crede [costituendo una] Tradizione di origine apostolica [che] progredisce nella Chiesa sotto l'assistenza dello Spirito Santo» (DV 8). Un progresso che avviene attraverso lo studio teologico, l'intelligenza esperienziale e l'annuncio magistrale. Sostenendo che queste sono tre funzioni complementari nella Chiesa, Z. Alszeghy si dedicherà alla seconda, intendendola, alla luce di LG 12, come *sensus fidei omnium fidelium*, un *sensus fidei* che definisce come «*capacità di riconoscere l'esperienza intima dell'adesione a Cristo e di giudicare tutto, in base a questa intelligenza*»[26].

Si tratta di un progresso vitale in cui la teologia *che serve* è a servizio della Rivelazione nella sua finalità e attualità. A questo punto non possiamo non evocare tutti i professori che, nella fedeltà e nella creatività con cui hanno accolto la vita del sacro deposito, hanno contribuito allo studio della Scrittura e della Tradizione, arricchendo il pensiero teologico odierno. Tra questi, ricordo il professor A. Orbe (1917-2003) la cui vita è stata dedicata a entrambi i temi e la cui rilevanza teologica, soprattutto per quanto riguarda la patristica pre-nicena[27], non può essere dimenticata.

Dunque, la centralità della Rivelazione manifestata nei testi del concilio conosce uno sviluppo significativo ad opera dei professori della Facoltà di Teologia della Gregoriana. Questi si sono dedicati al tema e hanno elaborato una teologia, hanno definito concetti e presentato discipline, avvicinando la Rivelazione alla testimonianza cristiana e offrendo gli strumenti perché si

---

[24] Cf. J. WICKS, *Introduction to the theological method* (cf. nt. 12), 9.

[25] Cf. J. WICKS, «Il deposito della fede: un concetto cattolico fondamentale», in R. FISICHELLA, ed., *Gesù rivelatore* (cf. nt. 6), 100-117. Cf. ID., «Deposito della fede» in R. LATOURELLE – R. FISICHELLA, ed., *Dizionario di Teologia Fondamentale* (cf. nt. 23), 297-310.

[26] Z. ALSZEGHY, «Il senso della fede e lo sviluppo dogmatico», in *Bilancio*, I, 144. Insieme a M. Flick, aveva pubblicato *Lo Sviluppo del dogma Cattolico*, Brescia 1967, dove la questione era già stata affrontata.

[27] A. ORBE, «La definición del hombre en la teología del siglo II», *Gregorianum* 48 (1967) 522-576. ID., *Antropología de San Ireneo*, BAC 286, Madrid 1969. ID., *Introducción a la teología de los siglos II y III*, I-II, AnGr 248, Roma 1987. Sull'importanza dello studio dei Padri e come lo rivitalizzare, cf. ID., «Lo studio dei Padri della Chiesa nella formazione sacerdotale», in *Bilancio*, II, 1366-1380.

potesse, anche noi, contribuire al progresso vitale che caratterizza radicalmente la vita della Chiesa.

III. IL RAPPORTO CRISTOLOGIA-ANTROPOLOGIA

Considerando l'uomo nella sua unità e totalità (GS 3), il Concilio ci offre un insegnamento straordinario: il mistero dell'uomo trova luce solo nel mistero di Cristo; Egli è l'uomo perfetto che, restituendo la somiglianza originale, deformata dal peccato, manifesta e concretizza la pienezza filiale divina della vocazione umana (GS 22). Questo rapporto tra cristologia e antropologia, così importante per la fede, la vita e la missione cristiana, è accolta e sviluppata dal professore J. Alfaro[28] (1914-1993), il cui pensiero ha due poli fondamentali: la centralità dell'Incarnazione di Cristo e l'apertura strutturale dell'Uomo[29].

Spinto dalla preoccupazione di dire Dio all'uomo, in una società che sfida continuamente l'identità del cristianesimo stesso[30], Alfaro sottolinea, costantemente, la questione dell'uomo e del suo senso. Senza una seria antropologia, ha sostenuto in un breve articolo, il mistero di Cristo non si capisce[31]. Nella stessa accezione, in *De la cuestión del hombre a la cuestión de Dios*[32], dirà che l'origine della questione di Dio è antropologica, perché emergerà solo dopo aver affrontato la questione dell'uomo. Perciò, analizza l'uomo nei suoi diversi rapporti (mondo, umanità, morte e storia) e lo scopre costitutivamente aperto. E sarà a questo punto che collocherà la questione di Dio. È in questa apertura che, identificando l'uomo nella sua soggettività e storia, si può realizzare l'evento assolutamente gratuito dell'autorivelazione di Dio[33]. Anni prima, in *Revelación cristiana*, affermava che l'analisi delle dimensioni fondamentali dell'esistenza umana (il rapporto dell'uomo con il mondo, con gli altri, la morte e la storia) è culminato nella questione e nell'affermazione di Dio come Realtà Fondante, l'Amore Originario, la Speranza Ultima, il

---

[28] Per una bibliografia, fino al 1989, vedi J.M. LERA, ed., *Fides quae per caritatem operatur*, Fs. J. Alfaro, Bilbao 1989, 10-14.

[29] Per uno studio della teologia di Alfaro, vedi J.M. MIGUEL, *Revelación y fe. La teología de Juan Alfaro*, Koinonia 22, Salamanca 1983.

[30] Se l'uomo proclama il primato della prassi, la teologia deve prendere il problema di relazionare l'ortodossia con l'ortoprassi. Cf. J. ALFARO, *Esperanza cristiana y liberación del hombre*, Barcelona 1972, 218; ID., *Revelación cristiana, fe y teología*, VeIm 90, Salamanca 1985, 152.

[31] Cf. J. ALFARO, «Unitas institutionis theologicae iuxta Vat. II», *Seminarum* 23 (1971) 239.

[32] Cf. J. ALFARO, *De la cuestión del hombre a la cuestión de Dios*, VeIm 103, Salamanca 1988.

[33] Cf. J. ALFARO, *De la cuestión del hombre a la cuestión de Dios* (cf. nt. 32), 286.

Divenire Assoluto. E aggiungeva che questi aspetti, implicando la trascendenza, la libertà e il carattere personale di Dio, sono l'espressione dell'apertura dell'uomo a Dio, come Colui del Quale l'uomo non può disporre, ma solo riconoscerlo e accettarlo come Grazia assoluta, come auto-donazione e auto-rivelazione dello stesso Dio[34].

Pertanto, una domanda che porta a un'apertura e alla questione di Dio; un'apertura che definisce l'uomo come «creatura intellettuale»; una creatura che, situata nell'immanenza del suo limite e nella sua tensione alla trascendenza, è in grado di accogliere la Rivelazione e di aspirare al Dio nel quale se realizza la perfezione del suo essere. Qui entra in questione la teologia della grazia, modellata dall'Incarnazione di Cristo, che Alfaro esplora, soprattutto, in *Cristologia y antropología*[35]. In Cristo, Dio si comunica realmente alla creatura intellettuale capace di un tale evento. Così, la massima espressione del carattere immanente e trascendente della grazia è l'incarnazione di Cristo, evento centrale di una Rivelazione che è salvezza. Ciò significa che, essendo la grazia configurata cristicamente (originando un esistenziale cristico), è nel Cristo incarnato che c'è la possibilità di piena realizzazione dell'uomo, una possibilità che sazia, in tensione escatologica, la sua questione, ma senza invalidare l'ipotesi che, nella sua libertà, l'uomo vagabondi indefinitamente attaccato alla questione di se stesso. Esplorando, in questo modo, il legame del trascendente con l'immanente, il nostro professore sfida il rapporto cristologia-antropologia per un rinnovamento, in cui la Rivelazione e la risposta della fede non sono elementi di limitazione ed estranei ma possibilità di pienezza.

Un altro professore in cui è centrale questo rapporto tra antropologia e cristologia è L.F. Ladaria, a cui tutti noi riconosciamo, per la lettura critica della letteratura teologica moderna e contemporanea e per l'esposizione coerente dei tesori della Scrittura e della Tradizione[36], il grande contributo delle sintesi teologiche.

---

[34] Cf. J. ALFARO, *Revelación cristiana* (cf. nt. 39), 62.

[35] J. ALFARO, *Cristologia y antropología. Temas teológicos actuales*, BTCr 1, Madrid 1973. Vedi, anche, ID., *Hacia una teología del progreso humano*, Barcelona 1969; ID., *Esperanza cristiana y liberación del hombre* (cf. nt. 30).

[36] «La lettura delle sue opere convince chiunque non lo avesse capito che "la sacra tradizione, la sacra scrittura e il magistero della chiesa, per sapientissima disposizione di Dio, sono tra loro talmente connessi e congiunti che non possono indipendentemente sussistere (DV 10)». P. CURBULIÉ, «Oportet discriminare in theologia. Alcune sottolineature dell'opera teologica di S.E.R. Mons. Luís F. Ladaria, S.I.» in *Patrem consummat Filius*, Fs. L. Ladaria, Roma 2012, 19. Dobbiamo menzionare il suo noto lavoro intorno a Ilario di Poitiers: le edizioni critiche di *De Trinitate* (BAC 481, Madrid 1986) e di *Commentarius in Evangelium Matthaei* (BAC, Madrid 2010), l'elaborazione di un dizionario (*San Hilario de Poitiers. Diccionario*, Burgos 2006) e le opere *El Espíritu Santo en San Hilario de Poitiers* (PUPCM.E 8, Madrid 1977) e *La cristologia de Hilario de Poitiers* (AnGr 255, Roma 1989).

Nelle sue opere troviamo un pensiero d'indiscutibile centralità cristologica, plasmato dalla preoccupazione di dire chi è Dio per gli uomini e chi è l'uomo davanti a Dio, creando un «crocevia teologico» in cui si intersecano costantemente Dio, Cristo e l'uomo. In *Antropología Teológica* (che comprende i trattati della creazione, del peccato originale e della grazia) e in *Teología del pecado original y la gracia*[37], piegandosi sull'uomo, Ladaria parla di Cristo e dell'unità del disegno creatore e salvatore di Dio[38]. E così, cristologicamente, ci presenta un uomo che è una nuova creatura (l'uomo giustificato) e figlio di Dio (partecipante della vita trinitaria), aprendo il mistero dell'uomo al mistero di Dio Uno e Trino. Quindi, non stupisce che le sue opere successive siano sulla Trinità[39]: non è solo la cristologia che non si può separare dalla dottrina della Trinità; anche l'antropologia lo richiede perché, soltanto così, si può spiegare la salvezza dell'uomo, la partecipazione filiale in Dio.

Seguendo i percorsi proposti dal Concilio, questi nostri professori, anche se per vie diverse, hanno strutturato la comprensione del rapporto Cristo-uomo. Un rapporto che non è estrinseco o giustapposto, ma che scaturisce dall'originale inter-compenetrazione tra la realtà di Dio e la realtà dell'uomo e che trova compimento pieno in Cristo. Pertanto, questo costituisce un contributo di estrema importanza, perché chiarisce e rafforza il fondamento dell'esperienza e della conoscenza cristiane, che è il rapporto Dio-uomo in Cristo.

IV. LA VITALITÀ DELL'ECCLESIOLOGIA

Convocato per l'*aggiornamento* della Chiesa, il Concilio supera la concezione quasi esclusivamente giuridica e istituzionale, e presenta una visione prioritariamente misterica, in cui la realtà della Chiesa e la sua missione si prospettano a partire dal piano salvifico di Dio in Cristo per lo Spirito Santo. È una visione dinamica che, come conseguenza, comporta diverse sfide. Secondo il professor A. Anton[40] (1927-2004), nel *De Ecclesia* che pubblicò poco dopo il Concilio con l'intenzione di corrispondere all'evento conciliare, l'ecclesiologia dovrebbe essere più biblica, più ecumenica e sacramentale,

---

[37] L.F. LADARIA, *Antropología Teológica*, AnGr 233, Roma 1983; ID., *Teología del pecado original y la gracia. Antropología teológica especial*, Madrid 1993.

[38] Questa nozione è presente in diversi articoli. Alcuni di loro raccolti in L.F. LADARIA, *Jesucristo, salvación de todos*, Teología Comillas 1, Madrid 2007. Una delle critiche che fa alla GS è proprio il fatto di non approfondire questa unità tra creazione e salvezza. Cf., ID., «L'uomo alla luce di Cristo nel Vaticano II», in *Bilancio*, 939-951.

[39] L.F. LADARIA, *El Dios vivo y verdadero. El misterio de la Trinidad*, Agape 19, Salamanca 1998; Id., *La Trinidad, misterio de comunión*, Agape 30, Salamanca 2002.

[40] Per una bibliografia, fino al 1997, vedi F. CHICA – S. PANIZZOLO – H. WAGNER, ed., *Ecclesia tertii millennii advenientis*, Fs. A. Antón, Casale Monferrato 1997, 961-966.

dovrebbe prendere in considerazione la partecipazione e l'attiva responsabilità di tutti i fedeli nella missione della Chiesa, il valore del sacerdozio comune e il *sensus fidei*, e tenere presente il carattere carismatico, comunionale, escatologico e pastorale della Chiesa[41]. Un anno dopo, con la nuova edizione del *De Ecclesia*, a queste sfide ne aggiungerà un'altra che gli sarà cara: l'inserimento della Chiesa nel piano salvifico di Dio[42]. Questa vasta gamma di sfide mostra chiaramente l'impatto dei documenti conciliari nella forma di pensare e dire la Chiesa. Un'impresa che il nostro maestro, oltre ai numerosi articoli su temi specifici (episcopato, collegialità, primato, immagini ecclesiali), ha tentato di esporre organicamente, attraverso una trilogia ecclesiologica: *La Iglesia de Cristo* e *El misterio de la Iglesia* (I-II)[43]. In quest'opera monumentale percorre una via che va dal fondamento biblico della Chiesa, dove sostiene la continuità del Popolo di Dio nell'Antica e Nuova Alleanza, per poi passare allo sviluppo storico delle idee ecclesiologiche nel secondo millennio e nel passaggio dell'ecclesiologia apologetica a quella misterica del Concilio Vaticano II. Un percorso che si conclude con un ampio capitolo sulla «ricezione», categoria teologico-ecclesiologica essenziale per l'ermeneutica conciliare. Un percorso lungo che, illuminandoci circa la comprensione della Chiesa nelle origini e nella storia, ci fa capire e apprezzare meglio la portata del rinnovamento conciliare[44].

Uno dei campi in cui, chiaramente, possiamo più ammirare questo rinnovamento è l'ecumenismo. La nozione di Chiesa Una che scaturisce dal concilio (LG e UR) ha motivato molti teologi allo studio delle diverse confessioni cristiane, nel tentativo di instaurare un dialogo fecondo, capace di rinnovare. Tra questi ricordiamo, ancora una volta, il prof. J. Wicks per la sua profonda conoscenza di Lutero e del luteranesimo[45], essenziale per un vero dialogo luterano-cattolico[46].

---

[41] Cf. A. ANTÓN, *De Ecclesia*, Romae 1965-1966, 13-48.

[42] Cf. A. ANTÓN, *De Ecclesia*, Romae 1967, 197-ss.

[43] A. ANTÓN, *La Iglesia de Cristo. El Israel de la Vieja y de la Nueva Alianza*, BAC. Maior 15, Madrid 1977; ID., *El misterio de la Iglesia. Evolución histórica de las ideas eclesiológicas*. I. *En busca de una eclesiología y de la reforma de la Iglesia*. II. *De la apologética de la Iglesia-sociedad a la teología de la Iglesia-misterio en el Vaticano II y en el Posconcilio*, BAC.Maior 26, 30, Madrid – Toledo 1986,1987.

[44] Cf. A. ANTÓN, «Ecclesiologia postconciliare: speranze, risultati e prospettive», in *Bilancio*, I, 361-388.

[45] Oltre agli innumerevoli articoli, vedi J. WICKS, *Man yearning for grace. Luther's early spiritual teaching*, Washington 1968; ID., ed., *Catholic scholars dialogue with Luther*, Chicago 1970; ID., *Luther*, D.S. 8, Paris 1978; ID., *Luther and his spiritual legacy*, ThLS 7, Wilmington 1983; ID., *Luther's reform. Studies on conversion and the Church*, VIEG 35, Mainz 1992.

[46] Cf. J. WICKS, «Temi di ecclesiologia nel dialogo luterano-cattolico», in *Bilancio*, II, 883-919. Una nota sul dialogo interreligioso. Anche se non abbiamo evidenziato alcuna

Dobbiamo dare rilievo, ancora, ad un professore, in cui il rinnovamento ecclesiologico conciliare e la sua vitalità sono stati accolti/abbracciati in modo notevole: F.A. Sullivan. Durante il concilio, nella dispensa del 1962[47], in linea con l'enciclica «Mystici corporis»[48], sostenne l'identificazione della Chiesa cattolica con il Corpo mistico di Cristo. Tuttavia, dopo il Concilio, diventerà un appassionato sostenitore del fatto che il «subsistit in» contenuto in LG 8 non consenta più di affermare tale identificazione[49]. Un cambiamento che significa umile fedeltà, quella fedeltà che deve essere sempre il punto di partenza e di arrivo di ogni studio teologico, ma che nulla toglie alla capacità del teologo di porre domande e istruire questioni, né costringe ad una sola forma o modalità di esplorazione e presentazione della disciplina teologica. Questo è ciò che si vede nelle sue opere. In *Magisterium*[50], che fornisce una base storica e biblica per l'autorità d'insegnamento del Magistero, Sullivan non si astiene dal mettere in discussione la comprensione dell'infallibilità. In *The Church we believe*[51] analizza le note ecclesiali ma domandandosi del loro significato e dell'applicabilità odierna. In *Salvation Outside the Church?*[52] riflette sull'espressione «non c'è salvezza al di fuori della Chiesa» e propone di coglierla come un modo per affermare il ruolo necessario della Chiesa nel piano divino della salvezza. Questo professore è stato un teologo capace di assumere nel suo discorso gli interrogativi concreti dei cristiani concreti (che spesso non capiscono il discorso ecclesiale), proponendo risposte caratterizzate dalla fedeltà e pervase di entusiasmo.

---

letteratura teologica dei nostri professori su questo argomento, siamo ben consapevoli del loro contributo, tra cui la collaborazione con le strutture della Curia Romana. Vedi il discorso di M.L. FITZGERALD, «The Pontifical Gregorian University and interreligious Dialogue», in PONTIFICIA UNIVERSITÀ GREGORIANA, *Atti del «Solenne atto Accademico in occasione del 450° anniversario della fondazione del Collegio Romana». 1551-2001. (Roma, 4-5 aprile 2001)*, Roma, 2001, 143-151.

[47] F.A. SULLIVAN, *De Ecclesia. Tractatus dogmaticus*, Ad usum privatum auditorum, Roma 1962.

[48] PIO XII, Litterae encyclicae *Mystici corporis*, 29.6.1943, *AAS* 35 (1943) 193-248. Vedi il discorso di apertura dell'anno accademico 1961-1962 della PUG: S. TROMP, «De futuro Concilio Vaticano II», *Gregorianum* 43 (1962) 5-11.

[49] Cf. F.A. SULLIVAN, «Quaestio Disputata: A Response to Karl Becker, S.J., on the Meaning of Subsistit In», *Theological Studies* 67 (2006) 395-409; ID., «The meaning of *Subsistit in* as Explained by the Congregation for the Doctrine of the Faith», *Theological Studies* 69 (2008) 116-124; ID., «Quaestio Disputata: Further Thoughts on the Meaning of *Subsistit in*», *Theological Studies* 71 (2010) 133-147.

[50] F.A. SULLIVAN, *Magisterium. Teaching authority in the Catholic Church*, New York – Ramsey 1983.

[51] F.A. SULLIVAN, *The Church we believe in One, Holy, Catholic and Apostolic*, New York 1988.

[52] F.A. SULLIVAN, *Salvation Outside the Church? Tracing the history of the catholic response*, New York – Mahwah 1992.

Così, questi nostri docenti per la loro dedizione e il loro studio, hanno contribuito alla interpretazione e applicazione della visione ecclesiologica proposta dal concilio, costruendo una ricezione significativa, aiutando a configurare la Chiesa nella linea conciliare. In tal modo, hanno rilevato la vitalità dell'ecclesiologia e ci hanno sfidato a un discorso vivo che miri, prima di tutto, alla vita concreta delle persone che, tante volte e per diversi motivi, si interrogano sull'identità della Chiesa, un'identità che, in effetti, li riguarda da vicino.

Guardando il panorama che abbiamo esposto, si può concludere che i professori di questa «Universitas nostra Gregoriana»[53] (un «nostra» che ci identifica come eredi e, in quanto tali, responsabili nell'aver cura del patrimonio ricevuto e di corrisponder250) hanno contribuito allo studio del concilio Vaticano II con l'interpretazione critica dei suoi documenti e l'esposizione teologica dei temi che dal concilio hanno preso nuovo avvio. Questo impegno li ha postati anche a un profondo cambiamento di prospettiva tanto nel metodo teologico quanto nella proposta dei contenuti della teologia.

L'audacia con cui hanno accettato l'apertura conciliare, li ha portati a ripensare e proporre una teologia più concreta e viva;
la fermezza con cui hanno abbracciato il primato della Rivelazione, li ha portati a impostare la teologia fondamentale, ad intensificare gli studi biblici e patristici, a rendersi conto che la Rivelazione è fonte, non della ripetizione, ma di reinvenzione costante della teologia nel suo necessario ruolo al progresso dogmatico;
– il coraggio con cui hanno accolto e sviluppato il rapporto antropologia-cristologia, li ha portati a ripensare l'uomo e a riscoprire come proporre il Cristo-Uomo perfetto;
– l'umiltà e l'entusiasmo con cui hanno ricevuto il rinnovamento ecclesiologico, li ha portati ad ampliare l'orizzonte e cambiare atteggiamenti, a provocare costantemente una Chiesa che a volte si adagia in realtà/ attività/ onori che non hanno più contesto, resistendo al soffio dello Spirito.

Tutto questo, a nostro avviso, ci dice ancora come studiare il concilio: nella fedeltà e creatività, scavando per trasformare e trasformando per dare maggiore continuità, tenendo presente che lo studio si fa con la vita e per la vita, non per l'astrattezza.

Un contributo dei professori di un tempo, una sfida per quelli di oggi e di domani.

---

[53] Espressione assunta da P. GILBERT, ed., *Universitas nostra Gregoriana. La Pontificia Università Gregoriana ieri ed oggi*, Roma 2006.

LA GREGORIANA VERSO IL CONCILIO: I *VOTA* DELLA FACOLTÀ DI TEOLOGIA NELLA FASE ANTEPREPARATORIA DEL VATICANO II

Pasquale Bua
Facoltà di Teologia

I. IL COINVOLGIMENTO DELLE UNIVERSITÀ E DELLE FACOLTÀ ECCLESIASTICHE

Il 17 maggio 1959, solennità di pentecoste, appena quattro mesi dopo l'annuncio a sorpresa di un nuovo concilio, *L'Osservatore Romano* ufficializza l'istituzione di una Commissione antepreparatoria, presieduta dal segretario di Stato cardinal Domenico Tardini, con l'incarico di raccogliere i consigli e i suggerimenti dell'episcopato mondiale e dei dicasteri della Curia romana sui temi da affrontare nella prossima assise ecumenica e di delineare, sulla base delle risposte pervenute, le linee generali degli argomenti da inserire nell'agenda conciliare. Per raggiungere tale scopo, prosegue il comunicato, dovranno essere «uditi anche i pareri delle Facoltà teologiche e canoniche delle Università cattoliche»[1].

Non stupisce, con simili premesse, che la Commissione si affretti a interpellare le principali accademie ecclesiastiche di formazione teologica e giuridica, accordando la precedenza a quelle romane. Infatti, già il 3 luglio successivo, Tardini, affiancato dal segretario dell'antepreparatoria monsignor Pericle Felici, riceve in Vaticano i rettori delle Università e degli Atenei ecclesiastici di Roma. Il primo a figurare nell'elenco è padre Pablo Muñoz Vega SJ, rettore della Pontificia Università Gregoriana. Con lui sono presenti monsignor Antonio Piolanti (Pontificia Università Lateranense), monsignor Salvatore Garofalo (Pontificio Ateneo Urbaniano «de Propaganda Fide»), padre Louis B. Gillon OP (Pontificio Ateneo «Angelicum»), dom Augustin Mayer OSB (Pontificio Ateneo di Sant'Anselmo), padre Ferdinando Antonelli OFM (Pontificio Ateneo «Antonianum») e don Alfons M. Stickler SDB (Pontificio Ateneo Salesiano)[2].

---

[1] Cf. *Acta et documenta concilio oecumenico Vaticano II apparando* (d'ora in poi *AD*), I/1, 22s. I passaggi salienti del documento si trovano anche in G. CAPRILE, ed., *Il concilio Vaticano II. Cronache del concilio Vaticano II edite da* La Civiltà Cattolica, I. *L'annuncio e la preparazione*, 1, Roma 1966, 163.
[2] Cf. *AD* I, IV/1, IX.

Il cardinale afferma che, per la preparazione del concilio, il pontefice «attende molto dall'opera loro e da quella dei professori»[3], passando quindi ad enumerare gli ambiti su cui le Università e gli Atenei saranno chiamati a contribuire con i loro studi: questioni dogmatiche, bibliche, liturgiche, filosofiche, disciplinari, morali, pastorali e sociali. Tardini precisa che

> non si aspetta dalle Università un elenco di questioni da trattare, ma una serie di studi, non lunghi, chiari e precisi però: né su tutte le materie e su tutti gli argomenti, ma su quelli che ai rettori magnifici ed ai professori risultassero di maggiore importanza ed attualità. Negli studi, anche se si riferiscono a questioni pratiche, si abbia un chiaro richiamo dei principi, si traggano buone conclusioni, si facciano proposte concrete per contenuto e per forma[4].

Le stesse cose vengono sostanzialmente ripetute il 17 luglio seguente in un'analoga riunione con i presidi delle Facoltà teologiche dell'Urbe. In quell'occasione il presidente dell'antepreparatoria rivela tra l'altro che, soltanto due giorni prima, il papa gli ha comunicato che il nuovo concilio avrebbe assunto il nome di «*Vaticano secondo*»[5].

Sulla base di questi incontri informali, data al giorno successivo, cioè al 18 luglio, la lettera del segretario di Stato ai rettori delle Università e ai presidi delle Facoltà ecclesiastiche e cattoliche, non più soltanto romane, in cui si domandano ufficialmente «studia et vota circa res et argumenta quae in futuro concilio oecumenico tractari poterunt»[6], con preghiera di far giungere i testi entro l'aprile dell'anno seguente. Qualche mese dopo, il 30 ottobre, nella prima conferenza stampa sul concilio, il cardinal Tardini menzionerà espressamente l'iniziativa di coinvolgere le accademie ecclesiastiche nella preparazione dell'assise[7].

---

[3] *AD* I, IV/1, IX.

[4] *AD* I, IV/1, X. Secondo G. ALBERIGO, «Passaggi cruciali della fase antepreparatoria (1959-1960)», in ID. – A. MELLONI, ed., *Verso il concilio Vaticano II (1960-1962). Passaggi e problemi della preparazione conciliare*, Genova 1993, 25, nt. 23, il ricorso alle Università romane non manifesterebbe solo «la preoccupazione di ottenere collaborazione e coinvolgimento nell'iniziativa conciliare», ma perseguirebbe anche «lo scopo di mobilitare energie in vista di un controllo della preparazione del concilio». Per Alberigo, infatti, la fase antepreparatoria (come pure quella preparatoria) sarebbe dominata dall'ambizione della Curia vaticana a propiziare il più possibile una «preparazione "romana" per un concilio universale» (così testualmente *ib.*, 30).

[5] *AD* I, IV/1, X. Sul nome del concilio ecumenico, cf. le annotazioni del già citato G. ALBERIGO, «Passaggi cruciali» (cf. nt. 4), 25s («Un concilio nuovo: Vaticano II»).

[6] *AD* I/IV, 1/1, XI.

[7] Cf. G. CAPRILE, ed., *Il concilio Vaticano II*, I/1 (cf. nt. 1), 177s.

II. GLI *STUDIA* E I *VOTA* DELL'UNIVERSITÀ GREGORIANA

Gli *studia* e i *vota* della Gregoriana sono i primi a figurare nell'apposito volume sugli atti e i documenti della fase antepreparatoria. Li accompagna una lettera di padre Muñoz datata 7 aprile 1960[8]. Il testo enumera separatamente gli studi elaborati dalle diverse Facoltà: compaiono nell'ordine teologia, diritto canonico, missiologia e, per ultimo, l'Istituto di scienze sociali[9]. In appendice si trovano poi i *vota* dei due Istituti consorziati con l'Università e affidati anch'essi alla Compagnia di Gesù: il Pontificio Istituto Orientale e il Pontificio Istituto Biblico[10].

Per Étienne Fouilloux i *vota* «gregoriani» si segnalano per l'«equilibrio sapientemente soppesato»[11], che a suo dire rifletterebbe la prudenza dimostrata dal *votum* del preposito generale dei Gesuiti e vice-gran cancelliere della Gregoriana padre Jean-Baptiste Janssens, interpellato a parte insieme agli altri superiori religiosi[12].

Situandosi in un certo senso a metà strada tra la laconicità di padre Michael Browne, maestro generale dei Domenicani e membro del Santo Uffizio, che si limita a suggerire la restaurazione del diaconato permanente, l'elevazione alla porpora cardinalizia dei patriarchi orientali e la creazione di un nuovo dicastero vaticano per gli studi[13], e l'audacia di padre Augustin Sépinski, ministro generale dei Minori francescani, che si pronuncia contro la «*rabies theologica*» di Roma, avida di definizioni e di condanne, deprecca la corsa dei governi agli armamenti atomici, propone il completamento della riforma liturgica, il ristabilimento del diaconato e la creazione a Roma di un «*coetus oecumenicus*» per il dialogo con le altre confessioni cristiane[14], Janssens da una parte guarda con sospetto alla diffusione dell'umanesimo ateo e delle nuove filosofie emancipatesi dalla Scolastica, dall'altra si dichiara favorevole ad un uso più ampio delle lingue volgari nella liturgia, auspicando al

---

[8] Cf. *AD* I/IV, 1/1, 3.

[9] Cf. *AD* I/IV, 1/1, 7-119.

[10] Cf. *AD* I/IV, 1/1, 121-167. Per farsi un'idea dei problemi storiografici sollevati dallo studio dei *vota* della fase antepreparatoria del concilio, problemi sui quali non possiamo soffermarci in questa sede, rimandiamo al saggio di A. MELLONI, «Per un approccio storico-critico ai *consilia et vota* della fase antepraeparatoria del Vaticano II», *Rivista di storia e letteratura religiosa* 26 (1990) 556-576.

[11] É. FOUILLOUX, «La fase antepreparatoria (1959-1960). Il lento avvio dell'uscita dall'inerzia», in G. ALBERIGO, ed., *Storia del concilio Vaticano II. I. Il cattolicesimo verso una nuova stagione. L'annuncio e la preparazione*, Bologna 1995, 2012², 71-176, 148.

[12] Cf. *AD* I/II, 124-127. Per É. FOUILLOUX, «La fase antepreparatoria (1959-1960)» (cf. nt. 11), 148, «è sorprendente constatare la stretta consonanza tra i *vota* dei superiori generali e i *vota* degli Istituti romani della loro congregazione».

[13] Cf. *AD* I/II, 65-68.

[14] Cf. *AD* I/II, 68-73.

contempo chiarimenti sull'autorità del magistero ordinario, sul posto dei laici nella chiesa, sulla questione ecumenica[15].

L'equilibrio della Gregoriana, prosegue Fouilloux, non nasconde tuttavia alcune interessanti differenze di orientamento. Infatti,

> le appendici al testo della prestigiosa Università [cioè i *vota* del Pontificio Istituto Orientale e del Pontificio Istituto Biblico] non hanno tutta questa prudenza. Al lungo *votum* classico sul matrimonio del moralista di Pio XII Franz Hürth [che, come vedremo, costituisce un'appendice ai *vota* della Facoltà di teologia], si possono a buon diritto opporre le proposte positive dell'Istituto di scienze sociali a proposito di lotta contro la povertà, e più ancora la risposta del Biblico, che spicca nettamente sull'insieme del *corpus*. Pure sospettati di gravi errori, gli esegeti della Compagnia osano infatti ricordare con forza la tripla necessità di libertà della ricerca scritturistica, di riforma delle procedure disciplinari e, soprattutto, di profonda trasformazione del discorso cattolico sul giudaismo. Ma questa audacia, che suggerisce che a Roma stessa la Compagnia di Gesù è meno omogenea di quanto non lo fosse dieci anni prima, rimane isolata[16].

Subito dopo lo stesso autore non teme di parlare ancora più espressamente di «divergenze fra i suoi [della Gregoriana] vecchi responsabili e una nuova generazione di professori più flessibili»[17].

Per giudicare della fondatezza o meno di una simile affermazione, concentriamoci ora sull'analisi degli *studia et vota* della Facoltà di teologia, che si presentano suddivisi per temi: *De revelatione, De ecclesia, De unione omnium christianorum, De theologia dogmatica, De theologia morali, De vita spirituali, De liturgia, De actione pastorali*[18].

---

[15] Per una rapida valutazione dei *vota* dei superiori religiosi, cf. ancora É. FOUILLOUX, «La fase antepreparatoria (1959-1960)» (cf. nt. 11), 146s.

[16] É. FOUILLOUX, «La fase antepreparatoria (1959-1960)» (cf. nt. 11), 148s.

[17] É. FOUILLOUX, «La fase antepreparatoria (1959-1960)» (cf. nt. 11), 149. Cf. anche ID., «Théologiens romains et Vatican II (1959-1962)», *Cristianesimo nella storia* 15 (1994) 373-394: *ib.*, 378, l'autore torna a ribadire che «le *votum* anonyme de la Faculté de théologie [de la Gregorienne] est classique, mais de facture équilibrée», rappresentando un «bon exemple de refus symétrique des positions extrêmes sur le développement dogmatique».

[18] Cf. *AD* I/IV, 1/1, 7-31. I *vota* ovviamente non recano firme. Tuttavia, per avere un'idea degli studiosi coinvolti nella loro elaborazione, basta rivolgersi all'*Ordo anni academici* del 1960, che nella Facoltà di teologia enumera questi professori: P.M. Abellán (teologia morale), J. Alfaro (teologia dogmatica), Z. Alszeghy (teologia dogmatica), A. Aquino (teologia morale), F. Asensio (esegesi), G. Bernini (esegesi), Ch. Boyer (teologia dogmatica), G. de Broglie (teologia dogmatica), É. Dhanis (teologia fondamentale), M.S. Fábregas (teologia morale), G. Filograssi (emerito teologia dogmatica), M. Flick (teologia dogmatica), J. Fuchs (teologia morale), Kl. Fürst (teologia dogmatica), Fr. Furlong (teologia morale), P. Galtier (emerito teologia dogmatica), D. Grasso (teologia pastorale), J. Hanssens (liturgia), Fr. Hürth (teologia morale), R. Latourelle (teologia fondamentale), H. Lennerz (emerito teologia dogmatica), B. Lonergan (teologia dogmatica), D. Mollat (esegesi), A. Mruk (teologia morale), A. Orbe (teologia patristica), F. Puzo (esegesi), H. Schmidt (liturgia), Fr. Sullivan

III. I *VOTA* SULLA RIVELAZIONE

Che il rifiuto delle posizioni estreme e la ricerca di soluzioni ponderate sia una peculiarità dei professori gesuiti (e forse dei Gesuiti in generale) si evince subito dai *vota* sulla rivelazione, che si sforzano di comporre la fedeltà ai principi tradizionali dell'esegesi cattolica con l'attenzione ai più recenti sviluppi del metodo storico-critico. Nel testo si citano a piene mani documenti magisteriali, in primis la costituzione *Dei Filius* del concilio Vaticano I, l'enciclica *Providentissimus Deus* di Leone XIII, le encicliche *Divino afflante Spiritu* e *Humani generis* di Pio XII.

Il primo dei *vota* domanda che si illustrino con chiarezza i principi dell'ermeneutica biblica, ma non tanto attraverso nuovi pronunciamenti, bensì ribadendo l'insegnamento già offerto dalla *Divino afflante Spiritu*. Così prosegue il testo:

> Da una parte il modo di interpretare le sacre Scritture presso alcuni cattolici è eccessivamente naturale [inteso qui in contrapposizione a soprannaturale], dimostrando un'attenzione insufficiente all'analogia della fede, all'esegesi tradizionale, alla dottrina del magistero della chiesa, come pure al mistero dell'ispirazione. Trascurando queste cose, costoro cercano luce in modo unilaterale dall'attuale progresso delle scienze meramente umane ed extrabibliche, soprattutto orientali, e talvolta seguono troppo le orme delle esegesi non cattoliche. Dall'altra parte succede che alcuni cattolici, talora anche teologi ed esegeti, non prestando abbastanza attenzione alle questioni sollevate da nuovi documenti o da nuove ricerche, attribuiscano eccessiva autorità alle opinioni passate e ricerchino una falsa sicurezza nell'immobilità, che vorrebbero imporre anche agli altri[19].

(teologia fondamentale), S. Tromp (teologia fondamentale), W. van Roo (teologia morale), H. Vignon (teologia dogmatica), J. Witte (teologia protestante), J. Wright (teologia dogmatica), T. Zapelena (emerito teologia fondamentale), Br. Zieliński (esegesi), J.N. Zoré (teologia dogmatica).

[19] *AD* I/IV, 1/1, 9: «Ex una parte ratio interpretandi sacras Litteras apud quosdam catholicos est nimis naturalis, quae insufficientem curam ostendit analogiae fidei, exegesis traditionalis, doctrinae magisterii ecclesiae, necnon mysterii inspirationis. His quodammodo neglectis, lucem unilaterali modo quaerunt ex praesenti progressu scientiarum mere humanarum et extrabiblicarum, orientalium praecipue, et aliquando nimis vestigia premunt exegeseos acatholicae. Ex altera parte accidit ut catholici quidam, etiam aliquando theologi et exegetae, non satis attendentes ad arduas quaestiones ortas ex novis documentis aut ex novis investigationibus, nimiam auctoritatem tribuant opinionibus praeteritis et falsam securitatem quaerant in immobilitate, quam etiam aliis imponere vellent». In questo testo non è difficile rintracciare da un lato una vigorosa stoccata agli sviluppi indisciplinati del metodo storico-critico, sorto in ambito protestante ma introdottosi presto anche in area cattolica, dall'altro in modo speculare una critica non meno appassionata al gretto conservatorismo degli studiosi incuranti dei moderni sviluppi della ricerca biblica: si tratta forse degli esegeti dell'Ateneo Lateranense, impegnati da anni in una controversia contro il Biblico? Sull'annosa polemica Biblico-Laterano, che si lascia intravvedere chiaramente nei rispettivi *vota* e che finirà per

Il *votum* successivo auspica che il concilio dichiari l'autorità dottrinale della Vulgata, e ciò a motivo di quella garanzia di ortodossia che essa offre nelle questioni di fede e di morale[20].

Il terzo *votum* chiede invece che venga elaborata una nozione di rivelazione cristiana. Per un verso il testo sottolinea fortemente il carattere cristocentrico del *depositum fidei*: Gesù è indicato simultaneamente come il messaggero ultimo e definitivo della rivelazione divina, come il suo testimone verace e infine come il suo stesso contenuto. Al tempo stesso, sulla scorta dell'apologetica manualistica, continua a predominare nel testo una concezione «verbalista» della rivelazione: questa consiste, infatti, in parole trasmesse per iscritto — le sacre Scritture — e in parole trasmesse oralmente — le cosiddette tradizioni non scritte. Ne consegue che Scrittura e tradizione vanno considerate come due fonti relativamente autonome della rivelazione: è, appunto, la teoria delle «due fonti», caposaldo della teologia posttridentina, che ritroveremo in uno degli schemi preparatori del concilio, intitolato non a caso *De fontibus revelationis*[21].

A una concezione verbalista della rivelazione corrisponde una concezione «intellettualista» della fede, intesa come «assenso alle verità dell'economia salvifica che sono trasmesse dalla predicazione dei divini messaggeri e della chiesa (assensus veritatibus oeconomiae salutis quales significantur praedicatione divinorum legatorum et ecclesiae)»[22].

Della fede, al contempo, si sottolinea la dimensione teologale. Essa non è anzitutto una percezione interiore dell'uomo, ma l'assenso che questi, attratto dal Padre, offre alla gratuita e preveniente iniziativa di Dio. Giacché subito dopo si chiede al concilio di riprovare le dottrine contrarie, proposte da teologi protestanti «di grande fama (magni nominis)» e penetrate anche fra taluni teologi cattolici[23], l'impressione è che il testo abbia di mira, tra le altre cose, la peculiare concezione rahneriana dell'atto di fede[24].

---

riverberarsi sul concilio, cf. A. RICCARDI, «I *vota* romani», in M. LAMBERIGTS – Cl. SOETENS, ed., *À la veille du concile Vatican II. Vota et réactions en Europe et dans le catholicisme oriental*, Leuven 1992, 146-168, 158s.

[20] Cf. *AD* I/IV, 1/1, 9s.

[21] Cf. *AD* I/IV, 1/1, 10s. Si consulti utilmente a tal proposito K. SCHELKENS, *Catholic Theology of Revelation on the Eve of Vatican II. A Redaction History of the Schema* De fontibus revelationis *(1960-1962)*, Leiden – Boston 2010, soprattutto 9-54 («Preconciliar *Vota* and their Background»).

[22] *AD* I/IV, 1/1, 11.

[23] Cf. *AD* I/IV, 1/1, 12.

[24] Cf. almeno la trattazione riepilogativa proposta in K. RAHNER, *Corso fondamentale sulla fede. Introduzione al concetto di cristianesimo*, Cinisello Balsamo 1990⁵, 71-126 (or. ted.: *Grundkurs des Glaubens. Einführung in den Begriff des Christentums*, Freiburg/Br. 1976). Utile al riguardo il recente studio di D. SENDREZ, *L'expérience de Dieu chez Karl Rahner. Son*

L'ultimo *votum* sulla rivelazione domanda che il concilio definisca la relazione tra l'immutabilità della verità rivelata e il legittimo progresso dogmatico. Anche ora l'equilibrio è cercato attraverso la formulazione bipartita «*ex una parte... ex altera autem parte...*». Dapprima leggiamo infatti:

> *Da una parte* il concilio insegni fermamente queste cose. L'intelletto umano, mediante le nozioni di cui dispone, sottoposte a debita correzione (attraverso la *via negationis* e la *via excellentiae*), può raggiungere una conoscenza esatta di alcune realtà che riguardano Dio e i misteri divini, realtà che sono semplicemente vere, le quali non hanno bisogno di un sempre ulteriore perfezionamento, né in seguito a quella correzione di cui si è detto devono ancora considerarsi come affermazioni approssimative, che sono in parte concordi con gli oggetti divini ed in parte discordi da esso[25].

Più avanti, dopo aver affermato che le verità della fede, di fronte all'insorgere di nuove questioni e di nuovi errori, possono essere utilmente illustrate ricorrendo a nozioni filosofiche, il testo prosegue:

> *Invece dall'altra parte* il concilio dichiari che nella chiesa si dà un progresso della verità rivelata. In primo luogo infatti numerose cose, che nel deposito della rivelazione — cioè nella tradizione apostolica e nella Scrittura — restavano implicite, attraverso i secoli sono state insegnate in modo sempre più esplicito dal magistero della chiesa, che esercita il proprio compito di custode ed interprete di tutta intera la verità rivelata, mentre lo Spirito Santo conduce la chiesa al possesso integrale della verità. Inoltre varie cose che nel deposito rivelato erano espresse attraverso rappresentazioni ed espressioni confuse, successivamente sono state proposte alla fede in modo più distinto dal medesimo vivo magistero[26].

statut épistémologique dans le Traité fondamental de la foi, Paris 2013, in particolare 221-270; 419-489.

[25] *AD* I/IV, 1/1, 12: «*Ex una parte* concilium haec fere doceat. Humanus intellectus suis notionibus debite accomodatis (per viam negationis et excellentiae) sibi repraesentare potest quaedam, eaque determinata, de Deo divinisque mysteriis quae sint simpliciter vera, quaeque proinde neque indigeant ulteriore semper correctione, nec post praefatam accomodationem adhuc assumenda sint ut approximationes partim concordes cum divinis obiectis partimque contradicentes eis». Insomma, sulle orme del Vaticano I (cf. *DH* 3016s), il *votum* si oppone a quel relativismo teologico che considera intrinsecamente imperfette e transitorie tutte le definizioni dogmatiche. Al contrario, la ragione umana, illuminata dalla fede, è in grado di attingere una conoscenza «esatta» dei misteri divini, cioè una conoscenza che, pur non essendo esaustiva, è però certa e affidabile.

[26] *AD* I/IV, 1/1, 12s: «*Ex altera autem parte* concilium declaret haberi in ecclesia progressum veritatis revelatae. Primo enim complura, quae in revelationis deposito – apostolica traditione et Scriptura – latebant implicita, per saecula magis magisque explicite docentur a vivo magisterio ecclesiae, quod suum munus custodis et interpretis totius veritatis revelatae exercet, Spiritu Sancto ecclesiam dirigente in plenam illius veritatis possessionem. Praeterea varia quae in revelato deposito nonnisi per rapraesentationes expressionesque quadantenus confusas significabantur, postea ab eodem vivo magisterio distinctius credenda proposita sunt». Dunque, contro una concezione «immobilista» del dogma, si dichiara

IV. I *VOTA* SULLA CHIESA

Seguono i *vota De ecclesia*, che sono molto più brevi (segno evidente che sono stati stesi da una mano diversa). In essi si domanda che il nuovo concilio completi la dottrina ecclesiologica del Vaticano I (*votum* 5), precisando in particolare: 1) l'estensione e i limiti dell'infallibilità pontificia (*votum* 6); 2) la relazione tra questa prerogativa personale del papa e la chiesa universale, perché risulti chiaro che le dichiarazioni infallibili «ex sese, non autem ex consensu ecclesiae» — secondo la definizione proposta dalla costituzione *Pastor aeternus* del Vaticano I[27] — vengono formulate dal papa non come dottore privato ma «ut caput ecclesiae», non indipendentemente dalla fede e dal bene della chiesa, ma «doctrinae ecclesiae rationem habens, in bonum ecclesiae, propter ecclesiam, a Spiritu Sancto assistentia donatus, et ut in ipsa ecclesia infallibilitas servetur»[28] (*votum* 7); 3) la relazione tra il primato petrino e l'autorità dei vescovi, definendo le funzioni del collegio episcopale nel governo della chiesa (*votum* 8); 4) la relazione tra l'infallibilità magisteriale del papa, l'infallibilità della chiesa gerarchica e l'infallibilità della chiesa universale (*votum* 9).

A proposito dell'ottavo *votum*, monsignor Vincenzo Carbone, stretto collaboratore del segretario Felici per tutto il tempo della preparazione e della celebrazione del concilio, svela un episodio tutt'altro che secondario. Egli racconta infatti che Giovanni XXIII, dopo aver visionato i *vota* della Gregoriana, domanda alla Facoltà di teologia di rivedere il suo lavoro a proposito dei rapporti tra il papa e il collegio episcopale[29].

---

legittimo il progresso dottrinale, attraverso il quale: 1) si esplicita ciò che prima era implicito, 2) si chiarisce ciò che prima era confuso. Può rivelarsi interessante qui un confronto con i *vota* del Biblico (cf. *AD* I/IV, 1/1, 123-136), distinti tra dottrinali e disciplinari. Il primo *votum*, sulle mutue relazioni tra sacra Scrittura e tradizione, è certamente quello più significativo, dal momento che, nel tentativo di superare la teoria tradizionale delle due fonti ancora sostenuta nei *vota* della Facoltà di teologia, proclama che il Nuovo Testamento e le tradizioni ecclesiastiche provengono dall'unica e medesima tradizione apostolica, anche se solo il primo, in quanto ispirato, può essere detto in senso proprio parola di Dio. Gli altri *vota* dottrinali riguardano l'importanza della fede nell'opera salvifica, l'efficacia della parola di Dio, la storicità dei vangeli, il superamento dell'antisemitismo.

[27] Cf. *DH* 3074.
[28] *AD* I/IV, 1/1, 14.
[29] Cf. V. CARBONE, «Il cardinale Domenico Tardini e la preparazione del concilio Vaticano II», *Rivista di storia della chiesa in Italia* 45 (1991) 42-88, 70: «Infine [dopo aver esaminato gli *studia* e i *vota* degli episcopati nazionali e delle congregazioni religiose], il papa prese visione degli studi e dei voti delle Università e delle Facoltà. In quelli della Pontificia Università Gregoriana, nel n. 8 del *De ecclesia*, sottolineò alcune espressioni, che "non suonano molto bene", e pregò Felici di farlo presente "in maniera molto gentile" al rettore Pablo Muñoz Vega SJ. Felici gliene parlò il 16 maggio, ed egli, il 20 luglio 1960, inviò un nuovo testo del n. 8, approvato dal consiglio di Facoltà».

Così recita il testo originariamente licenziato dalla Facoltà:

> Esposizione sull'ufficio di cooperazione dei vescovi con il sommo pontefice nella determinazione delle regole della fede e della disciplina della chiesa universale. In realtà si deve attribuire alla speciale provvidenza di Dio il fatto che il concilio Vaticano [I] abbia definito in modo così chiaro la piena e suprema potestà di giurisdizione e di magistero del romano pontefice; definizione in virtù della quale ogni velleità conciliarista rimane esclusa una volta per tutte. È perciò giunto il momento opportuno affinché, avendo ormai pienamente acquisito la dottrina del primato, venga definito nel prossimo concilio anche il ruolo dell'episcopato nel governo e nel magistero della chiesa. La chiesa infatti non è stata affidata da Cristo al magistero e al governo del solo Pietro, ma al magistero e al governo di tutto il collegio apostolico; anzi in verità lo stesso primato di Pietro è stato istituito per questo, perché per suo mezzo il predetto collegio venga confermato nell'adempimento del suo ufficio, e non invece perché ne sia sostituito[30].

Ecco invece la nuova versione, riportata negli *Acta* dell'antepreparatoria:

> Esposizione sull'ufficio di cooperazione dei vescovi con il sommo pontefice nella determinazione delle regole della fede e della disciplina ecclesiastica. Infatti, poiché da una parte nel concilio Vaticano [I] si insegna chiaramente che il romano pontefice possiede una potestà di giurisdizione veramente episcopale e immediata su tutti i pastori e i fedeli della chiesa, sia considerati singolarmente sia presi tutti insieme, mentre dall'altra risulta che anche i vescovi sono stati posti dallo Spirito Santo a governare la chiesa di Dio, converrà definire chiaramente quale ruolo i vescovi e il collegio episcopale ricoprano nel magistero e nel governo della chiesa universale[31].

---

[30] Il testo si trova appunto in V. CARBONE, «Il cardinale Domenico Tardini» (cf. nt. 29), 70, nt. 93: «Expositio de munere episcoporum cooperandi cum summo pontifice in determinandis regulis fidei et disciplinae universalis ecclesiae. Singulari etenim providentiae Dei tribuendum est, quod concilium Vaticanum tam clare definiverit plenam et supremam potestatem iurisdictionis et magisterii romani pontificis; qua definitione omne conamen conciliarismi semel pro semper exclusum manet. Ideo, tempus opportunum advenit ut, in plena possessione doctrinae primatus, significatio episcopatus in regimine et magisterio ecclesiae in proximo concilio definiatur. Ecclesia enim non solius Petri magisterio et gubernationi a Christo commissa est, sed magisterio et gubernationi totius collegii apostolici; ipse vero primatus Petri ad hoc institutus est, ut per ipsum praedictum collegium in suo munere adimplendo confirmaretur et non ut substituatur».

[31] *AD* I/IV, 1/1, 14: «Expositio de munere episcoporum cooperandi con summo pontifice in determinandis regulis fidei et disciplinae ecclesiasticae. Cum enim ex una parte in concilio Vaticano clare doceatur romanum pontificem habere potestatem iurisdictionis vere episcopalem et immediatam in totius ecclesiae pastores et fideles, tam seorsim singulos quam simul omnes, ex altera constet episcopos a Spiritu Sancto positos esse regere ecclesiam Dei, expediverit clare definire, qualem partem episcopi collegiumque episcopale habeant in totius ecclesiae magisterio et gubernio».

Resta difficile comprendere che cosa, nella versione originaria del *votum*, papa Roncalli avesse giudicato inadeguato o inopportuno. Certo è che, nel secondo testo, il discorso sui rapporti tra il primato e il collegio assume contorni assai meno definiti, rinunciando ad avanzare qualsivoglia proposta di soluzione. Soprattutto, è facile rendersi conto che sono state attentamente espunte dalla nuova redazione tutte le espressioni che sembrano intaccare in qualche modo la dottrina del primato acquisita dal concilio Vaticano I: vuoi lasciando intendere che l'autorità del collegio episcopale sulla chiesa universale deve considerarsi in tutto equivalente a quella del romano pontefice; vuoi asserendo che il primato non esiste per sostituirsi al collegio nel governo della chiesa, ma al contrario proprio per farsi garante dell'effettivo esercizio di tale prerogativa dell'episcopato. Sembrerebbe così che Giovanni XXIII preferisse evitare le prese di posizione troppo nette su una questione tanto delicata, preferendo verosimilmente lasciare all'assise conciliare la facoltà di pronunciarsi in merito.

Sempre per completare — o, forse, per controbilanciare — l'ecclesiologia papalista del Vaticano I, i *vota* successivi auspicano che il concilio si occupi pure del ruolo dei laici nella Chiesa, definita esplicitamente — sulla scorta dell'insegnamento di Pio XII — «corpo mistico» di Gesù Cristo[32]. In questo corpo, infatti, anche i laici, «nel luogo dove sono stati posti da Dio, hanno una propria responsabilità (habent, in loco ubi a Deo positi sunt, propriam responsabilitatem)»[33]. Per questa ragione si domandano chiarimenti: 1) sulla dottrina del sacerdozio universale, «che non spetta unicamente ai laici, ma a tutte le membra del corpo mistico (quod non unice laicos spectat sed omnia membra mystici corporis»)[34]; 2) sulla relazione tra ministeri e carismi nella chiesa, che non devono essere erroneamente contrapposti; 3) sugli obblighi

---

[32] *AD* I/IV, 1/1, 15. Come è noto, l'ecclesiologia del «corpo mistico» era stata elaborata nel XIX secolo dalla Scuola romana, denominazione con cui si intende un gruppo di teologi gesuiti docenti proprio al Collegio Romano (l'attuale Gregoriana), come Giovanni Perrone, Carlo Passaglia, Clemens Schrader e Johann Baptist Franzelin. Le loro idee, ispirate in buona parte dall'ecclesiologia romantica del teologo di Tubinga Johann Adam Möhler, erano alla base di uno schema ecclesiologico mai approvato al Vaticano I e saranno riprese nel Novecento da teologi come Louis Billot, Émile Mersch e Sebastiaan Tromp. Cf., fra tanti contributi, Y.-M. CONGAR, *L'église. De Saint Augustin à l'époque moderne*, Paris 1970, 428-433; A. ANTÓN, *El misterio de la iglesia. Evolución histórica de las ideas eclesiológicas*, II, Madrid 1987, 287-317; K.H. NEUFELD, «La Scuola romana», in R. FISICHELLA, ed., *Storia della teologia. III. Da Vitus Pichler a Henri de Lubac*, Roma – Bologna 1996, 267-283; S. ALBERTO, *«Corpus suum mystice constituit (LG 7). La chiesa corpo mistico di Cristo nel primo capitolo della* Lumen gentium», Regensburg 1996, 34-86; 99ss; senza dimenticare il «classico» di W. KASPER, *Die Lehre von der Tradition in der Römischen Schule. Giovanni Perrone, Carlo Passaglia, Clemens Schrader*, Freiburg/Br. 1966, 2011².
[33] *AD* I/IV, 1/1, 15.
[34] *AD* I/IV, 1/1, 15.

dei laici per il bene della chiesa (circoscritti forse un po' riduttivamente in tre categorie: preghiere, mortificazioni, buoni esempi); 4) sulla formazione dell'opinione pubblica nella chiesa e sulla pubblica censura; 5) sulla natura e le attività dell'Azione cattolica.

Un ultimo *votum*, che appare isolato, chiede di definire la questione — assai controversa — dell'appartenenza alla chiesa. Completando — o già forse sommessamente oltrepassando — la dottrina della *Mystici corporis*[35], si chiede a tal riguardo di precisare che

> gli eretici e gli scismatici, proprio in ragione dell'eresia o dello scisma, non sono più membra in atto della chiesa; tuttavia, se sono in buona fede, non sono solo membri di desiderio, ma godono anche in qualche modo della comunione dei santi[36].

Per questo si domandano pure chiarimenti sul significato da attribuire all'adagio tradizionale «extra ecclesiam nulla salus»[37].

V. I *VOTA* SULL'ECUMENISMO

Senza soluzione di continuità, si passa ai *vota* sull'ecumenismo. La questione ecumenica viene subito indicata come uno dei principali argomenti del futuro concilio ecumenico. In effetti, proprio un accresciuto desiderio dell'unità visibile dei cristiani pare caratterizzare il tempo presente, sia perché la minaccia dell'ateismo contemporaneo domanda maggiore collaborazione tra i cristiani, sia perché lo Spirito Santo eccita in tal senso i cuori di quelli che ancora vengono chiamati «dissidenti». Il testo chiede anzitutto di precisare in che senso la chiesa è già una e tuttavia ricerca l'unione di tutti i

---

[35] Secondo l'enciclica di Pio XII, pubblicata il 29 giugno 1943, i cristiani non cattolici, «sebbene siano ordinati al corpo mistico del Redentore da un certo inconsapevole desiderio e anelito, tuttavia sono privi di quei numerosi doni e aiuti celesti che solo nella chiesa cattolica è dato di godere (etiamsi inscio quodam desiderio ac voto ad mysticum Redemptoris corpus ordinentur, tot tamen tantisque caelestibus muneribus adiumentisque carent, quibus in catholica solummodo ecclesia frui licet)». *AAS* 35 (1943) 193-248, 243.

[36] *AD* I/IV, 1/1, 15: «Forsitan utile sit etiam clare docere haereticos et schismaticos, ipso facto haereseos vel schismatis iam non esse actu membra ecclesiae, attamen, si sunt bonae fidei, non solum eos esse membra in voto, sed aliquatenus etiam gaudere communione sanctorum».

[37] *AD* I/IV, 1/1, 15. Sul tema rimandiamo a tre studi recenti: B. SESBOÜÉ, *«Fuori della chiesa nessuna salvezza». Storia di un formula e problemi di interpretazione*, Cinisello Balsamo 2009 (or. fr.: *«Hors de l'église pas de salut». Histoire d'une formule et problèmes d'interprétation*, Paris 2004); S. MAZZOLINI, *Chiesa e salvezza. L'extra ecclesiam nulla salus in epoca patristica*, Città del Vaticano 2008; G. CANOBBIO, *Nessuna salvezza fuori della chiesa? Storia e senso di un controverso principio teologico*, Brescia 2009.

cristiani, è già cattolica e tuttavia aspira a una realizzazione più completa della cattolicità. Infatti, e ritorna qui uno stile già incontrato,

> da una parte si deve evitare un modo incauto di parlare, come se le comunità dei dissidenti e la chiesa cattolica siano carenti in egual misura di unità e cattolicità, e debbano allo stesso modo rinunciare a qualcosa perché possa instaurarsi la vera unità della chiesa; dall'altra parte si deve evitare quell'eccessiva rigidità che, soffermandosi a tal punto sulla necessità della conversione dei dissidenti, non percepisce che anche la chiesa cattolica è obbligata a sradicare con forza dalle sue istituzioni e consuetudini tutto ciò che offende inutilmente gli uomini del nostro tempo, e soprattutto le comunità cristiane dissidenti[38].

I cristiani separati — prosegue il testo — si sentiranno chiamati all'unità ecclesiale nella misura in cui impareranno a percepire la chiesa cattolica non più come «aliena domus», il che non dipende solo dalle pur reali differenze dottrinali, ma anche da certi stili di vita dei cattolici («modus vivendi ecclesiae catholicae») che suscitano repulsione e non di rado scandalo negli altri. Invece, come ammonisce San Paolo, non si devono scandalizzare i più piccoli (cf. *1Cor* 8, 9-13)[39].

Si rende allora necessaria in seno alla chiesa cattolica una «adaptatio», termine più prudente e meno ambiguo di «reformatio», che passi attraverso tre «movimenti»: 1) «motus biblicus»: maggiore familiarità con la sacra Scrittura; 2) «motus liturgicus»: riscoperta della liturgia come luogo di formazione alla vita cristiana; 3) «motus oecumenicus»: sensibilizzazione e responsabilizzazione dei cattolici sulla causa ecumenica[40].

Questa «adaptatio» deve poi ripercuotersi sulla dottrina: a partire dal concilio di Trento la «praedicatio fidei» si è concentrata soprattutto nell'illu-

---

[38] *AD* I/IV, 1/1, 16: «Quibus distinctionibus fiet ut ex una parte vitetur modus loquendi incautus, ac si communitates dissidentium et ecclesia catholica aequo modo careant unitate et catholicitate, et debeant aequo modo aliquid cedere, ut vera ecclesiae unitas instauretur; alia ex parte vitabitur nimia rigiditas, quae tantum de necessitate conversionis dissidentium cogitans, non percipit etiam ecclesiam catholicam obligari ut ex institutis et consuetudinis suis fortiter eradicet quidquid homines nostrae aetatis, maxime vero communitates christianas dissidentes, inutiliter offendit». Nel primo caso si prende chiaramente di mira il minimalismo dogmatico di chi considera la chiesa cattolica alla stregua delle comunità cristiane separate, che mai vengono denominate chiese, come se essa non avesse conservato integralmente quell'unità e cattolicità professate nel Simbolo della fede. Nel secondo caso, in modo del tutto simmetrico, si osa prudentemente affermare che anche la chiesa cattolica ha bisogno di una riforma e che l'unione dei cristiani non può significare il mero ritorno dei dissidenti alla «casa romana» (il cosiddetto «ecumenismo del ritorno»). Per A. RICCARDI, «I *vota* romani» (cf. nt. 19), 161, «la Gregoriana tocca il tema dell'unità dei cristiani con un *votum* breve ma ponderato, in cui si ricorda come non si debba troppo insistere sul ritorno, ma sull'idea della casa comune».
[39] Cf. *AD* I/IV, 1/1, 16s.
[40] Cf. *AD* I/IV, 1/1, 17.

strazione delle verità contestate dai Riformatori, lasciando in ombra quelle verità che invece erano riconosciute da tutti e dunque rappresentavano un vincolo di unità. Per questo, superando le strettoie di certa teologia apologetica, converrà «insistere precisamente sulle verità che sono care ai dissidenti, affinché costoro vedano che, ritornando all'unità cattolica, non saranno privati di nulla di ciò che essi reputano vero e buono»[41].

L'«adaptatio» deve inoltre passare per il superamento del monolitismo romano: occorrerà «valorizzare l'indole speciale dei popoli non latini nei riti e nella disciplina della chiesa, concedendo spazio alla loro mentalità, non soltanto tollerando, ma anche promuovendo la diversità, in virtù della quale l'unità della chiesa si realizza come unità nella pluralità»[42]. In tal senso si auspica pure il superamento dell'uniformismo giuridico, concedendo maggiore autonomia alle chiese locali, accogliendo nei dicasteri romani uomini provenienti da varie regioni del mondo, favorendo la comunicazione e la collaborazione tra i vescovi diocesani[43].

VI. I *VOTA* SULLA DOGMATICA E LA MORALE

Seguono i *vota De theologia dogmatica*. Dopo aver affermato che, al di fuori dell'ambito ecclesiologico, non si vede la necessità che il concilio si impegni a definire solennemente nuove verità di fede, si propone la promulgazione di una nuova professione della fede, che esponga in modo breve ed organico le verità rivelate, con particolare riguardo a quelle che sembrano al giorno d'oggi più contestate[44].

Nei *vota* successivi si chiede di illustrare la relazione fra la trascendenza di Dio e la sua presenza nel mondo (anche questo *votum* è formulato secondo lo

---

[41] *AD* I/IV, 1/1, 17: «Immo saepe convenit insistere praecise in veritatibus quae dissidentibus sunt carae, ut videant dissidentes se nullo vero et bono privari, ad unitatem catholicam revertendo».

[42] *AD* I/IV, 1/1, 17: «Ecclesia indoli christianorum separatorum se adaptare poterit, rationem habendo indolis specialis populorum non latinorum in ritibus disciplinaque ecclesiae, eorum mentalitati cedendo, non tantum tolerando, sed etiam promovendo diversitatem, qua fit, ut unitas ecclesiae sit unitas in pluralitate».

[43] Anche ora è interessante un confronto con i *vota* del Pontificio Istituto Orientale (cf. *AD* I/IV, 1/1, 139-167), in gran parte dedicati alla chiesa e all'ecumenismo. I primi propongono che si sottolinei meglio che il capo della chiesa è Cristo e non il papa, recependo una critica giustamente avanzata dagli ortodossi; che si distingua tra onnipotenza di Cristo e infallibilità del papa; che si precisino la natura e l'estensione dell'autorità dei vescovi; che si chiarisca che cattolicità non significa occidentalizzazione, per cui le tradizioni orientali devono essere rispettate; che si valorizzi la dignità dei laici. Gli altri *vota* si occupano invece approfonditamente della questione della *communicatio in sacris*.

[44] Cf. *AD* I/IV, 1/1, 18.

schema «*una ex parte... alia ex parte...*»[45]); l'autenticità storica delle narrazioni evangeliche relative alla persona divino-umana di Gesù Cristo, in reazione al minimalismo del metodo storico-critico; il valore necessario della redenzione; la dottrina sul peccato originale, riproponendo all'occorrenza l'insegnamento del concilio di Trento per proclamare la necessità del battesimo degli infanti contro coloro che la contestano; l'irrinunciabilità dell'impegno missionario della chiesa, a motivo del «*valore trascendente dell'unione anche esterna con la chiesa* (*valoris transcendentis unionis etiam externae cum ecclesia*)», che si realizza mediante l'annuncio del vangelo e l'ammissione ai sacramenti[46].

Al tempo stesso, contro una interpretazione fuorviante della dottrina tridentina dell'«*ex opere operato*», vanno inculcate nei fedeli tanto la fiducia nell'efficacia oggettiva dei sacramenti, quanto la necessità della retta disposizione personale alla grazia, come si mostra evidente in particolare nei sacramenti della penitenza e dell'eucaristia[47].

Da ultimo si domanda al concilio di riservare attenzione ai novissimi: la maggiore considerazione delle realtà terrestri non deve infatti offuscare la verità di fede circa la transitorietà del mondo presente, come pure l'insegnamento sulla reale possibilità della dannazione eterna[48].

Seguono ancora i *vota De theologia morali*: ai tre *vota De principiis*, cioè dedicati all'etica generale, si aggiunge un *votum De matrimonio*, unica questione di etica speciale presa in considerazione. Nei primi si auspica che il concilio favorisca una comprensione più profonda della vocazione soprannaturale dell'uomo, che si realizza con la sequela e l'imitazione di Cristo, rese possibili dallo Spirito Santo infuso nei credenti[49].

Dopo questo apprezzabile tentativo di ricentrare cristologicamente l'etica cristiana, il testo chiede di ribadire l'insegnamento tradizionale sulla legge naturale, contro un «*certo soprannaturalismo unilaterale* (*unilateralis quidam supernaturalismus*)»[50], che nega che i principi della moralità siano attingibili al di fuori della rivelazione cristiana; come pure sul valore assoluto dell'ordine morale, in reazione alla cosiddetta «etica della situazione», che sembra compromettere l'oggettività dei principi etici[51].

---

[45] Cf. *AD* I/IV, 1/1, 18s.
[46] Cf. *AD* I/IV, 1/1, 20.
[47] Cf. *AD* I/IV, 1/1, 20, che rimanda a *DH* 1608.
[48] Cf. *AD* I/IV, 1/1, 20s.
[49] Cf. *AD* I/IV, 1/1, 22.
[50] *AD* I/IV, 1/1, 22.
[51] Cf. *AD* I/IV, 1/1, 23. L'etica della situazione, del resto, era già stata condannata dal Sant'Uffizio nel 1956: cf. *AAS* 48 (1956) 144s. Utile anche E. SCHILLEBEECKX, «L'etica della situazione», in *I grandi temi del concilio*, Roma 1965, 885-893.

Il *votum* sul matrimonio domanda di riaffermare la sacralità delle nozze e, sulla scorta del magistero di Leone XIII, Pio XI e Pio XII, propone di trattare le seguenti questioni: origine, fine, natura e proprietà essenziali del matrimonio, uso legittimo e illegittimo di esso, distinzione tra matrimonio naturale, ecclesiastico e civile, dissoluzione totale e parziale del matrimonio, matrimoni misti[52]. Il voto è molto breve, perché la questione viene ripresa approfonditamente in una lunga appendice firmata da padre Franz Hürth, quella a cui faceva riferimento Fouilloux[53]. Il gesuita tedesco, che era stato «uno dei "teologi di Pio XII"»[54], verrà in seguito nominato membro della Commissione dottrinale preparatoria e della Commissione teologica del concilio, in cui lavorerà fino alla morte avvenuta nel 1963.

VII. I *VOTA* SULLA SPIRITUALITÀ, LA LITURGIA E LA PASTORALE

Seguono i *vota De vita spirituali*, che si occupano esclusivamente della vita spirituale dei sacerdoti in cura d'anime, insistendo da un lato sull'educazione che i futuri ministri debbono ricevere durante il tempo del seminario — laddove occorre preoccuparsi della qualità più che della quantità — e dall'altro sulla formazione permanente dei pastori, necessaria perché costoro

---

[52] Cf. *AD* I/IV, 1/1, 24.

[53] Cf. *AD* I/IV, 1/1, 90-119: l'ampio testo ripropone la dottrina sul sacramento del matrimonio del concilio di Trento e dei pontefici Leone XIII e Pio XI, considerando in paticolare sei punti: origine delle nozze (Dio), fine (primario è la procreazione e l'educazione dei figli, secondario il mutuo aiuto dei coniugi e il rimedio alla concupiscenza), natura e proprietà essenziali (*unitas, perpetuitas, sacramentalitas*), uso (legittimo e illegittimo), celebrazione, dissoluzione.

[54] Così lo definisce É. FOUILLOUX, «Théologiens romains» (cf. nt. 17), 376. In effetti, Hürth era stato uno dei moralisti di fiducia di papa Pacelli, coinvolto attivamente nella stesura dell'enciclica *Humani generis* del 1950. Sul ruolo esercitato dai teologi della Gregoriana durante il pontificato di Pio XII, cf. G. CAPRILE, «Pius XII. und das zweite Vatikanische Konzil», in H. SCHAMBECK, ed., *Pius XII. zum Gedächtnis*, Berlin 1977, 649-691; Fr.-Ch. UGINET, «Les projects de concile géneral sous Pie XI et Pie XII», in *Le deuxiéme concile du Vatican (1959-1965). Acte du colloque organisé par l'École française de Rome en collaboration avec l'Université de Lille III, l'Istituto per le scienze religiose di Bologne et le Dipartimento di studi storici del medioevo e dell'età contemporanea de l'Università di Roma – La Sapienza*, Rome 1989, 65-78, 75-78; A. VON TEUFFENBACH, «Der Einfluss der Jesuiten der Päpstlichen Universität Gregoriana auf Papst Pius XII.», in D. BURKARD – W. WEISS, ed., *Katholische Theologie in Nationalsozialismus. I/2. Institutionen und Strukturen*, Würzburg 2011, 395-440; A. VON TEUFFENBACH, «Sulla via del concilio Vaticano II: la preparazione sotto Pio XII», in N. BUX – P. GUMPEL – A. VON TEUFFENBACH, *Pio XII e il concilio*, Siena 2012, 75-107.

possano esseri maestri per il popolo di Dio non solo con la dottrina, ma anche con l'esempio[55].

Interessanti i *vota De liturgia*, che dimostrano di recepire in modo sostanziale le istanze di rinnovamento del movimento liturgico[56]. Anzitutto si domanda che il concilio ecumenico persegua «una via media tra il "conservatorismo" esagerato e l'eccessivo "progressismo" (viam mediam inter "conservatorismum" exaggeratum et nimium "progressismum")»[57]. Questo significa concretamente: favorire nella liturgia romana il culto «in verità e in spirito (in veritate et in spiritu)», evitando il rubricismo esasperato, le cerimonie poco comprensibili, l'archeologismo (cioè la ricerca ostinata di far rivivere elementi del passato), l'alienazione dalle situazioni odierne, l'inefficacia pastorale.

È necessario promuovere una maggiore partecipazione dei fedeli alla liturgia, superando l'ostacolo dell'uniformità della legislazione liturgica, cosicché i vescovi e le conferenze episcopali possano agire nei modi più adatti alle necessità locali. Si propone una riforma («instauratio») degli esercizi di pietà collegati ai tempi dell'anno liturgico, rimuovendo gli elementi divenuti meno convenienti e infruttuosi; un uso più ampio della lingua volgare nel culto, eventualmente responsabilizzando di più le chiese locali; il superamento dell'occidentalismo liturgico.

Relativamente ai sacramenti, si propone la restaurazione del catecumenato degli adulti (desiderio, questo, che sarà esaudito già prima del concilio da Giovanni XXIII[58]) e una riforma della catechesi sacramentale dei bambini, da intendersi alla stregua di un «catecumenato postbattesimale»; una riforma del rito del matrimonio, da adattare alla sensibilità odierna e alle consuetudini locali; il ristabilimento del diaconato permanente; una chiarificazione sul sacramento dell'unzione degli infermi, erroneamente inteso da molti come «estrema unzione»; una riforma dei riti delle esequie, in grado di evidenziarne meglio l'indole pasquale.

Quanto all'ufficio divino, si propone che le ore liturgiche si conformino di più agli orari effettivi della giornata dei sacerdoti in cura d'anime e che se ne favorisca la celebrazione comunitaria. Quanto al calendario liturgico, si desidera riportare la domenica al suo «splendore» di rievocazione settimanale della risurrezione. Si domanda pure un ridimensionamento del santorale e la purificazione delle memorie dei santi da elementi devozionistici e leggendari.

---

[55] Cf. *AD* I/IV, 1/1, 25s.
[56] Cf. almeno B. NEUNHEUSER, «Movimento liturgico», in D. SARTORE – A.M. TRIACCA – C. CIBIEN, ed., *Liturgia*, Cinisello Balsamo 2001, 1279-1293; P. BUA, *Sacrosanctum concilium. Storia / Commento / Recezione*, Roma 2013, 13-21.
[57] *AD* I/IV, 1/1, 26.
[58] Cf. *AAS* 54 (1962) 310-338.

Si chiede infine di valutare l'opportunità di stabilire un calendario perpetuo in cui la domenica di pasqua occupi un posto fisso[59].

Infine, i *vota De actione pastorali* si soffermano sull'istruzione religiosa. Dal momento che sia la famiglia che la società non adempiono più le loro funzioni tradizionali di trasmissione dei contenuti della fede (quello che veniva chiamato «catecumenato sociale»), si rende necessario riformare profondamente le modalità classiche della formazione cristiana, privilegiando una predicazione e una catechesi cristocentrica, biblica e liturgica, maggiormente incentrata sulla storia della salvezza.

Per l'educazione dei ragazzi si propone il rifacimento dei catechismi, eccessivamente impostati sul versante dottrinale, quasi fossero un compendio di teologia, e una maggiore attenzione alla vita cristiana, alla Scrittura e alla liturgia, tenendo conto delle acquisizioni della teologia pastorale, della psicologia e della pedagogia. Per evitare fraintendimenti, si rammenta comunque che il fine della predicazione ecclesiale non è anzitutto di tipo culturale o sociale, ma religioso: essa mira alla santificazione degli uomini, prima che alla «promozione umana».

Da ultimo, si auspica la creazione di itinerari di catechesi per adulti, soprattutto nella forma di «conferenze religiose», e l'istituzione nei seminari di un corso di teologia della predicazione, che aiuti i futuri sacerdoti a comprendere in che cosa la predicazione si distingue dalle altre forme di comunicazione[60].

La nostra indagine sugli *studia et vota* elaborati dalla Facoltà di teologia della Pontificia Università Gregoriana nella fase antepreparatoria del Vaticano II ci ha costantemente messo dinanzi ad affermazioni assai ben calibrate, che rifuggono tanto la tendenza «reazionaria» (che caratterizza talvolta i *vota* dell'Università Lateranense) quanto l'opposta tendenza «innovatrice» (che connota, come abbiamo accennato, i *vota* dell'Istituto Biblico). Certo, non mancano qua e là rapide «incursioni» nell'uno o nell'altro campo, come dimostra — per il versante «tradizionalista» — l'incapacità di superare la teoria delle due fonti della rivelazione, ovvero — per il versante «progressista» — l'arditezza della dottrina sulla collegialità episcopale, tale da provocare il disappunto di Giovanni XXIII.

Come si ricorderà, la ricerca programmatica dell'equilibrio tra le visioni concorrenti veniva motivata da Étienne Fouilloux, all'interno della monumentale *Storia del concilio Vaticano II* diretta da Giuseppe Alberigo, in termini di «compromesso» tra due diverse generazioni di professori: da una

---

[59] Cf. *AD* I/IV, 1/1, 26-29.
[60] Cf. *AD* I/IV, 1/1, 29ss.

parte i veterani, saldamente ancorati al passato della manualistica post-tridentina, dall'altra i più giovani, eccitati invece dalla novità dirompente della *Nouvelle théologie* mitteleuropea.

Forse però, più semplicemente, la «via media» della Gregoriana scaturisce dalla consapevolezza che il progresso dogmatico si realizza sempre nel fecondo intreccio tra continuità e discontinuità, in una sorta di «continuità nella discontinuità» o di «discontinuità nella continuità» in cui né l'antico è sacrificato al nuovo né il nuovo all'antico, secondo la parola di Gesù: «Ogni scriba divenuto discepolo del regno dei cieli è simile a un padrone di casa che estrae dal suo tesoro cose nuove e cose antiche» (*Mt* 13, 52).

Anche se, come è noto, i teologi della Gregoriana non offriranno al Vaticano II un contributo paragonabile a quello prestato dai loro predecessori al Vaticano I, e ciò per l'influenza determinante che i teologi d'Oltralpe acquisteranno via via nel corso dell'assise, resta pur sempre vero che l'interazione tra il nuovo e l'antico si confermerà come obiettivo essenziale dei padri conciliari, dalla costituzione liturgica *Sacrosanctum concilium* alla costituzione pastorale *Gaudium et spes*.

L'ISPIRAZIONE BIBLICA AL CONCILIO VATICANO II
IL CONCILIO FONTE DI ISPIRAZIONE PER IL NOSTRO LAVORO ESEGETICO?

P. Jean-Pierre Sonnet, S.I.
Facoltà di Teologia

Ci sono tanti modi in cui il nostro lavoro nel Dipartimento è debitore al Concilio Vaticano II, tanti modi in cui la *Dei Verbum* ispira il nostro impegno in esegesi e teologia biblica. In questa breve relazione, vorrei centrarmi su uno di questi modi, e radicalizzare la domanda: ci ispira il pensiero del Concilio sull'ispirazione biblica? In quale misura prolunghiamo le prospettive aperte dal Concilio in materia d'ispirazione della Scrittura? Prenderò lo spunto da due eventi.

Il primo è tutto recente. Si tratta dell'eredità e del compito a noi lasciati da Benedetto XVI. L'ultimo insegnamento del Papa Benedetto XVI, il 14 febbraio scorso, è stato una lunga conversazione a braccio con il suo clero, tutta centrata sulla sua esperienza del Concilio Vaticano II. Parlando della *Dei Verbum*, il Papa Ratzinger è stato particolarmente entusiasta, ma anche schietto:

> [Così] è stato creato un documento che è uno dei più belli e anche innovativi di tutto il Concilio, e che deve essere ancora molto più studiato. Perché anche oggi l'esegesi tende a leggere la Scrittura fuori dalla Chiesa, fuori dalla fede, solo nel cosiddetto spirito del metodo storico-critico, metodo importante, ma mai così da poter dare soluzioni come ultima certezza; solo se crediamo che queste non sono parole umane, ma sono parole di Dio, e solo se vive il soggetto vivo al quale ha parlato e parla Dio, possiamo interpretare bene la Sacra Scrittura. E qui — come ho detto nella prefazione del mio libro su Gesù (cfr vol. I) — c'è ancora molto da fare per arrivare a una lettura veramente nello spirito del Concilio. Qui l'applicazione del Concilio ancora non è completa, ancora è da fare[1].

---

[1] BENEDETTO XVI, «Incontro con i Parroci e il Clero della Diocesi di Roma (14 febbraio 2013)» (http://www.news.va/). Lo stesso accento si ritrova nell'esortazione post-sinodale di Benedetto XVI *Verbum Domini*, formulata sulla base delle riflessioni emerse durante il Sinodo dei vescovi dal titolo *La parola di Dio nella vita e nella missione della Chiesa* (2008). L'esortazione contiene un tempestivo incoraggiamento alla ricerca intrapresa. A proposito dell'ispirazione, «concetto chiave per cogliere il testo sacro come Parola di Dio in parole umane», Benedetto XVI scrive: «I Padri sinodali hanno messo in evidenza come al tema dell'ispirazione sia connesso anche il tema della verità delle Scritture» e aggiunge: «Certamente la riflessione teologica ha sempre considerato ispirazione e verità come due concetti chiave per un'ermeneutica ecclesiale delle sacre Scritture. Tuttavia, si deve riconoscere l'odierna necessità di un approfondimento adeguato di queste realtà, così da poter rispondere meglio alle esigenze riguardanti l'interpretazione dei testi sacri secondo la loro natura. In tale

Il secondo evento è ancora più recente. Esce oggi da stampa un volume scritto a trentaquattro mani. Sei professori della facoltà di teologia della Gregoriana — di cui quattro del nostro dipartimento — si sono associati a colleghi del Pontificio Istituto Biblico per una riflessione sull'ispirazione biblica. Ne scaturisce il volume *Ogni scrittura è ispirata. Nuove prospettive sull'ispirazione biblica*[2]. In questa breve relazione, mi ispirerò all'introduzione e alla conclusione della nostra opera comune.

1. DIO CHE SI RIVELA

Una premessa tuttavia, a proposito della recezione della *Dei Verbum*. Per alcuni, la *Dei Verbum* è diventata, in seguito alla *Divino Afflante Spiritu* (1943), il manifesto dell'apertura dell'esegesi cattolica all'esegesi critica, in particolare a causa dell'assunzione della categoria di «genere letterario» (che risale a H. Gunkel) nel § 12: «È necessario adunque che l'interprete ricerchi il senso che l'agiografo in determinate circostanze, secondo la condizione del suo tempo e della sua cultura, per mezzo dei generi letterari allora in uso, intendeva esprimere ed ha di fatto espresso». L'apertura in questione è certo stata una felice mossa del magistero cattolico verso la razionalità critica della modernità. Tuttavia, non rappresenta per niente la chiave dell'insieme, poiché la *Dei Verbum*, come scrive Henri de Lubac, «nello stesso tempo che incoraggia il lavoro critico degli esegeti, ricorda con forza la necessità di leggere i Libri santi nella fede e di interpretarli secondo la Tradizione»[3]. La novità della *Dei Verbum* è infatti più radicale, e proprio teologica; essa si colloca nell'entrata in scena della categoria di rivelazione, che fornisce alla costituzione la sua spina dorsale. Viene affermata sin dall'apertura del testo: «Piacque a Dio nella sua bontà e sapienza *rivelarsi* in persona e manifestare il mistero della sua volontà (cf. Ef 1,9)» (§ 2). Si riconosce in questo il contributo (fra gli altri) di Pierre Benoît, o.p., ma anche l'influenza dell'opuscolo scritto da Karl Rahner e Joseph Ratzinger subito dopo l'apertura del Concilio, *La rivelazione di Dio e dell'uomo fatta in Gesù Cristo*[4]. Adottare la prospet-

---

prospettiva formulo il vivo auspicio che la ricerca in questo campo possa progredire e porti frutto per la scienza biblica e per la vita spirituale dei fedeli» (§ 19). Si veda N. ETEROVIĆ, ed., *La Parola di Dio nella vita e nella missione della Chiesa. XII Assemblea Generale Ordinaria del Sinodo dei Vescovi. Esortazione Apostolica postsinodale Dei* Verbum Domini, SV 2, Roma 2011, 763-764, con il rimando alle *propositiones* 5 (p. 629-630: «Spirito Santo e Parola di Dio») e 12 (p. 633: «Ispirazione e verità della Bibbia»).

[2] P. DUBOVSKÝ – J.-P. SONNET, ed., *Ogni Scrittura è ispirata. Nuove prospettive sull'ispirazione biblica*, Lectio 5, Roma – Cinisello Balsamo 2013.

[3] H. DE LUBAC, «L'Église dans la crise actuelle», *Œuvres complètes IX*, Paris 2010, 236 (traduzione mia).

[4] K. RAHNER – J. RATZINGER, «De revelatione Dei et hominis in Jesu Christo facta», in D. FAVI, *Concilio Vaticano II. Cronaca della I sessione*, Vicenza 1963.

tiva della rivelazione equivaleva, infatti, a convertirsi a una razionalità teologica biblica, imperniata sulla storia — la storia della salvezza — e sulla persona — la persona di Dio che si rivela, la persona del profeta che attesta la rivelazione e la «persona» del popolo in cui la rivelazione è riconosciuta. Adottare la prospettiva della rivelazione era costringersi a — e permettersi di — pensare l'ispirazione in modo rinnovato, più organico e teleologico[5].

Le attese di Benedetto XVI menzionate sopra si collocavano apparentemente a questo livello. Un pensiero della Scrittura come «sacramento» della rivelazione e attestazione dell'autorivelazione divina deve, infatti, ancora maturare nell'ermeneutica e nella teologica cattoliche. Di questo pensiero si aspetta che non rinneghi il progetto critico, ma lo integri in una visione più radicale. In ogni caso, il nostro lavoro, in un dipartimento di teologia biblica si colloca all'incrocio delle due prospettive: siamo chiamati ad adoperare tutte le procedure critiche e, nello stesso tempo, a sviluppare una teologia rinnovata, a partire dalla rivelazione biblica.

2. VERI AUTORI

Sebbene la *Dei Verbum* abbia riformulato il nucleo della tradizione in materia d'ispirazione, essa ha anche innovato, aprendo una triplice prospettiva che vale la pena elencare brevemente. Com'è ben saputo, la *Dei Verbum* spicca per il suo modo di (ri)pensare il rapporto fra Dio, in quanto «autore»[6], e gli agiografi, concepiti anche loro come «veri autori»[7]:

> Per la composizione dei libri sacri, Dio scelse e si servì di uomini nel possesso delle loro facoltà e capacità, affinché, agendo egli in essi e per loro mezzo, scrivessero come veri autori (*veri auctores*), tutte e soltanto quelle cose che egli voleva fossero scritte (§ 12)[8].

---

[5] A questo spostamento è strettamente legato un ripensamento della concezione della verità (e quindi dell'inerranza), compresa come manifestazione del mistero della persona, in particolare di Gesù, Messia e Redentore degli uomini, chiave di volta della rivelazione. In tal senso, la verità della Scrittura è intimamente legata alla finalità salvifica di questa rivelazione: «I libri della Scrittura insegnano con certezza, fedelmente e senza errore la verità che Dio, *per la nostra salvezza*, volle fosse consegnata nelle Sacre Scritture» (§ 11). Cf. C. ALVES, *Ispirazione e verità. Genesi, sintesi e prospettive della dottrina sull'ispirazione biblica del Concilio Vaticano II (DV 11)*, Roma 2012.

[6] «Deum habent auctorem», formula che risale al concilio di Firenze del 1442.

[7] La distinzione tomista tradizionale, nella teologia dell'ispirazione, fra Dio quale «causa principale» e l'agiografo quale «causa strumentale» era stata affinata nell'enciclica *Divino afflante Spiritu* del 1943 (§ 3); nella *Dei Verbum* viene ripensata e riformulata grazie all'attribuzione a entrambi della categoria più personale di «autore».

[8] L'analogia si accompagnava a una distinzione, che Rahner formulò come la differenza fra Dio in quanto *Urheber*, «autore origine», e l'agiografo in quanto *Verfasser*, «compositore». Si veda K. RAHNER, *Sulla ispirazione della Sacra Scrittura*, Brescia 1967, 16-21 («Non

Questa prospettiva ci spinge a indagare a monte dei testi, a esplorare il mondo di questi «veri autori», a individuare la cultura materiale, intellettuale e letteraria alla quale si è coniugata l'ispirazione, attraverso le «facoltà e capacità» di uomini storici. La nostra fede nell'ispirazione ci metterà sempre alla ricerca di «veri autori» umani, immersi nella storia e nelle culture dell'epoca. L'impegno del Dipartimento, in materia, si traduce nell'offerta sempre più ricca di programmi di studio e di visite in Israele e in Palestina, Turchia e Grecia — senza dimenticare che Roma è iscritta anch'essa sulle carte bibliche, in quanto punto d'arrivo della traiettoria di Pietro e Paolo.

3. L'AUTORITÀ DELL'OPERA

Se la *Dei Verbum* evidenzia la centralità dell'*intentio auctoris* (ciò che «gli agiografi hanno veramente voluto dire» [§ 12]), essa ha anche aperto la porta all'*intentio operis*, concetto che fa riferimento all'autonomia dell'opera letteraria nel dispiegarsi del senso: è nella coerenza interna del racconto, del poema, del discorso o ancora del libro che si dispiega il suo significato. L'immanenza del senso è un'affermazione centrale dell'ermeneutica moderna, espressa in particolare nell'opera di Paul Ricœur. Nella *Dei Verbum*, l'apertura in questione si legge alla fine della frase appena citata a proposito dell'*intentio auctoris*:

> Poiché Dio nella Sacra Scrittura ha parlato per mezzo di uomini alla maniera umana, l'interprete della Sacra Scrittura, per capire bene ciò che egli ha voluto comunicarci, deve ricercare con attenzione che cosa gli agiografi abbiano veramente voluto dire e cosa *a Dio è piaciuto manifestare con le loro parole* (*et eorum verbis manifestare Deo placuerit*) (§ 12).

Le «parole» sono certo quelle degli autori, ma sono qui riconosciute nella loro esistenza propria, attraverso la quale Dio si esprime. Devo questa osservazione a Luis Alonso Schökel, a cui piaceva ricordare che il pensiero dell'ispirazione ha sempre seguito due percorsi diversi, indicati dalla Scrittura stessa che parla talvolta di autori ispirati («Non da volontà umana è mai venuta una profezia, ma mossi da Spirito Santo parlarono alcuni uomini da parte di Dio» [2 P 1,21]), talaltra di testi ispirati («Ogni Scrittura, ispirata da Dio [2 Tm 3,16]»)[9]. Ci siamo quindi anche impegnati, nel nostro dipartimento, nell'indagine sulla coerenza interna delle opere bibliche, che sia al livello delle strutture di composizione (la retorica semitica), dell'articolazione

---

ci può essere alcun altro autore che Dio, il quale diventa autore proprio perché rende autore un altro uomo» [p. 66]).

[9] L. ALONSO SCHÖKEL, *La Parola ispirata. La Bibbia alla luce della scienza del linguaggio*, Brescia 257-259.

narrativa o ancora retorica (la retorica ellenistica) dei testi biblici, convinti che il più trascendente sia legato al più immanente: Dio non ha parlato altrove che nei testi canonici, nella loro forza letteraria, nella loro economia interna.

4. ISPIRATA E ISPIRANTE

In fine, si può riconoscere nella *Dei Verbum* un'apertura verso quel che diventerà una questione sempre più centrale dopo il Concilio, ovverossia il ruolo del lettore e della comunità credente nel fenomeno complessivo dell'ispirazione. Ispirata, la Scrittura si rivela ispirante, nell'ambito di letture credenti, liturgiche e altre. Si tratta allora, come scrive Christoph Teobald, di «spostare l'ispirazione verso gli effetti prodotti in e tra i recettori e interrogarsi sulle condizioni di possibilità di questi effetti nella forma stessa del testo biblico»[10]. Ora, questa *intentio lectoris* si trova già accennata nel § 12 della *Dei Verbum*: «Perciò, dovendo la sacra Scrittura esser letta e interpretata alla luce dello stesso Spirito mediante il quale è stata scritta». Questo momento della ricezione delle Scritture è anche un *topos* ben presente nel nostro lavoro, in particolare nella prospettiva della pragmalinguistica, che indaga sul coinvolgimento del lettore nell'effettuazione del senso dei testi biblici. Aggiungerei che questa sensibilità alla recezione si ritrova anche nella particolare attenzione riservata, nel dipartimento, agli scritti di saggezza: i saggi, che vengono dopo la Torah e i Profeti, sono la dimostrazione della ricezione «ispirata» dell'ispirazione, e in questo senso una figura per ogni ricezione post-biblica. «Serve un soggetto per sentire la Legge e i Profeti — scrive Paul Beauchamp — serve l'uomo com'è, padre di famiglia, artigiano, o funzionario, e, come tanti nostri contemporanei, scriba [...]. Occorre capire che chi riceve la Legge e i Profeti ha qualcosa da dire di *proprio* [*de son cru*]», partendo del suo *creduto* (o pregato nel caso di Salmi)[11].

5. L'ISPIRAZIONE KATH'OLON

Quel che i capitoli del saggio *Ogni Scrittura è ispirata* evidenziano, in fin dei conti, è che l'ispirazione è sempre «secondo il tutto» — per dirlo in greco, è sempre *kath 'olon*.
– L'ispirazione non si gioca al livello della parola o del versetto, ma dell'opera, dell'intero libro nel contesto dell'intero canone, sotteso dalla relazione fra Antico e Nuovo Testamento;

---

[10] C. THEOBALD, *«Seguendo le orme...» della Dei Verbum. Bibbia, teologia e pratiche di lettura*, Bologna 2011, 71.

[11] P. BEAUCHAMP, «Entendre Qohéleth», *Christus* 16 (1969) 343-344 (traduzione mia).

– Se la tradizione cattolica ha definito i libri ispirati, non ha mai definito in modo esclusivo la forma linguistica di questi libri. Per esempio, non ha mai giocato la *veritas ebraica* contro la *veritas greca*, quella della traduzione della LXX, anzi le ha accolte entrambi. La stima della tradizione cattolica per la Volgata latina di Girolamo testimonia anch'essa quest'ospitalità «inclusiva» (di cui il libro di Ben Sira è la pietra di paragone).
– L'indagine rivela inoltre che tutti i momenti dell'arco della comunicazione biblica sono coinvolti nell'ispirazione, dalla memoria credente del popolo ai redattori individuali, dai testi fondatori agli ampliamenti successivi nel canone, dai primi credenti agli ultimi lettori. Attraverso tante mediazioni, è Dio stesso che si comunica, con viva generosità.

L'ispirazione è sempre complessiva. L'analogia che sorge a questo punto è quella dell'esercizio più complessivo richiesto dal nostro programma — l'esame di sintesi. L'esercizio è forse impegnativo, ma questa esperienza del «tutto» della Scrittura è quella che, più di ogni altra, consente di entrare nell'intelligenza della rivelazione e dell'ispirazione della Scrittura. È «cominciando da Mosè» e prolungando con tutti i profeti (Lc 24,27.44) che si fa, attorno alla figura del Cristo pasquale, l'esperienza organica dell'ispirazione.

In un certo senso, l'esperienza fondatrice dell'ispirazione è quella che si vive nella liturgia della Parola della Veglia di Pasqua, nel grande arco delle letture, dalla Genesi a Paolo e al Vangelo. Viene allora sperimentata l'unità e l'integrità della Scrittura: è attraversata da un unico soffio, quello che aleggiava sulle acque alla creazione e quello che il Risorto soffia sui discepoli — lo stesso Spirito pulsa attraverso l'intera Scrittura. Sarà questo l'argomento della giornata di studio del Dipartimento del 21 marzo prossimo: «La Bibbia si apre a Pasqua. Il lezionario della Veglia Pasquale nel rinnovamento biblico, patristico e liturgico del Concilio Vaticano II».

UNO SGUARDO UNITARIO E SINTETICO: IL CAMMINO DELLO STUDENTE DI TEOLOGIA BIBLICA

Sr. Elena Chiamenti
Facoltà di Teologia

Nella sua relazione, il prof. Sonnet si è chiesto se il Concilio sia fonte di ispirazione per il nostro lavoro esegetico. Anche io mi pongo la stessa domanda e la risposta che posso dare, da studentessa di Terzo Ciclo, è certamente positiva. Il Concilio Vaticano II è fonte del lavoro esegetico che ho appreso in questi anni? Certo che lo è: il nucleo da cui parte la nostra ricerca e la motivazione su cui essa si sviluppa è contenuta nelle indicazioni conciliari. Cito DV12:

> dovendo la sacra Scrittura esser letta e interpretata alla luce dello stesso Spirito mediante il quale è stata scritta, per ricavare con esattezza il senso dei sacri testi, si deve badare con non minore diligenza al contenuto e all'unità di tutta la Scrittura, tenuto debito conto della viva tradizione di tutta la Chiesa e dell'analogia della fede. È compito degli esegeti contribuire, seguendo queste norme, alla più profonda intelligenza ed esposizione del senso della sacra Scrittura, affinché mediante i loro studi, in qualche modo preparatori, maturi il giudizio della Chiesa.

La mia generazione di studenti è nata — almeno per la maggior parte — e comunque cresciuta dopo la conclusione del grande evento ecclesiale che fu il Concilio. Compiere gli studi teologici in questi ultimi decenni ci ha donato la grazia di trovare una struttura già rinnovata, nuovi programmi di studio, già rivisti e sperimentati dalle generazioni che ci hanno preceduto e, dunque, il respiro conciliare non è stato per noi un'indicazione da seguire, ma il cuore da cui pulsa l'energia per lavorare, lo sguardo con cui la ricerca viene affrontata.

Nello specifico del nostro indirizzo biblico, vorrei giustificare quanto ho appena detto guardando il nostro piano di studi e in particolare, vorrei partire dalla fine per guardare all'intero percorso svolto durante il secondo ciclo. E alla fine cosa c'è? Il temuto esame di sintesi, che non è il giorno del giudizio come può sembrare, ma è anzi la conferma più lampante che quanto stiamo apprendendo e ricercando nasce dal tentativo di seguire le indicazioni conciliari, che mettono al centro della vita della Chiesa la Parola di Dio e la Scrittura e che invita gli esegeti a «badare con non minore diligenza al contenuto e all'unità di tutta la Scrittura».

Facendo dunque risuonare *Dei Verbum*, si comprende meglio il senso dell'esame di sintesi che ci chiede di stare dentro questa prospettiva unitaria, approfondendo il testo in modo coerente e fedele, ma anche mantenendo sempre uno sguardo sull'intero libro, sugli altri libri e sull'unità dei due Testamenti. L'esame di sintesi richiede un grande e faticoso lavoro di preparazione, non solo per la quantità di libri, articoli, commentari da studiare, ma soprattutto per lo sforzo mentale che comporta. Mi sembra di poter dire che ci chiede di uscire da noi stessi, dalla nostra razionalità che divide a settori ogni cosa e anche da un certo tipo di formazione che separa troppo i libri della Scrittura, e questo si rivela, o almeno si è rivelato per me, un cammino di conversione, che ci fa rientrare in quella strada indicata proprio dal Concilio Vaticano II.

Proprio perché «tutta la Scrittura è ispirata, si deve quindi pensarla come realtà complessiva e organica, nel rapporto fra Antico e Nuovo Testamento, fra l'insieme del canone e la totalità della rivelazione»[1]. Di questo si tratta anche per noi studenti, i teologi biblici di domani, di approfondire il senso della Sacra Scrittura a partire dalla sua unitarietà, che significa *tutta la Scrittura* e *tutto il processo comunicativo* di cui essa fa parte. È nella coerenza interna del racconto e dell'intero libro che se ne dispiega il senso. Il ruolo del lettore e della comunità è altrettanto fondamentale nel processo ermeneutico e il fenomeno dell'ispirazione si sposta anche al momento della lettura del testo, se fatta nella luce dello stesso Spirito mediante la quale è stata scritta[2].

Ma l'esame di sintesi si fa appunto alla fine del Curriculum, perché è *durante* lo stesso che questo modo di lavorare prende forma, attraverso i corsi offerti e le diverse metodologie imparate, in particolare nei seminari. Infatti, se guardo al percorso costruito in questi anni, mi rendo conto di aver acquisito tale consapevolezza gradualmente ma profondamente. *Tutto è importante nell'esegesi* e lo sguardo va sempre custodito nella sua unitarietà: conoscere e cercare l'intenzione dell'autore, il suo *sitz im leben* e la sua teologia, ma è altrettanto necessario studiare il testo nel suo aspetto formale, mediante una specifica analisi linguistica e letteraria, senza trascurare il ruolo del lettore reale e quello implicito al testo[3].

La possibilità di studiare prima le lingue bibliche, poi di imparare alcuni metodi e approcci esegetici, mette nelle nostre mani una «valigetta degli attrezzi» preziosa. Essa è dunque affidata alla nostra responsabilità ed è anche

---

[1] P. DUBOVSKÝ – J.-P. SONNET, *Ogni Scrittura è ispirata,* Roma 2013, 363-364.
[2] Cf. DV 12.
[3] Per quanto riguarda il lettore implicito di veda ad esempio M. GRILLI, «Autore e lettore. Il problema della comunicazione nell'ambito dell'esegesi biblica», *Gregorianum* 74 (1993) 447-459.

una sfida. Ogni metodologia, infatti ha la propria struttura e dunque ci fa correre il rischio di irrigidirci in un sistema, poiché conoscendolo meglio, ci offre sicurezza. Rimanere invece aperti a ogni approccio, lasciandosi guidare prima di tutto dal testo, che si prende in esame, rende il lavoro più faticoso, perché privo di punti fermi assodati. Questa apertura è però quella che ci mantiene aperti alla novità dello Spirito nel nostro lavoro. Non dobbiamo dimenticare infatti che, dice DV 23,

> il santo Concilio incoraggia i figli della Chiesa che coltivano le scienze bibliche, affinché, con energie sempre rinnovate, continuino fino in fondo il lavoro felicemente intrapreso con un ardore totale e secondo il senso della Chiesa.

Posso dire che l'offerta formativa della Teologia Biblica in questa Università Pontificia si pone e raggiunge — con la nostra collaborazione — questo obiettivo di formare i nuovi esegeti, che camminino in coerenza con le indicazioni conciliari e con Spirito rinnovato. Personalmente ho fatto la fatica di stare dentro al percorso tracciato ma, oggi, sono anche grata di condividere con voi la bella esperienza che è nata proprio dal rimanere aperta, dal costruire la mia sintesi, con gli strumenti che avevo acquisito, perché la Scrittura si spiega con la Scrittura e perché in questo modo prende forma una mentalità, che è proprio quella indicata dal Concilio, è quella dunque verso la quale stiamo camminando, che lo Spirito Santo ci indica.

COMPLEMENTARIETÀ TRA LA *DEI VERBUM* E LA *GAUDIUM ET SPES*

Prof.ssa María Carmen Aparicio Valls
Facoltà di Teologia

Dovendo parlare della Teologia Fondamentale (TF) ho scelto questo tema perché, essendo la Rivelazione il punto di partenza della Teologia Fondamentale, non possiamo fermarci solo a quanto detto in *Dei Verbum* (DV), definita da Latourelle «la Magna Charta» della TF. Infatti, tutta la ricchezza del Concilio sull'argomento non si esaurisce nella DV. Noi cercheremo di proporre alcuni spunti per vedere la complementarietà con altri documenti, concretamente la *Gaudium et spes* (GS), allo scopo di percepire con maggiore chiarezza la complessità di questo concetto[1].

I punti di riferimento principali per la mia presentazione sono il primo capitolo della DV sulla Rivelazione e la prima parte della GS — sulla Chiesa e la vocazione dell'uomo — principalmente i primi tre capitoli, in cui si presenta un'antropologia a partire dalla Rivelazione. È ben conosciuta la storia delle due costituzioni e non mi fermo su questo aspetto. Sono molti i nomi legati alla storia di questi documenti, sui quali si sono fatti importanti studi (ad esempio, il lavoro di P. Wicks sul contributo di P. Smulders[2] e sui teologi al Vaticano II[3]), ma ce n'è uno che vorrei ricordare, J. Daniélou, perché a lui verrà chiesto, sia di preparare un proemio che, come sappiamo, diventerà poi il primo capitolo della DV, sia, nel marzo 1963, di elaborare il primo capitolo — *De admirabili vocatione hominis secundum Deum* — di uno schema, allora chiamato schema XVII, che poi diventerà la prima parte della GS. Quindi Daniélou è impegnato a lavorare sulla Rivelazione in questi due documenti allo stesso tempo.

---

[1] Su questo argomento la mia opera *La plenitud del ser humano en Cristo. La Revelación en la «Gaudium et spes»*, Roma 1997.

[2] J. WICKS, «Peter Smulders and *Dei Verbum*. I. A Consultation on the Eve of Vatican II», *Gregorianum* 82 (2001) 241-297; «Peter Smulders and *Dei Verbum*. II. On *De fontibus revelationis* during Vatican II's First Period, 1962», *Gregorianum* 82 (2001) 559-593; «Peter Smulders and *Dei Verbum*. III. Developing the Understanding of Revelation to Israel, 1962-63», *Gregorianum* 83 (2002) 225-267; «Peter Smulders and *Dei Verbum*. IV. The Mixed Commission's 1962 Work on Scripture/Tradition and Biblical Inspiration», *Gregorianum* 85 (2004) 242-277; «Peter Smulders and *Dei Verbum*. V. A Critical Reception», *Gregorianum* 86 (2005) 92-134 così come i suoi studio sui teologi al Vaticano II.

[3] J. WICKS, «I teologi al Vaticano II. Momenti e modalità del loro contributo al Concilio», *Humanitas* 59 (2004) 1012-1038.

È interessante l'articolo di Daniélou «Le concile a-t-il trouvé sa voie?»[4]. Per il teologo, in questo articolo, il problema del Concilio è coniugare la fedeltà al deposito della fede e la presentazione del deposito all'uomo del secolo XX in modo significativo. Egli trova la chiave di questa esigenza nella Rivelazione, Parola di Dio rivolta a tutti gli uomini. Vedo i due documenti come risposta a questa sfida del Concilio: se DV guarda di più alla fedeltà al deposito della fede, GS cerca di renderlo più significativo per l'uomo contemporaneo.

1. LA RIVELAZIONE IN SE STESSA

Il primo capitolo della DV, introdotto nella terza redazione dello schema (discusso in aula nel 1964), tratta della Rivelazione, indicando la sua natura, i soggetti, l'oggetto, la finalità e i destinatari di essa. Nel n. 2 troviamo gli aspetti essenziali della Rivelazione. Innanzitutto l'iniziativa divina — «Piacque a Dio, nella sua bontà e sapienza, rivelare se stesso e far conoscere il mistero della sua volontà» (DV 2) —, Dio soggetto e oggetto della rivelazione (auto-manifestazione e auto-comunicazione); il modo in cui avviene: «la rivelazione avviene con eventi e parole tra loro intimamente connessi»; il contenuto: «la profonda verità sia su Dio sia sulla salvezza dell'uomo»; i destinatari e la finalità: «parla agli uomini come ad amici e si intrattiene con loro per invitarli e ammetterli alla comunione con sé» (da sottolineare che l'uomo non è un destinatario passivo). È importante che fin dall'inizio si parla di Dio Trinità, dove ogni persona della Trinità ha una funzione decisiva mentre insieme rendono possibile la Rivelazione: «per mezzo di Cristo, Verbo fatto carne, nello Spirito Santo hanno accesso al Padre e sono resi partecipi della natura divina» indicando allo stesso tempo la centralità di Cristo, «mediatore e pienezza dell'intera rivelazione».

Questi punti saranno ripresi nella GS, che presenta una antropologia cristiana che parte dalla Rivelazione, completando in questo modo quanto viene detto in DV. Infatti la finalità della GS è illuminare il mistero dell'uomo (cf. GS 10), evidenziando la relazione diretta tra la manifestazione di Dio e la vocazione dell'uomo, sottolineando la mediazione di Cristo.

Una prima cosa che colpisce sul modo di accogliere la rivelazione in GS è la stessa struttura dei primi tre capitoli della prima parte della costituzione. Sono i capitoli in cui viene presentata l'antropologia, tema centrale di questa parte, a partire dalle relazioni: la persona immagine di Dio (relazione con se stesso e con Dio), l'indole comunitaria della vocazione dell'uomo, essere sociale per natura (relazione con gli altri) e l'attività umana (relazione con il

---

[4] J. DANIÉLOU, «Le concile a-t-il trouvé sa voie?», *Études* 316 (1963) 6-19.

mondo o responsabilità dell'uomo nella storia). In ognuno di questi capitoli si parte dalla vocazione dell'uomo, per poi constatare in che modo questa vocazione viene realizzata in una storia di grazia e peccato e vedere infine la pienezza di questa vocazione in Cristo. In questo modo si mette in risalto il carattere dialogico della rivelazione, la centralità di Cristo e le implicazioni della sua accettazione sia nella singola persona sia nella storia dell'umanità.

Su questa visione della persona si fonda la ragione della dignità umana e si fa vedere, d'accordo con quanto viene detto sulla rivelazione nella DV, che la grandezza della persona risiede nel fatto di essere chiamata a vivere in dialogo e in comunione con Dio (cf. GS 19). Nella conoscenza che l'uomo va facendo di se stesso scopre che tra la propria esperienza e la Rivelazione non c'è contraddizione; anzi la Rivelazione illumina l'esperienza e questa aiuta ad approfondire la Rivelazione.

2. CENTRALITÀ DI CRISTO

DV esplicita in diversi paragrafi la centralità di Cristo nella Rivelazione (soprattutto 2; 4; 7; 17), e soltanto da questa prospettiva si può intendere correttamente tutto il documento[5]. Nella presentazione del documento durante la terza sessione del Concilio, Mons. E. Florit, diceva:

> L'Incarnazione della Parola di Dio è evento sommamente salutare, che compenetra tutta la storia e la accompagna incessantemente. E perciò costituisce l'apice di tutta la Rivelazione.
> Questa Rivelazione compiuta, come quella che l'ha preceduta, non si esprime unicamente attraverso le parole con cui si descrive il fatto dell'Incarnazione o che sono state pronunciate dall'Unigenito di Dio, ma anche attraverso opere, segni e miracoli, specialmente quelli con i quali Cristo ha operato direttamente la salvezza del mondo. Questo fa sì che tutta la persona di Cristo (cioè: il Cristo integrale) sia al tempo stesso l'atto supremo e l'oggetto precipuo di tutta la Rivelazione.
> Da quanto detto consegue che il cristianesimo, più che una dottrina divinamente rivelata, è un avvenimento divino, quello cioè dell'Incarnazione di Dio...[6].

DV 4 ci presenta Cristo, compimento della Rivelazione, che con la sua stessa presenza e manifestazione porta a compimento l'opera della salvezza;

---

[5] Da qui l'importanza dei numeri dedicati all'Antico e al Nuovo Testamento. Per riconoscere la centralità di Gesù di Nazareth è importante tenere conto sia della storia che prepara la venuta di Cristo (AT) sia della storia di quelli che riconoscono che Gesù è il Figlio di Dio (NT e tempo della Chiesa).

[6] *Acta Synodalia Sacrosancti Concilii Oecumenici Vaticani II* (= *AS*), III/III, Città del Vaticano 1970-1986, 135.

GS sottolinea questa funzione rivelatrice del Verbo incarnato vedendo le sue conseguenze sulla persona e su tutta l'umanità[7].

Dio è uscito del suo mistero per farsi uno di noi; l'Incarnazione, vista alla luce del mistero pasquale che si completa con l'invio dello Spirito, è il fondamento e lo strumento della Rivelazione[8]. In Cristo Dio e l'uomo si incontrano ed è così che in Lui l'uomo può scoprire chi è Dio per lui e chi è lui stesso per Dio[9]. In Cristo la dignità e la vita di ogni persona raggiungono il loro pieno senso. L'affermazione centrale la troviamo nel n.22: «Solo nel mistero del Verbo incarnato s'illumina veramente il mistero dell'uomo [o della persona]». Il culmine della relazione Dio-essere umano si trova in Cristo che, «rivelando il mistero del Padre e del suo amore, svela anche pienamente l'uomo all'uomo e gli fa nota la sua altissima vocazione». In questa affermazione viene riconosciuta l'origine divina della rivelazione e il suo carattere di auto-manifestazione. Il mistero di Cristo è rivelazione, allo stesso tempo, del mistero di Dio e di quello dell'uomo. Questo porterà a una teologia che mette in risalto la profonda relazione che c'è tra antropologia e cristologia[10].

In altri paragrafi di GS si riprende questo aspetto della mediazione di Cristo, tuttavia nel n.22 c'è una sottolineatura particolare: la manifestazione della pienezza della vocazione dell'uomo è inserita nella rivelazione del mistero di Dio e dell'amore del Padre. In altre parole, possiamo dire che la vocazione piena dell'uomo è conseguenza dell'amore del Padre che noi conosciamo perché ci è stato manifestato in Cristo. È per questo che il concilio vuole illustrare il mistero dell'uomo alla luce del mistero di Cristo (cf. GS 10).

3. RIVELAZIONE MEDIANTE OPERE E PAROLE

Uno dei punti più difficili nella redazione della DV fu precisamente la dimensione sacramentale della Rivelazione, cioè il fatto che essa avviene mediante opere e parole intimamente connesse; cosa già richiesta nel primo dibattito conciliare nel 1962. Alonso Schökel fa notare che presentare i fatti come mezzi di rivelazione è qualcosa di nuovo in un documento del Magistero[11]. Se era chiaro che la Rivelazione viene comunicata attraverso la

---

[7] Colpisce in che modo questo paragrafo della DV viene sviluppato principalmente in GS 22, 32 e completata con il paragrafo 39 (si tratta dell'ultimo paragrafo di ognuno dei tre primi capitoli).
[8] Cf. R. LATOURELLE, *Cristo e la Chiesa segni di salvezza*, Assisi 1980, 66-86.
[9] Cf. J. DUPUIS, *Introduzione alla cristologia*, Casale Monferrato (1993), 15-16.
[10] Cf. V. DE CICCO – A. SCARANO, *La Chiesa nel mondo contemporaneo. La recezione della Gaudium et spes*, Napoli 2002, 38-41.
[11] Cf. L. ALONSO SCHÖKEL, «Naturaleza de la revelación. Unidad y composición», in *Comentarios a la Constitución Dei Verbum*, Madrid 1969, 136.

Parola, non era così chiaro considerare i fatti o le opere come vie di Rivelazione[12].

Questa presentazione sacramentale della Rivelazione, allo stesso tempo che ci presenta un orizzonte molto più ricco e ampio di questa, ci colloca davanti ad alcune domande: qual è il valore dei fatti e delle parole quando non si presentano uniti? In che modo la Rivelazione continua nella storia?

In certo senso GS darà una risposta a questi interrogativi. Se in DV le opere e le parole rendono testimonianza della rivelazione, GS, preoccupata per le conseguenze dell'opzione di fede, opzione per Cristo nella vita del credente, parlerà della testimonianza che si realizza mediante la carità e l'annuncio, intimamente connessi (cf. GS 28) e che rendono testimonianza della rivelazione.

4. RIVELAZIONE E STORIA

Il Concilio rivaluta la dimensione storica dell'economia della salvezza. Questo porta con sé alcune esigenze per la missione della Chiesa: «La fedeltà nella trasmissione del *depositum fidei* non solo non vieta, ma piuttosto esige che si tenga conto sia delle diverse situazioni storiche e culturali, sia del pieno rispetto dovuto alla libertà di coscienza di coloro ai quali il Vangelo è annunziato»[13].

DV sottolinea il carattere storico della Rivelazione, indicando le tappe principali[14]. La storia appare non soltanto come lo scenario della Rivelazione ma anche come parte del suo oggetto e contenuto perché è in essa che i fatti e le parole acquistano un valore unico e irrepetibile. GS riprende questa dimensione della Rivelazione mettendo in luce il senso della storia e dell'attività umana.

Dopo Cristo non c'è da aspettare nessuna manifestazione pubblica fino alla Parusia, ma Dio continua a manifestarsi nella storia umana, negli avvenimenti, nelle esigenze e nei desideri umani. È compito dell'uomo discernere e scoprire la presenza di Dio nella storia. Questa manifestazione verrà ripresa in GS con la categoria dei «segni dei tempi» (cf. GS 4, 11), categoria che nella prima fase di ricezione del Concilio ha avuto una grande accoglienza, poi è

---

[12] L'espressione «fatti e parole» si incontra per la prima volta nella seconda redazione della DV. L'aveva usata il P. Peter Smulders, in una bozza preparata nel novembre del 1962 per la Commissione 2. A partire da questo momento l'espressione si ripete sempre più nel documento, fino a diventare una delle espressioni caratteristiche.

[13] B. SORGE, «A quarant'anni dal Concilio Vaticano II», *Aggiornamenti Sociali* 09-10 (2002) 625.

[14] Cf. L. ALONSO SCHÖKEL, «Carácter histórico de la Revelación», in *Comentarios a la Constitución Dei Verbum*, Madrid 1969, 140-165.

scomparsa (forse a causa della ambiguità con la quale veniva trattata) e che ora di nuovo sta tornando alla luce.

La dimensione storica è segnata dall'importanza dell'escatologia. La certezza della risurrezione è fonte di speranza ma non esime dell'impegno nella storia. Saranno forti le parole di GS 43: il cristiano che trascura i suoi doveri temporali trascura i suoi doveri verso Dio stesso, doveri che si devono vivere nel rispetto della propria autonomia delle realtà terrene.

5. CRISTO SEGNO DI CREDIBILITÀ

Conosciamo bene il libro di P. R. Latourelle *Cristo e la Chiesa segni di salvezza*[15]. Considero i due documenti di cui stiamo trattando come una risposta a questo titolo: DV mette in evidenza la centralità di Cristo segno di salvezza: Cristo è il Segno di credibilità della Rivelazione; GS sarà più centrato sulla Chiesa che è segno di credibilità nella misura in cui riporta a Cristo[16]. Infatti la Chiesa propone Cristo (cf. GS 41); in essa, con l'aiuto dello Spirito, si continua l'azione di Cristo nel mondo (cf. GS 43). GS, come già detto, guarda di più la significatività della Rivelazione. In certo senso possiamo dire che il suo tema è la credibilità della Rivelazione attraverso l'azione dei cristiani nel mondo. Il Segno di Cristo diventa credibile attraverso la testimonianza dei cristiani soprattutto attraverso l'amore e l'unità (cf. GS 21)[17].

6. LA FEDE

DV 5 tratta della fede come la risposta dell'uomo all'auto-manifestazione di Dio usando la terminologia della Lettera ai Romani: «A Dio che rivela è dovuta *l'obbedienza della fede*». Su questo punto ci fu un importante contributo di Mons. Guano durante la terza sessione conciliare dove sottolineava come — parlando dell'atto di fede — fosse fondamentale presentare sia la *fides qua* che la *fides quae*[18]: la fede è conoscenza e amore e questi due aspetti non possono essere dissociati. Furono molti gli interventi nell'aula conciliare che chiedevano questo, allo scopo di trattare la fede in corrispon-

---

[15] R. LATOURELLE, *Le Christ et l'Église signes du salut*, Montréal 1971.
[16] Cf. R. LATOURELLE, «Le Christ Signe de la révélation selon la Constitution "Dei Verbum"», *Gregorianum* 47 (1966) 685-709; ID., *Le Christ et l'Église signes du salut* (cf. nt. 15), capitoli 1-3.
[17] È un amore che si vive nella relazione con Dio e con gli altri (GS 24) e che deve essere ricercato nelle circostanze ordinarie della vita (GS 38), e che può anche giungere a dare la propria vita (GS 21), che chiede rispetto verso ogni essere umano (GS 27), compresi gli avversari (GS 28), e verso le cose create.
[18] *AS* III/III, 208-209.

denza con quanto detto sulla Rivelazione. Tuttavia, DV tratta in un modo abbastanza povero questo argomento, non presentando chiaramente la dimensione trinitaria, la centralità di Cristo e la dimensione comunitaria[19].

Sia DV che GS indicano il dinamismo della fede dovuto all'azione dello Spirito, ma GS sviluppa di più le due dimensioni dell'atto di fede anche se, per il carattere del documento, si sottolineerà di più la *fides qua*. La risposta di fede è possibile perché l'uomo è stato creato a immagine di Dio, «capace di conoscere e di amare il proprio Creatore» (GS 12), espressione che ci pone davanti alle due dimensioni dall'atto di fede.

In continuità con la DV, GS presenta la fede come risposta libera e fiduciosa dell'uomo alla chiamata di Dio, risposta che è in relazione con la pienezza della sua vocazione perché «chiunque segue Cristo, l'uomo perfetto, si fa lui pure più uomo» (GS 41). In relazione all'antropologia presentata, approfondisce le conseguenze della risposta di fede come opzione fondamentale, sottolineando l'importanza della coerenza di vita che deve superare il dualismo fede-vita, essendo questa separazione uno dei problemi più gravi del nostro tempo (cf. GS 43). Questa preoccupazione è in linea con tutta l'impostazione del documento, che mette in evidenza l'unione tra la relazione personale con Dio e i doveri sociali, da viversi secondo la propria vocazione. L'espressione «alla luce della Rivelazione» percorre tutto il documento, indicando la guida e il punto di discernimento dell'azione del cristiano nel mondo.

Accanto alla difficoltà a causa del peccato, che ferisce la libertà dell'uomo e la sua relazione con Dio, il Concilio parlerà della negazione di Dio, fenomeno ogni volta più esteso, non soltanto a livello personale ma anche sociale. È interessante che nel primo capitolo, dove si parla della vocazione ultima dell'uomo e della libertà, siano inseriti i paragrafi sull'ateismo, non per il tema in sé, quanto per il fatto di indicare la possibilità della risposta negativa alla chiamata di Dio.

7. LA TRASMISSIONE DELLA RIVELAZIONE

Gran parte della DV si riferisce alla trasmissione della Rivelazione. Fin dal principio, già nel primo schema, fu uno dei punti più difficili e che più attirò l'attenzione nel dibattito conciliare.

Tema centrale della GS sarà la relazione della Chiesa con il mondo e con la contemporaneità. L'attenzione della GS è sul destinatario della Rivelazione e per questo avrà presenti i mezzi mediante i quali essa può arrivare a tutti.

---

[19] Secondo Alonso Schökel per scoprirla bisognerebbe far riferimento ai testi biblici citati al numero 5. L. ALONSO SCHÖKEL, «Naturaleza de la revelación. Unidad y composición», in *Comentarios a la Constitución Dei Verbum*, Madrid 1969, 138.

Certamente è opera dello Spirito, che apre il cuore di ogni uomo e guida la Chiesa. Accanto al riconoscimento dell'azione dello Spirito, GS riconosce l'importanza della mediazione umana, voluta da Dio anche se povera, per annunziare Cristo al mondo (cf. GS 76). Così viene presentata la missione della Chiesa, che non annuncia se stessa ma annuncia Cristo. Per questo la trasmissione della Rivelazione — ciò che la Chiesa è e crede, citando DV — sarà focalizzata sulla testimonianza e sull'annuncio della Parola.

Per questa trasmissione, annuncio, la Chiesa si serve degli aiuti che riceve dal mondo, dal progresso delle scienze, della filosofia e dei tesori delle culture (cf. GS 44). È significativo il modo in cui GS insiste sull'importanza della vita di tutti i membri della Chiesa (cf. GS 21; 43) che devono essere fermento e quasi l'anima della società umana (cf. GS 40).

8. La salvezza universale

Sia in DV che in GS, Rivelazione e salvezza vanno insieme: la finalità della Rivelazione è la salvezza dell'uomo. DV non si ferma molto in modo esplicito su questo aspetto, sebbene nel modo in cui parla della Rivelazione lo racchiude. GS lo esplicita alla fine del n. 22: il cristiano nel battesimo è già associato alla morte e risurrezione di Cristo; in tutti gli uomini di buona volontà lavora la grazia e lo Spirito dà a tutti la possibilità, in un modo da Dio conosciuto, di essere associati al mistero pasquale (cf. GS 22). Infatti Cristo è morto per tutti e il Regno di Dio è destinato a tutta l'umanità.

Alla luce di GS 22 possiamo leggere GS 41 sulla missione della Chiesa. La Chiesa, sacramento universale di salvezza, ha ricevuto la missione di annunciare al mondo il mistero dell'amore rivelato in Cristo e della verità sull'uomo.

9. Conclusione

L'approccio a questi due documenti ci porta a considerare come sia importante non isolare il tema della Rivelazione da tutti gli altri temi che interessano la teologia, se non vogliamo fare della Rivelazione un insieme di verità su Dio, di un Dio che ha poco o niente a che vedere con la storia umana.

UNA SENSIBILITÀ MAGGIORE ALLA CULTURA SCIENTIFICA NEL VATICANO II...
...ALLA LUCE DELLA RIVELAZIONE

Maximillian Grech
Facoltà di Teologia

Vorrei collegare la mia risposta al punto *'Trasmissione della Rivelazione'* elaborato dalla Prof.ssa Maria Carmen Aparicio Valls nella sua esposizione, facendo alcune riflessioni sul contesto dell'interlocutore a cui è diretta la Rivelazione, quale contesto è segnato da una cultura scientifica.

In uno delle paragrafi iniziali della *Gaudium et Spes*, i Padri conciliari, al parlare dei profondi mutamenti sociali e intelletuali della societa in cui viviamo, vollero già nel 1965 evidenziare la cultura scientifica come una delle principali cause responsabili di aver provocato cambiamenti di grande portata nel modo di vivere e nel modo di pensare degli uomini. Il testo in questione parla di «una più radicale modificazione che sul piano della formazione intellettuale dà un crescente peso alle scienze matematiche, fisiche e umane, mentre sul piano dell'azione si affida alla tecnica, originate da quelle scienze. Questa mentalità scientifica modella in modo diverso rispetto a un tempo la cultura e il modo di pensare. La tecnica poi è tanto progredita da trasformare la faccia della terra e da perseguire ormai la conquista dello spazio ultra-terrestre»[1].

L'oggetto della riflessione dei *Padres* conciliari non è tanto la scienza in sé, ma *il contesto dell'interlocutore a cui è diretta la Rivelazione*, quale contesto è profondamento segnato dagli sviluppi della scienza.

1. SENSIBILITÀ ALLA CULTURA SCIENTIFICA

Vorrei evidenziare due aspetti particolari che risultano dall'influsso della cultura scientifica sulla trasmissione della Rivelazione al uomo contemporaneo[2]:

(i) il sapere scientifico rappresenta oggi il contesto culturale implicito di ogni interlocutore. Sia egli uomo di scienza oppure no, il destinatario della

---

[1] CONCILIO VATICANO II, *Gaudium et Spes* [= GS], 07.12.1965, n. 5.
[2] Cf. G. TANZELLA-NITTI, «Nuova Evangelizzazione e cultura scientifica», *Annales theologici* 26 (2012) 347-349. Cf. M. GARGANTINI, «Magistero della Chiesa», in *Dizionario Interdisciplinare di Scienza e Fede*, Roma 2002, 821-841; M. VIGANO, «Scienza e tecnica nella costituzione *Gaudium et spes*», *Rassegna di Teologia* 8 (1967) 269-286.

Rivelazione nel mondo di oggi possiede una «*forma mentis*»[3] in buona parte forgiata dai risultati delle scienze come fonte autorevole di conoscenza;
(ii) i risultati della ricerca scientifica contemporanea sollecitano la teologia cristiana di *elaborare nuove sistesi*[4]. Un certo numero di insegnamenti della Rivelazione richiedono oggi di essere presentati con un'ermeneutica che risulti convincente a chi ha familiarità con il contesto delle scienze naturali, della psicologia, della storia, operando un necessario approfondimento.

Come le antiche cosmologie del vicino Oriente poterono essere purificate e assimilate nei primi capitoli del Genesi, non potrebbe la cosmologia contemporanea avere qualcosa da offrire alle nostre riflessioni sulla creazione? Può una prospettiva evoluzionistica contribuire a far luce sulla teologia antropologica, sul significato della persona umana come *imago Dei*, sul problema della cristologia — e anche sullo sviluppo della dottrina stessa? Quali sono, se ve ne sono, le implicazioni escatologiche della cosmologia contemporanea, specialmente alla luce dell'immenso futuro del nostro universo?[5]

2. ... ALLA LUCE DELLA RIVELAZIONE

Nel mondo di oggi non si può fare a meno di una sensibilità alla cultura scientifica che ci circonda, ma tale sensibilità deve essere, a mio avviso, illuminata dalla Rivelazione. La giusta autonomia delle realtà terrene, in particolare della ricerca scientifica è espressamente affermata dal Concilio Vaticano II[6]. Senza diminuire questa autonomia della scienza nel proprio ambito, conviene però rilevare tre condizioni, espresse dal Concilio, perché si possa escludere ogni contrasto con la fede.
(i) Anzitutto si richiede che la scienza «*proceda in maniera veramente scientifica*»[7] — questo comporta l'onestà intellettuale di asserire come certo ciò che è certo, come probabile ciò che è probabile, e come meramente ipotetico ciò che è solo ipotetico;
(ii) Devono anche essere rispettate le norme morali, in particolare i diritti e la dignità della persona umana[8];

---

[3] GS 5.

[4] GS 62. «Infatti gli studi recenti e le nuove scoperte delle scienze, della storia e della filosofia, suscitano nuovi problemi che comportano conseguenze anche per la vita pratica ed esigono anche dai teologi nuove indagini. I teologi sono inoltre invitati, nel rispetto dei metodi e delle esigenze proprie della scienza teologica, a sempre ricercare modi più adatti di comunicare la dottrina cristiana agli uomini della loro epoca, perché altro è il deposito o le verità della fede, altro è il modo con cui vengono enunziate, rimanendo pur sempre lo stesso il significato e il senso profondo».

[5] GIOVANNI PAOLO II, Lettera al Direttore della Specola Vaticana, 01.06.1988.

[6] GS 36.

[7] GS 36.

[8] GS 62.

(iii) Inoltre il Concilio pone una precisazione esatta al concetto di «*autonomia delle realtà temporali*», nel senso che questo non può spingersi a negare la loro dipendenza da Dio e il loro riferimento a Dio[9].

Il Concilio oltre a questa «*legittima autonomia delle realtà terrene*» afferma che «chi si sforza con umiltà e con perseveranza di scandagliare i segreti della realtà, anche senza che egli se ne avverta, viene come condotto dalla *mano di Dio*, il quale mantenendo in esistenza tutte le cose, fa che siano quelle che sono»[10]. Nel loro studio della natura e del cosmo, i ricercatori sono ingrado di percepire la presenza dei riflessi di un *Logos* creatore, fondamento dell'intelligibilità e della razionalità del reale fisico, senza le quali fare scienza diverrebbe impossibile[11].

Nel messaggio finale del Concilio Vaticano II, Paolo VI rivolge un appello particolare agli uomini di pensiero e di scienza: «Un saluto specialissimo a voi, ricercatori della verità, a voi uomini di pensiero e di scienza. [...] Anche a voi dunque abbiamo un messaggio ed è questo: continuate a cercare, senza mai rinunciare, senza mai disperare della verità»[12]. Queste parole delineano in modo suggestivo ma chiaro il movente e l'obiettivo della conoscenza scientifica: *la tensione alla verità* che deve animare dal profondo l'impresa conoscitiva e dare l'energia necessaria per un lavoro spesso faticoso. «La scienza ha un suo senso e una sua giustificazione quando la si riconosce capace di conoscere la verità»[13].

La verità può essere conosciuta e l'uomo ha questa possibilità di conoscere la verità. Ma ciò che l'intelletto può cogliere *sono verità parziali*, limitate e circoscritte. Siccome rimane una verità parziale, le conoscenze che l'uomo raggiunge devono riconscere *un Vero più ampio e globale*, che non può essere frutto di costruzione umana ma solo di Rivelazione.

In aiuto alla ragione, che cerca l'intelligenza del mistero, vengono anche i segni presenti nella Rivelazione. Essi servono a condurre piu a fondo la ricerca della verità e a permettere che la mente possa automamente indagare anche all'interno del mistero [...] e la spingono a trascendere la loro realtà di segni per raccoglierne il significato ulteriore di cui sono portatori[14].

---

[9] GS 62.
[10] GS 36.
[11] Cf. GIOVANNI PAOLO II, *Fides et ratio*, 14.09.1998, n.34; BENEDETTO XVI, *Discorso ai giovani in piazza san Pietro – Roma*, 06.04.2006.
[12] PAOLO VI, Messaggio del Concilio agli uomini di pensiero e di scienza, 08.12.1965.
[13] GIOVANNI PAOLO II, Incontro con scienzati e studenti nella cattedrale di Colonia, 15.11.1980.
[14] GIOVANNI PAOLO II, *Fides et ratio*, 14.09.1998, n.13.

3. CONCLUSIONE

È compito della *Teologia Fondamentale* di fornire un sapere di sintesi capace di esporre la significatività e la credibilità della Rivelazione cristiana anche nel contesto della ragione scientifica. Con ciò non si intende negare che anche altre aree teologiche, come sono la teologia biblica, la dogmatica o la morale, debbano ugualmente esporre i loro risultati facendo attenzione al contesto scientifico circostante ed impiegando un'adeguata prospettiva interdisciplinare, specie quando affrontano alcuni temi specifici quali ad esempio la teologia della creazione o la bioetica. Intendiamo solo affermare che la dimensione contestuale e l'interazione interdisciplinare che la *Teologia Fondamentale* deve esercitare sono caratteristiche che discendono piuttosto dalla sua responsabilità di rispondere agli interrogativi che la storia e le scienza pongono nel loro insieme al messaggio cristiano, e ciò in quanto provocazioni che interpellano l'oggetto che le è proprio, *la Rivelazione e la sua credibilità*.

APOSTOLICAM ACTUOSITATEM E LA SUA COMPLEMENTARIETÀ CON IL RESTO DEI DOCUMENTI CONCILIARI

Francisco Herrera
Facoltà di Teologia

1. APOSTOLICAM ACTUOSITATEM, *LA SUA NATURA*.

La complementarità esistente tra il capitolo primo della DV e la parte iniziale della GS sul concetto di Rivelazione[1], ci permette di avanzare su questa linea e scoprire la complementarietà esistente tra il decreto AA e il resto documenti conciliari.

È stato avanzato il problema sul come presentare all'uomo contemporaneo il deposito della fede; a tal proposito, questo decreto ci dona luci molto utili e di straordinaria rilevanza. Nel «Proemio», AA afferma infatti che intende illustrare «la natura, l'indole e la varietà» dell'apostolato dei laici in funzione della missione della Chiesa, cioè presentare all'uomo contemporaneo Cristo.

Sappiamo bene che i 16 documenti del CVII sono di valore e di importanza diversa, non è la stessa cosa — lo sappiamo — parlare di una Costituzione piuttosto che di un Decreto; G. Cardaropoli[2] scrive, a tal proposito, che i documenti nel loro insieme «non sempre sono omogenei nei contenuti, non sempre omogenei nello spirito. Eppure si tratta di materiale ricchissimo, una vera *summa* ... che contiene elementi essenziali per rinnovare la concezione del cristianesimo, per offrire i criteri per una nuova interpretazione del testo della rivelazione". Da questa vasta ricchezza nasce il bisogno di approfondire ma anche di rivalutare e di apprezzare quello che il Concilio ci ha lasciato, anche nei decreti.

Fra i documenti del Vaticano II i decreti sono documenti di applicazione degli orientamenti conciliari[3].

I sei capitoli del decreto sui laici riprendono gran parte del contenuto centrale di tutto il Vaticano II, dando un orientamento di consolidamento e maturazione a quanto era già stato detto in precedenza nelle Costituzioni. Una ripresa può essere considerata non necessaria, ma tale decreto ci fornisce un'efficace sottolineatura e lettura d'insieme di tutto quello che la Chiesa si attende dai laici e sulla loro necessaria presenza nel mondo.

---

[1] Cf. presentazione della prof. Carmen Aparicio: *Complementarietà tra la DV e la GS*.
[2] G. CARDAROPOLI, *Il Concilio Vaticano II, L'evento i documenti le interpretazioni*, Bologna 2012, 70.
[3] G. CARDAROPOLI, *Il Concilio Vaticano II* (cf. nt. 2), 58.

Il decreto AA inizia presentando i fini di tale vocazione apostolica, i diversi campi di azione, le varie forme di apostolato, e infine l'ordine e la formazione per realizzare tale missione.

2. I LAICI PARTECIPANO ALL'URGENZA DELL'ANNUNCIO.

Gran parte della DV si riferisce alla trasmissione della rivelazione e il tema centrale della GS sarà la relazione della Chiesa con il mondo e con il contemporaneo. Aggiungiamo quanto dice la LG riguardo a questo desiderio missionario, nella conclusione del capitolo 4, che riguarda specificamente i laici:

> Ogni laico deve essere davanti al mondo un testimone della risurrezione e della vita del Signore Gesù e un segno del Dio vivo. Tutti insieme, e ognuno per la sua parte, devono nutrire il mondo con i frutti spirituali (cfr. Gal 5,22) e in esso diffondere lo spirito che anima i poveri, i miti e pacifici, che il Signore nel Vangelo proclamò beati (cfr. Mt 5,3-9). In una parola: «ciò che l'anima è nel corpo, questo siano i cristiani nel mondo» (LG 38).

Il decreto AA esplicita al numero 6:

> l'apostolato non consiste soltanto nella testimonianza della vita; il vero apostolo cerca le occasioni per annunciare Cristo con la parola sia ai non credenti per condurli alla fede, sia ai fedeli per istruirli, confermarli e indurli a una vita più fervente; «infatti l'amore di Cristo ci sospinge» (2Cor 5,14) e nel cuore di tutti devono echeggiare le parole dell'apostolo: «Guai a me se non annunciassi il Vangelo» (1Cor 9,16).

È interessante notare come lo stesso linguaggio utilizzato nel decreto, evidenzi il desiderio dei padri conciliari per la messa in esercizio della missione dei laici; il decreto si conclude infatti con la «Esortazione»: «il *sacrosanto concilio scongiura ardentemente nel Signore tutti i laici, a rispondere volentieri, con animo generoso e cuore pronto alla voce di Cristo»*.

3. IN COMUNIONE CON LA GERARCHIA.

Il Concilio parla apertamente e in distinti passaggi dell'importante ruolo dei laici nella Chiesa, ne parla senza paura, perché possiede il linguaggio della «*communio*»; su questo ci insegna egregiamente padre Angel Anton (cfr): «è questo che va cercato e chiesto come dono allo Spirito Santo, per poter far si che non ci siano difficoltà di ruoli e non venga meno la missione nelle sterili lotte di potere. Va accompagnata tutta la missione dei laici dalla sollecita paternità dei vescovi». A tal proposito è utile e necessario richiamare alla nostra memoria il testo di LG che dice:

I laici, come tutti i fedeli, hanno il *diritto* di ricevere abbondantemente dai sacri pastori i beni spirituali della Chiesa, soprattutto gli aiuti della parola di Dio e dei sacramenti; ad essi quindi manifestino le loro necessità e i loro desideri con quella libertà e fiducia che si addice ai figli di Dio e ai fratelli in Cristo. Secondo la scienza, competenza e prestigio di cui godono, hanno la facoltà, anzi talora anche il *dovere*, di far conoscere il loro parere su cose concernenti il bene della Chiesa [...] I laici, come tutti i fedeli, con cristiana obbedienza prontamente abbraccino ciò che i pastori, quali rappresentanti di Cristo, stabiliscono in nome del loro magistero e della loro autorità nella Chiesa (LG 37).

4. CONCLUSIONE

Quello che si legge in LG 37 è la regola sempre valida dei diritti e dei doveri. Possiamo concludere dicendo, che il Concilio ha senz'altro una linea unica nella lettura del ruolo dei laici nella Chiesa, affermando principalmente che la Chiesa ha bisogno di una presenza forte di uomini innamorati di Cristo, testimoni della sua rivelazione, del suo messaggio di amore e letizia. Questo annuncio deve essere realizzato mantenendo una ricerca continua della comunione.

IL LIBRO II DEL CODICE DI DIRITTO CANONICO ALLA LUCE DEL VATICANO II

P. Gianfranco Ghirlanda S.I.
Facoltà di Diritto Canonico

Nella Facoltà di Diritto Canonico P. Gianfranco Ghirlanda S.I. ha trattato della ricezione del Vaticano II nel Libro II del Codice di Diritto Canonico.

Ha innanzitutto fatto un'introduzione sulla struttura di tutto il Codice mettendo in luce come il Codice del 1983 si stacca dallo schema sistematico del Codice del 1917, non recependo però totalmente l'ispirazione dal Vaticano II.

Posto questo, P. Ghirlanda ha preso in considerazione anche alcuni aspetti del l.I del Codice del 1983 riguardante tutti i fedeli, che nel Codice del 1917 si trovavano nel libro II, nella parte sui chierici: quello degli uffici ecclesiastici e della potestà di governo. Ha sottolineato che si tratta di un cambiamento di grande importanza perché indica l'assimilazione della visione del Vaticano II circa i chierici e i laici e il loro rapporto, quindi circa il rapporto tra sacerdozio battesimale e sacerdozio ministeriale. Infatti, gli uffici ecclesiastici e la potestà di governo annessa non li possono ricevere solo coloro che sono nell'ordine sacro, ma anche tutti gli altri fedeli[1].

Tale cambiamento è dovuto a una chiarificazione ecclesiologica in base al concetto di *christifidelis*, che incontriamo nel Concilio e nel Codice del 1983, che è il concetto base del l.II *De populo Dei* (cann. 204 §1 e 208), in quanto esprime un *genus*, che ha una priorità ontologica rispetto a tutte le varie categorie di persone nella Chiesa (*species*), anche se necessariamente si concretizza storicamente in esse: laici, ministri sacri, vita consacrata.

Riguardo alle diverse vocazioni e stati di vita nella Chiesa, un punto fondamentale del CIC 1983 rispetto al CIC 1917 è il titolo sui laici, che, assumendo la dottrina della Cost. domm. *Lumen gentium* e del Decr. *Apostolicam actuositatem*, comprende otto canoni (cann. 224-231), in confronto al CIC 1917 che comprendeva effettivamente solo due canoni riguardanti i laici, il can. 682 che stabiliva il loro diritto di ricevere dal clero i beni spirituali e gli aiuti necessari alla salvezza, e il can. 683, che proibiva loro di portare l'abito clericale. I restanti 36 canoni erano tutti dedicati alle associazioni di fedeli.

La discussione nel Concilio sul posto della vita consacrata nella Chiesa è stata piuttosto travagliata. Comunque, è da dire che il CIC 1983, intitolando la

---

[1] Cf. *Communicationes* (= *Comm.*) 3 (1971) 187; 2 (1970) 95.

parte III del l.II «Gli istituti di vita consacrata e le società di vita apostolica»[2] recepisce la visione del Concilio che aveva ampliato il concetto di «religiosi», riferendolo non solo a coloro che nel CIC 1917 erano identificati con tale categoria, ma con tutti coloro che in un modo o nell'altro con diversi sacri legami assumono i consigli evangelici, proprio per tener conto degli istituti secolari e delle allora società di vita comune senza voti, ora denominate società di vita apostolica (LG 44a; PC 1). Per questo PC 1d usa la locuzione «*vita consecrata*», che è quella entrata nel Codice e negli altri documenti successivi al Concilio. Il can. 573 è una sapiente sintesi degli elementi teologici riguardanti la vita consacrata contenuti nella *Lumen gentium* e nel *Perfectae caritatis*.

Punto molto discusso nell'elaborazione del CIC 1983 è stato quello riguardante le Società di vita apostolica, che ha portato al rifacimento dello schema iniziale sulla vita consacrata per finire col metterle a parte in una sezione II, mentre molte di tali società, assumendo espressamente i consigli evangelici con un sacro legame, sentono mortificato il loro carisma di vera vita consacrata (can. 731 §2). In questo non è stata seguita l'ispirazione del Vaticano II.

Un altro punto importante del libro II è il titolo sui ministri sacri o chierici. Innanzitutto nel CIC 1917 dei seminari si trattava nella parte IV sul magistero ecclesiastico del libro III *De rebus*, dando, almeno per la collocazione, una rilevanza particolare all'aspetto dottrinale della formazione dei chierici, mentre essa, come esprime il Decr. *Optatam totius*, comprende anche quella spirituale, liturgica e pastorale.

Due punti di fondamentale importanza che il Codice del 1983 tratta con una visione diversa rispetto al Codice del 1917 è quella riguardante la direzione spirituale e l'incardinazione, recependo la dottrina del Vaticano II sulla vocazione divina (OT 2c) e sulla dimensione universale dell'ordinazione presbiterale (PO 10a).

Altro punto importante è l'obbligo del celibato, stabilito dal can. 277 §1, che, formulato sulla base di PO 16, differisce molto dalla formulazione del can. 132 §1 Codice del 1917, risolvendo, sulla base dell'impostazione conciliare, in modo negativo, la questione controversa se nell'assunzione del celibato si fa un voto implicito o no.

Come ultimo punto dal P. Ghirlanda è stato trattato il tema degli organi di corresponsabilità e partecipazione nelle strutture di governo, nella prospettiva della Chiesa come comunione, mostrando come il Codice del 1983 traduce praticamente la visione sinodale del Vaticano II.

---

[2] Il titolo sarebbe stato meglio «La vita consacrata», in quanto vengono comprese anche forme di vita consacrata individuale, come gli eremiti e le vergini consacrate nel secolo.

LA RIFORMA DEL CODICE NELL'OTTICA DEL CONCILIO: PER UNA INTERPRETAZIONE «CONCILIARE» DEL CAN. 517 §2

Jordi Bertomeu Farnós
Facoltà di Diritto Canonico

Il can. 517 § 2 solleva un'interessante problema ermeneutico:

> nel caso che il Vescovo diocesano, a motivo della scarsità di sacerdoti, abbia giudicato di dover affidare ad un diacono o ad una persona non insignita del carattere sacerdotale o ad una comunità di persone una partecipazione nell'esercizio della cura pastorale di una parrocchia, costituisca un sacerdote il quale, con la potestà e le facoltà di parroco, sia il moderatore della cura pastorale.

In se, è una formula di eccezione, valida soltanto per la Chiesa latina, un vero *hapax* legislativo. Non c'è nessun precedente legislativo diretto, tranne un'Istruzione della Congregazione per l'Evangelizzazione dei Popoli del 19 novembre 1976, *La fonction évangélisatrice. De munere et officio feminarum in gentibus hodie ab Ecclesia evangelizandis,* riferita al contributo delle donne nei compiti amministrativi delle parrocchie.

Dalla storia redazionale del canone, si evince che come figura giuridica, risale all'ottobre del 1970, nei lavori del *Coetus Studii «De Sacra Hierarchia».* Cioè, cinque anni dopo la chiusura del Concilio Vaticano II. L'obiettivo era la modifica del can. 451 CIC 1917, circa la partecipazione nella cura pastorale da parte di una comunità religiosa. Nel 1971 si introduce la clausola correttiva «*ob sacerdotum penuriam*», concetto indeterminato che il Vescovo valuta a discrezione. D'altra parte, si riferisce anche ai laici, e così si arriva allo *Schema* del 1977, come attestazione di una prassi consolidata in qualche regione del mondo, specialmente in America Latina. Nei progressivi cambiamenti allo *Schema*, senza grande dibattito e con l'esplicita volontà di non precisare troppo i concetti per permettere un'applicazione la più ampia possibile del nuovo canone, si introduce anche il concetto di «partecipare alla cura pastorale» come *munus* più ampio dell'esercizio dei «poteri» propri del ministero ordinato (1981), oltre alla menzione ai diaconi (1982) o si sopprime la menzione al «parroco» per accennare soltanto alle *potestates et facultates parochi* proprie del «moderatore».

Questo canone complesso, purtroppo, ha avuto un'applicazione oscillante: non soltanto nei tradizionalmente considerati «Paesi di missione» o di *plantatio Ecclesiae*, ma anche nei Paesi di «vecchia cristianità» o di «nuova ri-evangelizzazione», con una scarsità vocazionale cronica. Qualcuno ha letto il can. 517 §2 come esponente della subordinazione del diritto all'azione pastorale ecclesiale; altri l'hanno interpretato come un grosso sbaglio da correggere in una futura revisione codiciale. Altri, finalmente, pensiamo che questo canone di non facile interpretazione richiami al problema di tener conto quale sia la tecnica esegetica più adatta per il Codice del 1983.

Questo Codice non è un sistema auto-referenziale, ma una realtà dinamica in dialogo con le sue fonti (C.R.M. Redaelli). Per questo, l'analisi sistematica del canone nell'insieme della tradizione giuridica e magisteriale, nella quale emerge l'evento conciliare, ci porta a considerare alcuni dei suoi punti «difficili»: 1) che cosa sia il «sacerdote moderatore della cura pastorale», concetto senza definizione codiciale autentica, a differenza di quello di «parroco» che, per la scarsità di sacerdoti, non può essere nominato in una determinata parrocchia; 2) che cosa siano le «*potestates* proprie del parroco delle quali viene dotato» quel sacerdote, ma senza averne la considerazione esplicita di «parroco» o pastore proprio di quella parrocchia; e 3) e in modo speciale, che cosa sia la partecipazione all'esercizio della cura pastorale dei «non ordinati *ad sacerdotium*» del canone, i quali, come il sacerdote-moderatore, non svolgono propriamente un «ufficio» stabile, ma una certa potestà esercitata per mandato del Vescovo, a modo di delega *nomine Episcopi*. Dipende come sia concepita tale partecipazione, dovremmo considerare anche la possibilità dell'esercizio parziale della presidenza in una tale comunità di fedeli.

In altre parole, non basterebbe un generico appello alla «corresponsabilità» e «partecipazione» di tutti i fedeli per risolvere le questioni riferite all'esercizio specifico dei *tria munera Christi* (e più in concreto, del *munus regendi*) dei non ordinati coinvolti nella cura pastorale descritta nel can. 517 §2, a differenza di come lo esercitano gli ordinati. Meno ancora basterebbe affermare acriticamente che «lo schema conciliare dei *tria munera* sostituisce la distinzione tra potestà di ordine e potestà di giurisdizione del Diritto e della Teologia precedenti» (D. Vitale). Nel retroscena alla questione non risolta dalla LG sulla partecipazione specifica dei laici alla «funzione regale», appare il grande problema dell'origine ed esercizio della potestà di giurisdizione e, in modo collegato, il problema della rappresentazione cristica ed ecclesiale da tutti i battezzati, *suo modo* et *pro parte sua* (LG 31).

LG II fu un'autentica «rivoluzione copernicana»: questo capitolo sul «popolo di Dio», senza essere una vera novità, suppone il recupero in prima linea del tema sacerdozio comune dei fedeli (LG 10). In quest'affermazione sottostà l'«ermeneutica della riforma», basata nella discontinuità nello storico, sempre contingente e accidentale, e invece, nella continuità in quello che è essenziale e permanente della fede, come ha espresso Benedetto XVI nel Discorso del 22.12.2005 nei quaranta anni del Concilio. Cioè, il Concilio vorrebbe sottolineare e riaffermare così la radicale uguaglianza di tutti e, per tanto, la loro capacità attiva nella Chiesa. Rileverebbe anche che gli investiti dal sacramento dell'Ordine esercitano una *potestas sacra* «per il servizio del popolo di Dio» (LG 18), riferita al «compimento del sacrificio Eucaristico *in persona Christi* e alla sua offerta a nome di tutto i l popolo» (LG 10b): secondo me, l'«azione nella persona di Cristo» diventerebbe così l'elemento chiave di differenziazione nell'esercizio del potere nella Chiesa, e il suo modo esplicativo.

L'oggetto principale del mio studio è stato l'analisi di questo complemento di modo (*agire in persona Christi*) nella sua genesi e storia teologica fino alla sua ricezione nei documenti conciliari e post-conciliari. Ho tentato dimostrare come il Concilio, con qualche esitazione (come mostra il parallelo *in persona Christi capitis*) e nella continuità della Tradizione teologica della Chiesa sul ministero ordinato, recupera questa formula nel modo in cui viene originata nella dottrina dell'Aquinate e sviluppata nei secoli posteriori.

Nel *Corpus Thomista* questa formula segna una svolta nella controversia agostiniana anti-donatista sull'efficacia sacramentale: S. Tomasso ha indicato con questo concetto l'azione specifica del ministro come causa strumentale della consacrazione eucaristica. Nel suo senso principale, che chiamiamo «tecnico-normativo-apofatico», questa formula serve per differenziare l'azione del ministro nel *conficere* l'eucaristia rispetto agli altri sacramenti: così garantisce la centralità dell'azione di Cristo nella Chiesa; impedisce di ridurre il ministero ordinato a una semplice «rappresentazione»; evita una teologia dell'esaltazione del sacerdozio contraria alla radicale uguaglianza di tutti i battezzati; e favorisce una nuova ecclesiologia eucaristica e una teologia comunitaria dei ministeri più pneumatologica. Se invece il senso «gerarchico-rappresentativo» della formula *in persona Christi* non fosse secondario, soltanto il ministro ordinato rappresenterebbe Cristo.

Nei secoli posteriori, lo sviluppo delle formule *nomine Christi* e *nomine Ecclesiae* in parallelo alla formula *in persona Christi,* hanno configurato la dimensione rappresentativo-ministeriale propria di ogni fedele nella Chiesa, anche dai non ordinati. Si può affermare senza nessuna esitazione che tutti i fedeli possono esercitare *nomine Episcopi et Ecclesiae* qualche aspetto del *munus regendi*, in quanto qualsiasi ministero cristiano è focalizzato nella partecipazione di tutti nella *sinaxis eucaristica* (PO 5b).

Aldilà delle conclusioni concrete del mio lavoro sull'esegesi del can. 517 §2, oggi vorrei soltanto segnalare che la ricezione del Concilio richiama un'esegesi: 1) che sottolinei la dimensione testimoniale di fede dei documenti conciliari nella vita della Chiesa e del mondo; 2) che rilevi la importanza che ha sua gestazione nei lavori preparatori; 3) che dia più importanza ai documenti magisteriali post-conciliari emanati dall'«interprete autorizzato» (DV 10), e tra loro, il Codice. In merito e per concretare, direi che non è più possibile fare un'esegesi teologico-giuridica che presenti lo sviluppo della «potestas sacra» del Vaticano II, come un ritorno a una presunta impostazione comunionale della Chiesa del 1° Millennio dove non ci sarebbe la differenza tra potestà di ordine e di giurisdizione. Più che vedere il Codice di diritto canonico come un figlio spurio del Concilio (o come «riforma-freno del Concilio»), sarebbe necessario concepire la riforma del Codice operata nel 1983 come l'«ultimo dei documenti conciliari» (Giovanni Paolo II), cioè, il necessario sviluppo normativo di quella sintesi di fede accaduta vent'anni prima. Quasi mi permetto di dire che senza conoscere lo sviluppo giuridico codiciale, non è possibile conoscere fino in fondo il Concilio.

I DOCUMENTI DEL SECONDO CONCILIO VATICANO E LA FILOSOFIA

P. Kevin L. Flannery, S.I.
Facoltà di Filosofia

Il mio compito — datomi dall'autorità più alta — è di parlare della filosofia ove presente nei documenti del Concilio Vaticano II. Apprezzo questo modo di formulare il compito perché i documenti del Concilio sono di grande importanza per la comprensione corretta di come i Padri conciliari avevano concepito il ruolo della filosofia nella Chiesa di oggi. Per capire ciò che, sotto la guida dello Spirito Santo, i Padri conciliari hanno voluto comunicare a noi — anche a noi che studiamo insieme la filosofia quasi mezzo secolo dopo il Concilio — dobbiamo guardare a quelle parole alle quali i Padri hanno acconsentito con il loro voto. Per capire tali parole, spesso è utile sapere che cosa dicevano e facevano i Padri al di fuori delle sessioni di voto del Consiglio: per capire, come dice il Padre O'Malley, «Che cosa è successo al Vaticano II». Ma, alla fine, ciò che dobbiamo esaminare — ciò che stiamo cercando di capire — sono le parole dei documenti.

Il problema del guardare piuttosto al *cosiddetto* «spirito del Concilio» è che si rischia di prendere in considerazione solo le voci con le quali siamo d'accordo. In certe situazioni, questo è abbastanza accettabile: raccontare ciò che è stato detto durante una discussione e, allo stesso momento, rendere evidente che preferiamo una sola faccia del problema, va bene nelle conversazioni fra amici. Ma questo non è il modo corretto di interpretare le decisioni di un corpo deliberativo. Ciò che contraddistingue i documenti votati e acconsentiti da parte di un gran numero di persone è che essi (i documenti), quasi inevitabilmente, rappresentano almeno in parte idee che non siamo inclini ad accettare: le idee di persone che non ci piacciono.

I documenti sono semplicemente il rapporto di chi aveva acconsentito a che cosa. Se, in un documento, c'è un elemento di «spin» («angolazione»), è stato messo lì deliberatamente da quelli che votano a suo favore: fa parte della documentazione ufficiale. Nel caso del Concilio, se uno non è molto attento all'obbligo di collegare la propria comprensione dello «spirito del Concilio» ai documenti stessi, lo spirito tendenzioso che è attivo in tutte le nostre anime — o che è attivo nelle anime degli scrittori che ci influenzano — inevitabilmente divergerà da ciò che i documenti in realtà dicono. Ma sono i documenti che contano. Essi sono (ovviamente) ciò che il Concilio, sotto la guida dello Spirito Santo, ha scelto di comunicare ai fedeli.

Allora, che cosa dicono i documenti del Concilio della filosofia? La verità è: non molto. La «Dichiarazione sulla libertà religiosa», *Dignitatis Humanae*, certamente utilizza dei principi filosofici, citando Tommaso d'Aquino, per esempio, sulla legge eterna (ST 1-2.94.1, 1-2.93.1-2) e seguendo il suo approccio alla coscienza — un approccio che ha le sue radici in Aristotele. Ma in questo documento niente è detto *della* filosofia. Si può dire lo stesso di molti altri documenti del Concilio. La costituzione dogmatica *Lumen Gentium* si avvicina a parlare della filosofia. Non fa esplicito riferimento alla nostra disciplina, ma parla di «tutto ciò è di buono e di vero» nelle culture non cristiane come «una preparazione ad accogliere il Vangelo». Senz'altro questa «preparazione» potrebbe includere delle idee filosofiche: i cosidetti *praeambula Fidei*. Ma, oltre a questa allusione piuttosto indiretta, *Lumen Gentium* non ha molto da dire della filosofia.

Nella costituzione pastorale *Gaudium et spes*, si trovano un paio di osservazioni veramente sulla filosofia. Alcune di loro sono in sintonia con l'enfasi generale del Concilio sul «aggiornamento». Nella sezione 44 del documento, per esempio, ci viene detto che la Chiesa

> fin dagli inizi della sua storia, imparò a esprimere il messaggio di Cristo ricorrendo ai concetti e alle lingue dei diversi popoli; inoltre si sforzò di illustrarlo con la sapienza dei filosofi: e ciò allo scopo di adattare il Vangelo, nei limiti convenienti, sia alla comprensione di tutti, sia alle esigenze dei sapienti.[1]

È interessante, tuttavia, che, anche in questo documento, tipicamente ottimista (*Gaudium et spes*), si rileva una nota di avvertimento che sembra riferirsi piuttosto ai nostri giorni, che al «Camelot» degli anni sessanta:

> A differenza dei tempi passati, negare Dio o la religione o farne praticamente a meno, non è più un fatto insolito e individuale. Oggi, infatti, non raramente un tale comportamento viene presentato come esigenza del progresso scientifico o di un nuovo tipo di umanesimo. Tutto questo in molti paesi non si manifesta solo a livello filosofico, ma invade in misura notevolissima il campo delle lettere, delle arti, dell'interpretazione delle scienze umane e della storia, anzi la stessa legislazione: di qui il disorientamento di molti [§7].

L'unico luogo, però, nei documenti del Concilio Vaticano II, in cui la filosofia stessa è direttamente discussa è la sezione 15 del decreto sulla formazione sacerdotale, *Optatam totius*. Ci si è decretato che coloro che

---

[1] Vedi anche, nella sezione intitolata, «Accordo fra cultura umana e insegnamento cristiano», sezione 62: «Queste difficoltà non necessariamente sono di danno alla fede; possono, anzi, stimolare lo spirito ad acquisirne una più accurata e profonda intelligenza. Infatti, gli studi recenti e le nuove scoperte delle scienze, come pure quelle della storia e della filosofia, suscitano nuovi problemi che comportano conseguenze anche per la vita pratica ed esigono nuove indagini anche da parte dei teologi».

studiano per il sacerdozio devono acquisire nei loro studi filosofici «una solida e armonica conoscenza dell'uomo, del mondo e di Dio». La frase «solida e armonica conoscenza» [*solidam et cohaerentem...cognitionem*] a primo ascolto sembra una frase quasi insipida e incontrovertibile; ma, come vedremo tra breve, è un'allusione a una preoccupazione espressa già dal Papa Pio XII, pochi anni prima del Concilio, riguardo a un certo scetticismo, anche presente tra i cattolici, inerente la capacità dell'uomo di formulare una filosofia logicamente coerente. In ogni caso, *Optatam totius* aggiunge subito che la formazione filosofica deve essere basata «sul patrimonio filosofico perennemente valido», che conterrebbe (possiamo presupporre) la stessa *cognitio solida et cohaerentis* (conoscenza solida e armonica).

Gli studenti, dice *Optatam totius*, devono conoscere «le correnti filosofiche moderne, specialmente [...] quelle che esercitano maggior influsso nel loro paese», ma in modo tale che il risultato è un sistema filosofico che costituisce un insieme coerente. Il documento prosegue:

> L'insegnamento della storia della filosofia si svolga in modo che gli alunni, mentre apprendono principi fondamentali dei vari sistemi, siano in grado di ritenere ciò che vi è di vero, di scoprire le radici degli errori e di confutarli.

La continuazione della sezione 15 parla anche del ricercare, penetrare, e dimostrare questa verità — che, naturalmente, per sua stessa natura è autoconsistente — con un occhio sempre verso la teologia, la cui verità e coerenza sono garantite dalla «luce superiore della fede». È chiaro che il Concilio auspica che gli insegnanti di filosofia possano dare ai propri studenti non solo idee disparate filosofiche, prese da diversi sistemi filosofici, ma anche — oppure piuttosto — uno strumento per mezzo del quale gli studenti possano capire il senso, il senso logico e coerente, della Fede.

Molto importante per capire «da dove» vengono i Padri conciliari — cioè per comprendere lo Spirito del Concilio, ma non nel senso con cui tale espressione spesso viene intesa oggi — è una nota in calce che viene aggiunta al *Optatam totius* § 15, alla menzione del «patrimonio filosofico perennemente valido». Citate in quella nota sono le pagine 571-575 dell'enciclica *Humani Generis* di Pio XII.

Quelle pagine iniziano con menzione di «quella sana filosofia che è come un patrimonio ereditato dalle precedenti età cristiane» e riconosce subito che «si può rafforzare la stessa filosofia con espressioni più efficaci, spogliarla di certi mezzi scolastici meno adatti, arricchirla anche — però con prudenza — di certi elementi che sono frutto del progressivo lavoro della mente umana». Ma quest'ultimo processo, insiste Pio XII, non significa mai abbandonare le verità già acquisite e comprese:

Qualsiasi verità la mente umana con sincera ricerca ha potuto scoprire, non può essere in contrasto con la verità già acquisita; perché Dio, Somma Verità, ha creato e regge l'intelletto umano non affinché alle verità rettamente acquisite ogni giorno esso ne contrapponga altre nuove; ma affinché, rimossi gli errori che eventualmente vi si fossero insinuati, aggiunga verità a verità nel medesimo ordine e con la medesima organicità con cui vediamo costituita la natura stessa delle cose da cui la verità si attinge.

A questo proposito, Pio XII raccomanda lo studio di Tommaso d'Aquino «giacché, come ben sappiamo dall'esperienza di parecchi secoli, il metodo dell'Aquinate si distingue per singolare superiorità tanto nell'ammaestrare gli animi che nella ricerca della verità».

È a questo punto che leggiamo il brano di cui ho parlato in precedenza. Vale la pena citarlo con una certa ampiezza:

> Perciò è quanto mai da deplorarsi che oggi la filosofia confermata ed ammessa dalla Chiesa sia oggetto di disprezzo da parte di certuni, talché essi con imprudenza la dichiarano antiquata per la forma e razionalistica per il processo di pensiero. Vanno dicendo che questa nostra filosofia difende erroneamente l'opinione che si possa dare una metafisica vera in modo assoluto; mentre al contrario essi sostengono che le verità, specialmente quelle trascendenti, non possono venire espresse più convenientemente che per mezzo di dottrine disparate che si completano tra loro, benché siano in certo modo l'una all'altra opposte [*Humani Generis* AAS 42 (12 Agosto 1950) 573].

Questo è un appello, alle facoltà ecclesiastiche soprattutto di filosofia, di dare ai propri studenti un metodo di pensare che sia coerente: che abbia senso. Una tale filosofia permetterà loro di predicare la Fede con la piena convinzione che ciò che predicano è vero. Le filosofie incoerenti creano scetticismo riguardo alla filosofia stessa, e, in ultima analisi, l'abbandono della filosofia. L'alternativa all'approccio raccomandato dal Papa (e dal Concilio) sembra una cosa pia: il fideismo. Ma, come osserva Giovanni Paolo II, nella sua enciclica *Fides et ratio*, il fideismo — Fede *senza* ragione — fra poco finisce con la perdita della Fede [*Fides et ratio* §§52-55].

Per concludere, vogliate scusarmi se cito la conclusione di un altro saggio che ho scritto su questo stesso argomento generale:[2]

> Ciò che fa l'insistenza sulla coerenza filosofica all'interno delle istituzioni ecclesiastiche è promuovere la pace in seno alle istituzioni, ma anche nei cuori di coloro che appartengono a loro. Non è una pia esagerazione dire che questa è la pace di Gesù Cristo, perché «la grazia suppone la natura e la porta a compimento»[3].

---

[2] K.L. FLANNERY, «The preamble to a reform», *Seminarium* 52 (2012) 439-449.
[3] *Fides et ratio*, § 43, citando *Summa theologiae* 1.1.8 ad 2.

La pace della seconda persona della Trinità — del *Logos* — non è estranea alla pace che la ragione umana può raggiungere rispettando i propri principi e la sua intelligibilità propria. La pace più alta prende la pace minore a se stessa e la fa più forte, anche se si sia rivolta verso ciò che è sopra la ragione umana. «Illuminata dalla fede, viene liberata dalle fragilità e dai limiti derivanti dalla disobbedienza del peccato e trova la forza necessaria per elevarsi alla conoscenza del mistero di Dio Uno e Trino»[4].

---

[4] *Fides et ratio*, § 43.

L'INSEGNAMENTO DELLA FILOSOFIA IN GREGORIANA ALL'EPOCA DEL CONCILIO VATICANO II

Paul Gilbert S.I.
Facoltà di Filosofia

L'insegnamento della filosofia nelle istituzioni della Chiesa conosce una evoluzione costante. La sua struttura odierna non è più quella di cinquanta anni fa, la quale non era identica a quella dell'inizio del secolo venti (il *Kalendarium* della Gregoriana dell'anno accademico 1919-1920 non presenta nessun programma di filosofia altro dei tre anni di un unico ciclo). Vorrei presentare in un modo descrittivo la Facoltà di Filosofia della Gregoriana all'epoca del Concilio Vaticano II, indicando prima, brevemente, qual era la sequenza dei cicli di studio negli anni 60, esponendo poi, più a lungo, i tratti essenziali di alcuni dei suoi docenti. La descrizione proposta suggerirà, spero, quanto alta fosse la qualità della filosofia insegnata cinquanta anni fa in Gregoriana, e anche l'orientamento globalmente comune dei suoi professori.

I. LA STRUTTURA DELL'INSEGNAMENTO

Il *Kalendarium* dell'anno accademico 1962-1963 mostra che la sequenza dei cicli, all'epoca di Vaticano II, era paragonabile, ma solo parzialmente, alla sequenza che la Congregazione per l'Educazione Cattolica organizza adesso in conformità alle norme indicate negli accordi europei detti «di Bologna». Il primo ciclo di filosofia era diviso in due parti; si attribuivano, infatti, due finalità agli studi. Una prima finalità faceva sì che l'insegnamento del primo ciclo si terminasse in due anni, similmente al Baccalaureato (questi due anni si chiamavano, infatti, *Baccalaureatus*) che la Chiesa, e quindi la Gregoriana, imponeva fino al 2011; l'inizio dello studio filosofico serviva essenzialmente, infatti, ad abilitare alla continuazione della formazione sacerdotale in teologia; se invece, per una seconda finalità, lo studio doveva preparare alla Laurea, ci voleva un terzo anno, chiamato *Licentia*. Questa distinzione tra le due finalità del primo ciclo è stata ripristinata dalle norme promulgate il 28 gennaio 2011 dalla Congregazione per l'Educazione Cattolica.

Si otteneva poi la Laurea, vale a dire il dottorato, in due anni, con un programma di corsi e di seminari che sarebbe paragonabile all'attuale licenza, più che un'anticipazione del «*Cursus ad doctoratum*» organizzato in Gregoriana dall'anno scorso. Il dottorato attuale esige invece, dopo i cinque anni dei due primi cicli, almeno tre anni, verosimilmente nella realtà in media di quattro (uno per il cosiddetto «*Cursus ad doctoratum*», e poi il periodo proprio della scrittura della dissertazione dottorale, durante il quale lo studente si chiama «dottorando»).

L'allungamento progressivo degli anni di studio è stato reso indispensabile per molti motivi, di cui due sono stati sicuramente prevalenti. Prima di tutto, gli studi ecclesiastici non potevano più essere giudicati di basso livello quando erano confrontati con le esigenze che gli Stati contemporanei imponevano per il completamento degli studi universitari. La complessità della materia diveniva poi evidente, anche in filosofia, una volta abbandonato il latino che non era più una lingua in cui gli autori erano letti e, per dire il vero, in cui erano spesso ridotti in schemi assai sommari e superficiali, comunque intrasportabili da giochi linguistici opachi per il latino della 'Scuola'.

II. I PROFESSORI

Molti dei professori della Facoltà di Filosofia della Gregoriana avevano ottenuto il dottorato nelle Università statali dei loro paesi, e non solo nelle istituzioni ecclesiastiche; lo mostrano le loro biografie. La lettura degli *Ordo* o *Kalendaria* insegna però un altro punto, più interessante. Il corpo professorale era quasi diviso in due, secondo i livelli d'insegnamento. C'era un corpo docente per il primo ciclo, e un altro per il secondo. Pochi erano i professori che insegnavano nei due cicli — nel ciclo dottorale, cioè durante la Laurea, s'insegnavano essenzialmente alcune questioni speciali lasciate aperte dall'insegnamento della licenza; i docenti del dottorato erano spesso quelli del terzo anno del primo ciclo, vale a dire della «licenza».

1. I PROFESSORI DEL PRIMO CICLO

Ecco un elenco di alcuni professori del primo ciclo: Filippo Selvaggi (italiano, in Cosmologia), Francesco Morandini (italiano, in Logica ed Epistemologia), Joseph de Finance (francese, in Etica — ritroveremo il p. de Finance nel secondo ciclo), Franck O'Farrell (irlandese, in Metafisica), Luigi Kořínek (Ceco, in Teologia naturale), Peter Henrici (svizzero, in Storia della filosofia — Henrici stava iniziando una lunga carriera [fino alla sua elezione all'episcopato, nel 1992] da storico della filosofia; abbiamo apprezzato la sempre eccellenza del suo insegnamento in una conferenza offerta alla Facoltà di Filosofia il 9 aprile 2013 su «Maurice Blondel, «Il filosofo del Vaticano II» [Y. Congar]? Ricordi del Concilio e una riflessione filosofica»).

L'elenco di questi nomi presenta un corpo docente veramente internazionale; i professori erano poi molto conosciuti, nei loro paesi e in più ampi campi, ovviamente negli spazi della Chiesa universale. Il p. Selvaggi, per esempio, è stato famoso per il suo intervento sulla questione dell'eucaristia — il p. Selvaggi, cosmologo, filosofo attento alle problematiche scientifiche, iniziò la sua produzione filosofica nel 1950 discutendo, infatti, della materia o sostanza fisica dell'eucaristia e della sua trasformazione sacramentale.

Tra i professori del primo ciclo, nominiamo anche Georges Cruchon (canadese, in Psicologia), Joseph Goenaga (spagnolo, in Filosofia sociale), Vittorio Marcozzi (italiano, in Biologia e Antropologia scientifica — la sua formazione era in scienza, oltre alla filosofia e alla teologia), Gustavo Wetter (austriaco, in Marxismo — i suoi libri erano tra i più competenti al mondo nella materia; ha fondato in Gregoriana una biblioteca del marxismo che è stata per anni la più fornita di tutta la terra, consultata da ricercatori venuti da molti orizzonti).

2. *I PROFESSORI DEL CICLO DOTTORALE*

Il gruppo dei professori in Laurea era anche di altissimo livello. Alcuni erano docenti di materie secondarie, per esempio Edouard des Places (francese, in Greco classico), Joseph Goetz (tedesco, in Religioni primitive). Considererò solo quattro professori di materie propriamente filosofiche: Federick Copleston (inglese, in Metafisica), Joseph de Finance (già nominato, in Psicologia razionale), Bernard Lonergan (canadese, in Metodo e teologia), Johannes Baptist Lotz (tedesco, in Critica e estetica). Questi quattro nomi sono molto conosciuti, la loro presenza a Roma all'epoca del Concilio invita a riconoscere l'alta qualità della Facoltà di Filosofia della Gregoriana in questi anni cruciati per la Chiesa.

Per aiutare la nostra «composizione dei luoghi», come si dice nel gergo ignaziano quando si evocano i «preamboli» delle meditazioni, propongo l'elenco dei corsi insegnati nel corso di laurea nel 1962-63, l'anno d'inizio del Concilio — allargheremo poi la nostra esposizione ad altri anni. Frederick Copleston: «Alcune problematiche di natura metafisica». Joseph de Finance: «L'atto umano libero»; «La filosofia morale di Kant». Bernard Lonergan, molto impegnato dal Concilio a causa della sua competenza teologica, non ha offerto quest'anno corsi ai filosofi. Johannes Baptist Lotz: «L'identità tra l'intelletto e l'ente dai punti di vista della storia e della sistematica»; «Il bello metafisico e l'opera d'arte»; «L'identità dell'intelletto e dell'essere secondo Heidegger et Hegel». Come si vede, le problematiche contemporanee erano molto studiate in Gregoriana, ovviamente con attenzione alla tradizione della speculazione scolastica, ma comunque con una certa benevolenza senza ingenuità.

Veniamo adesso a una descrizione più precisa di due professori (Lotz e de Finance) che hanno partecipato al lavoro dell'Università per almeno 35 anni, e più sinteticamente due altri (Copleston e Lonergan) venuti alla Gregoriana per un periodo molto più breve. Questi professori saranno presentati qui nell'ordine d'inizio del loro insegnamento da noi.

Frederick Copleston

Il p. Copleston è conosciuto nel mondo intero per la sua famosissima *Storia della filosofia* in nove volumi, iniziata nel 1946 e terminata nel 1975, tradotta in molte lingue; lo fece conoscere anche un dibattito nel 1948 con Bertrand Russell e nel 1949 con il suo amico Alfred Ayer, due autori di orientamento chiaramente neopositivista. Copleston è venuto in Gregoriana dal 1952 al 1968, un semestre sì, un semestre no. Quando non era a Roma, insegnava a Londra, prima nello scolasticato gesuita di Heytrop, poi (dal 1970) alla University of London (anche a Santa Clara, in California, e ad Aberdeen [Clifford Lectures]).

Vediamo adesso quali corsi Copleston ha insegnato alternativamente durante gli anni che girranno attorno all'inizio del Concilio. 1960-61, 1962-63: «Alcune problematiche di natura metafisica»; 1961-62, 1964-65: «Filosofia della religione secondo gli idealisti»; «La filosofia di Wittgenstein»; 1963-64, 1965-66: «Possibilità della metafisica, contro gli avversari». Il pensiero di Copleston si concentrava quindi sulle questioni della possibilità della metafisica (la cultura universitaria era segnata da Kant) e sulle relazioni tra la filosofia fondamentale e la religione. Durante gli anni del suo insegnamento romano, scrisse anche alcuni volumi della sua storia della filosofia (*Late Medieval and Renaissance Philosophy* nel 1953, e *Contemporary Philosophy: Studies of Logical Positivism and Existentialism* nel 1956); pubblicò pure, fuori di questa seria, un *Aquinas* (1955) originale.

Leggiamo un passo di questo libro: «According to Aquinas it is in the act of knowing truth that the mind is aware of its ability to attain truth»[1]. L'insistenza sull'«atto» distingue lo scritto di Copleston dai manuali tomisti abituali che considerano una verità detta 'oggettiva' e meno l'importanza del suo approccio. In questa opzione di Copleston, coerente con l'epistemologia della scienze contemporanee ma senza servilismo cieco, riconosciamo anche l'adesione a una neo-scolastica cui partecipavano gli altri docenti della Gregoriana nel corso di Laurea. Vorrei solo sottolineare, passando, che il

---

[1] Fr. COPLESTON, *Aquinas,* Harmondsworth 1982 [1955], 50.

corpo docente dell'epoca era relativamente omogeneo, che le preoccupazioni speculative erano affrontate con una certa coerenza da tutti i docenti gesuiti che si erano preparati studiando con una *forma mentis* comune. Scrisse anche Copleston questo brano, in un volume pubblicato nel 1957: La filosofia «perennis» non è da intendere come «un sistema chiuso entro determinati limiti storici [...] e incapace di sviluppi ulteriori, [...bensì] ci si deve aspettare che alcuni suoi principi siano operanti anche nella mente dei filosofi moderni»[2].

Johannes Baptist Lotz

Il p. Lotz è arrivato in Gregoriana lo stesso anno di Copleston, insegnando anche lui, un semestre sì un semestre no, in alternanza con lo scolasticato tedesco (prima a Pullach, poi a Monaco, nel 1969). Ha insegnato invece a Roma fino al 1985. Gli anni dell'inizio del Concilio, insegnò metafisica e storia della filosofia tedesca. Ecco la lista dei suoi corsi, che erano insegnati in cicli alterni: 1960-61, 1962-63, 1964-65: «L'identità dell'intelletto e dell'ente, dai punti di vista della storia e della sistematica»; «Il bello metafisico e l'opera d'arte», «L'identità dell'intelletto e dell'essere secondo Heidegger e Hegel»; 1961-62, 1963-64: «Dall'essere in atto all'essere sussistente; Hegel, Nietzsche, Heidegger».

Lotz ha studiato filosofia negli scolasticati tedeschi (Innsbruck, Valkenburg), ma anche all'università di Friburgo dove poté sentire l'insegnamento di Martin Heidegger su Nietzsche (si vedranno i suoi volumi *Martin Heidegger e Tommaso d'Aquino* del 1975, e *Dall'essere al sacro. Il pensiero metafisico dopo Heidegger* del 1990); nel 1937 presentò a Friburgo la sua dissertazione dottorale, scritta sotto la direzione di Martin Honecker; pubblicò una versione ritoccata di questa dissertazione nel 1957, *Il giudizio e l'essere*.

Nel 1967, essendo Copleston impossibilitato a tornare a Roma, Lotz assunse le lezioni di metafisica *ad lauream*. Nel 1968 le strutture della facoltà furono modificate. Il primo ciclo diminuì da 3 a 2 anni, ma il suo terzo anno divenne il primo anno della licenza, al quale venne aggiunto un secondo anno; la laurea divenne poi un dottorato di due anni minimo — ciò che allungava la formazione dottorale da un minimo di quattro anni a sei o più. Si organizzò un corso di metafisica in ciascuno di questi livelli accademici. Al Padre Lotz furono affidati quelli di licenza (*Ontologia personalis*) e di dottorato (*Ex critica*, poi *De experientia metaphysica et religiosa*). Nel 1970, sono stati soppressi i corsi di dottorato.

---

[2] Fr. COPLESTON, *Storia della filosofia*, Brescia 1957, 15-18.

Ad anni alterni, il Padre Lotz insegnava «Ontologia personalis»; gli altri anni trattava soggetti diversi, «De poiesis», «De identitate inter intelligere et esse», «la Philosophia artis technicae et aesthetica»; nel 1975 e 1977, parlò dell'«Experientia transcendentalis qua conditio possibilitatis experientiae onticae». Oltre questi corsi «prescritti», propose per la licenza corsi opzionali sull'esistenzialismo, sulla bellezza, sull'amore, sull'ateismo, e ai dottorandi alcuni seminari di storia contemporanea.

L'insegnamento di Lotz procedeva di pari passo alle sue ricerche e alle sue pubblicazioni. Ne *Il giudizio e l'essere*, si soffermava, come dice il sottotitolo, sui «Fondamenti della metafisica». Il punto di vista di questa opera è però epistemologico. L'autore voleva farvi «apparire l'essere mediante l'analisi del giudizio». Tuttavia, l'orizzonte di Lotz era più ampio di quello epistemologico. Nel 1940, aveva già pubblicato con Josef de Vries *Il mondo dell'uomo*, dove la riflessione si nutriva dalla meditazione cristologica. In realtà, non è il sapere e il suo fondamento che maggiormente preoccupavano Lotz, ma l'operare umano. La sua ricerca si svolgeva, infatti, in direzione della bontà trascendentale piuttosto che della verità. Nel 1930, Gottlieb Söhngen aveva pubblicato un commentario famoso dell'assioma: *Ens et verum convertuntur*. L'intento della dissertazione dottorale di Lotz, del 1937, era già di introdurre un proseguimento di questo lavoro soffermandosi tuttavia su questo altro assioma: *Ens et bonum convertuntur*.

La preoccupazione per il bene era costante nell'opera di Lotz. Essa condusse alla pubblicazione, nel 1958, della sua *Metaphysica operationis humanae*. Questo corso dei primi anni romani, dopo l'analisi dell'*habitus* che dinamizza il cuore dell'uomo, spiegava i tre primi trascendentali: l'uno, il vero e il buono. Seguirono poi opere di antropologia. Rimandiamo per esempio a *L'uomo nell'essere* nel 1967, *Io-Tu-Noi* nel 1968, *La triplice unità dell'amore: Erôs, Philia, Agapè* nel 1979. Tutto questo lavoro raggiunse nel 1978 la sua più grande maturità nell'*Esperienza trascendentale*, testo messo a posto durante i corsi romani del 1975 e 1977 sull'*Experientia transcendentalis*. Il senso della meditazione intrapresa in questa opera maggiore era indicato nella «Introduzione»: soffermarsi sull'esperienza della verità antipredicativa piuttosto che sulla sua affermazione tematica. Lo sforzo di Lotz si proponeva di ricondurre al centro del nostro agire i valori della bontà e dell'amore. In sottofondo dello sforzo speculativo di Lotz, si riconosce facilmente una preoccupazione profondamente religiosa, gesuitica, come lo indicano le sue numerose pubblicazioni di spiritualità.

Come per Copleston, Lotz sosteneva che l'asso centrale della filosofia non è la verità ridotta a una sorta di cosa «oggettiva», ma si situa nell'atto di pensare, di amare. Era sensibile poi alle prospettive antropologiche, anzi alla finitezza dell'uomo, più del suo collega inglese, egli concentrato sulle contestazioni della fede venute dal neopositivismo scientifico. «La finitezza dell'operare umano dev'essere preservata», scrisse in un testo in cui presentava la «mia prospettiva»[3], nel 1967.

Bernard Lonergan

Un anno dopo Copleston e Lotz, nel 1953, Bernard Lonergan venne dal Canada per insegnare in Gregoriana, dove aveva difesa la sua dissertazione dottorale in teologia nel 1940, pubblicata sotto il titolo *Grace and Freedom: Operative Grace in the Thought of St. Thomas Aquinas*; aveva nei suoi bagagli il manoscritto quasi finito del suo celeberrimo *Insight: A Study of Human Understanding*. Rimarrà a Roma fino al 1965. Durante questi dodici anni d'insegnamento, si dedicò soprattutto alla teologia, offrendo però occasionalmente dei corsi alla Facoltà di Filosofia. Poco prima del Concilio, tenne in Filosofia lezioni su «Sistema e storia» (1959-60) e «Intelletto e metodo» (1960-61); nel 1963-64, insegnò un corso aperto ai filosofi su «Metodo in teologia» — queste lezioni preparavano l'edizione dell'ugualmente celeberrimo *Metodo in teologia*, pubblicato del 1971.

Dell'orientamento filosofico di Lonergan, una gloria della Gregoriana nel cielo dei teologi anglo-sassoni, segnalerò soltanto un punto in cui si vede la sua prossimità con Lotz più che con Copleston, benché l'opera epistemologica del canadese, prima *Insight*, poi *Metodo in teologia*, potesse avvicinarsi alle preoccupazioni epistemologiche del collega inglese — questi voleva, infatti, mettere in difficoltà il positivismo inglese; Lonergan aveva invece una visione più larga sulla cultura speculativa «continentale». Recita, infatti, *Insight*: «Come l'essere è intelligibile e uno, così è anche buono»; [...] «la bontà dell'essere viene alla luce solo prendendo in considerazione l'estensione dell'attività intellettuale che noi denominiamo deliberazione e decisione, scelta e volontà»[4]. Lonergan, il cui *Insight* termina andando da capitoli su l'epistemologia metafisica all'etica e alla conoscenza del 'Trascendente', non apprezzava però l'approccio di Lotz, discepolo di Heidegger a suo gusto troppo fenomenologico e poco assicurato di terminare in un modo sufficientemente solido e convincente.

Joseph de Finance

Il p. de Finance realizzò una lunga carriera in Gregoriana, dove arrivò nel 1955; terminò il suo insegnamento nel 1980. Ecco la lista dei corsi che

---

[3] J.B. LOTZ, «La mia prospettiva filosofica», in *Filosofi tedeschi d'oggi*, Bologna 1967, 250.

[4] B. LONERGAN, *Insight. Uno studio del comprendere umano*, Roma 2007, 748.

insegnò nel corso di Laurea verso l'inizio del Concilio: «L'atto umano e il primo movente» (1961-62); «L'atto umano libero» e «La filosofia morale di Kant» (1962-63); «L'atto umano morale» e «Analisi dell'atto umano secondo Tommaso e alcuni filosofi contemporanei» (1963-64).

Venne a Roma nel 1936 per compilare una dissertazione dottorale di diritto ecclesiastico, ma conseguì poi in Francia il dottorato di Stato su *Essere e agire nella filosofia di san Tommaso*. L'idea di questa tesi risaliva al 1928, quando de Finance studiava una teologia globalmente suareziana. Molti studenti suoi compagni desideravano però come lui conoscere un tomismo più genuino, come ad esempio, P. de Lubac. Il dottorato di Stato fu presentato nel 1943 a Montpellier. Il diploma richiedeva poi una seconda tesi, la quale verteva sul *Cogito cartesiano e la riflessione tomista*. Queste due tesi, la grande (speculativa) e la piccola (storica), evidenziano l'attenzione di de Finance ai problemi filosofici più radicali.

Nel febbraio 1955, de Finance arrivò alla Gregoriana per insegnare etica generale. In precedenza aveva insegnato metafisica generale e teologia naturale nello scolasticato francese di Vals. Aveva appena scritto *Esistenza e libertà* (1955), dove esponeva un'etica in cui portava a compimento la metafisica insegnata a Vals. Pubblicò molto a Roma durante il suo insegnamento, che terminò a 75 anni. Prima di indicare l'orientamento essenziale del suo pensiero, presentiamo un breve elenco delle sue pubblicazioni realizzate a Roma durante questo periodo. Fin dal 1956 uscì una prima versione, in latino, del suo corso di *Etica generale* che approfondirà poi nel *Saggio sull'agire umano* (1962) e nell'*Affrontamento dell'altro. Saggio sull'alterità* (1973). Le numerose edizioni successive dell'*Etica generale*, conosciuta dai gesuiti del mondo intero, attestano la perseveranza dell'Autore e il suo ascendente universale. La riflessione specificamente metafisica rimaneva però in scena, anche se in sordina; lo dimostra la pubblicazione in francese, nel 1966, del suo vecchio corso di Vals: *Conoscimento dell'essere. Trattato di ontologia*. La mente sistematica di de Finance aveva, però, dei interessi molto largo. Le questioni epistemologiche furono trattate in *Cittadino di due mondi. Il posto dell'uomo nella creazione* (1980).

Consideriamo ora le linee fondamentali del pensiero di de Finance. Fedelmente alle indicazioni date dal Vaticano, molti gesuiti della sua epoca studiavano l'opera di san Tommaso in una prospettiva attenta ai suoi aspetti storici. San Tommaso si situa in un momento particolare della storia del pensiero, che non può essere confuso con il tempo di Suárez che era molto legato a una mentalità di diritti e di nozioni formali. Interpretare San Tommaso con la mentalità giuridica sarebbe inadeguato. Fin dalla sua dissertazione dottorale, l'Autore ha inteso la parola «essere», chiave di volta della metafisica, come una atto dinamico e non come una nozione fissata da qualche mentalità giuridica. La filosofia di de Finance sarà quindi esistenziale piuttosto di nozionale.

Essere e agire resisteva alle interpretazioni nozionali dei tomisti. D'altronde, subisce l'influsso della filosofia riflessiva francese, assai potente durante la prima meta del secolo XX. Ecco la tesi fondamentale di questa corrente di pensiero: c'è una tensione «tra l'idea, sempre determinata, sempre limitata, e l'atto di pensiero, di cui nulla limita l'ambizione»[5]. L'idea di «essere» viene quindi arricchita dal suo svolgimento concreto della coscienza, in particolare nell'etica.

Nell'azione, l'«essere» si dona effettività. La metafisica non può fare a meno dell'azione, e quindi dell'etica. Non è un merito minore di de Finance quello di aver aperto la scolastica a ciò che essa rischiava di abbandonare fuori del suo discernimento. «Pensiamo che il tomismo, compreso ed eventualmente ritoccato secondo le esigenze della dottrina dell'*actus essendi*, può e deve superare questa sfida [con l'universo razionalistico di oggi]. Valga come esempio il senso della storicità, così caratteristico della coscienza contemporanea [...]. Solo una dottrina che valorizza l'esistente valorizzando l'esistere è capace di riconoscere all'*hic et nunc* tutta la sua profondità»[6]. «L'agire è di carattere esistenziale. Esso procede dall'esistente: un'idea, un valore, finché restano nell'idealità, sono inefficaci; perché trasformino il mondo, è necessaria la mediazione di un soggetto vivente»[7].

III. CONCLUSIONE

I professori della Laurea, negli anni del Concilio Vaticano II, assumevano uno stile comune di filosofia, benché ciascuno nella propria competenza. Un nome potrebbe essere citato a questo riguardo. Diceva de Finance: «Tra le diverse correnti del tomismo contemporaneo, il nostro pensiero si riconosce più volentieri nel neotomismo cui ha dato lustro in Belgio il compianto P. Maréchal»[8]. L'influsso di Maréchal su Copleston, verosimilmente, era nullo, ma la situazione era molto differente riguardo a Lonergan, e soprattutto a Lotz[9].

---

[5] J. DE FINANCE, *Être et agir dans la philosophie de saint Thomas*, Paris 1945, VI.
[6] J. DE FINANCE, «Valeurs et tâches actuelles du thomisme», *Aquinas* 3 (1960) 149.
[7] J. DE FINANCE, *Saggio sull'agire umano*, Città del Vaticano 1962, 10.
[8] J. DE FINANCE, *Être et agir* (cf. nt. 5), VII-VIII.
[9] Cf. O. MUCK, «L'écho de l'œuvre de Maréchal chez Lotz et Coreth. Développement phénoménologique de la méthode transcendantale» e M. VERTIN, «La finalité intellectuelle. Maréchal et Lonergan», in P. GILBERT, ed., *Au point de départ. Joseph Maréchal entre la critique kantienne et l'ontologie thomiste*, Bruxelles 2000, 403-426 e 447-465.

Non dobbiamo però attribuire a un unico nome un'attesa generale della cultura filosofica nella Chiesa. I professori della Laurea in Gregoriana al momento del Concilio hanno partecipato in qualche modo all'evento conciliare. Il Concilio Vaticano II è stato dichiarato concilio pastorale. Si può intendere questa dichiarazione in un modo molto profondo: la Chiesa non si preoccupa più solamente della sua identità, della sua struttura, ma del mondo cui è mandata. L'enciclica *Pacem in terris* di papa Giovanni XXIII è significativa dello stile del Concilio come lo è la costituzione pastorale (per l'appunto) *Gaudium et spes*, come lo è anche la costituzione *Sacrosanctum Concilium* sulla liturgia, la quale è fatta per la celebrazione di una comunità e non solo del sacerdote. Una Chiesa che si preoccupa del mondo più che di se stessa. In somma, però, non sarà propriamente lì che la filosofia ha il suo posto essenziale per la Chiesa *ad extra*?

NOVITÀ, SVILUPPI O CONTINUITÀ NEL CONCILIO VATICANO II
HOW «NOVEL» WAS VATICAN II?

Norman Tanner S.I.
Facoltà di Storia e Beni Culturali della Chiesa

In the list of councils traditionally recognized as ecumenical by the Catholic Church, Vatican II comes as the twenty-first and last, so far. This simple statement requires some unpacking. The word «ecumenical» comes from the Greek for house «oikos», and so by extension refers to the whole «housed» or «inhabited» world. Ecumenical councils, accordingly, are those representing the whole Christian community worldwide. Seven councils are recognized as ecumenical by the Catholic and Orthodox churches and usually — though with less emphasis as to their binding authority — by the Protestant churches of the Reformation: Nicea I in 325, Constantinople, Ephesus, Chalcedon, Constantinople II and III, and Nicea II in 787. The eighth is the controversial Constantinople IV. The remaining thirteen, from Lateran I (1123) to Vatican II, are recognized as ecumenical by the Catholic church but not by the Orthodox and Protestant churches, coming as they do after the beginning of the East-West schism in 1054. Some Catholics prefer to call the councils of the second millennium «general» rather than «ecumenical» councils.

Vatican II comes, therefore, as the latest in the long and venerable list of councils traditionally recognized as ecumenical by the Catholic church. Here there is continuity rather than novelty. But within this continuity there are several remarkable features. This lecture, accordingly, in order to highlight both novelty and continuity within the conciliar tradition, will be divided into the following eight topics:
(1) Number. (2) Men and Women. (3) Influences beyond the Catholic Church. (4) Length and style of the documents. (5) Divisions within the Council. (6) Rejection of the draft decrees. (7) Reception. (8) Another council soon?

1. NUMBERS

First, the size and worldwide nature of Vatican II. At any given time during the four years 1962-5, there were some 2,400 full members (sometimes called «fathers») of the council, principally the bishops of the church. Vatican I, the next largest, numbered some 700 members. Moreover, while all five continents were represented at Vatican I, the bishops were largely of European extraction; whereas at Vatican II the other four continents were much more fully represented with indigenous bishops.

Yet paradoxically (if you like playing with numbers) Vatican II was, in a sense, the least representative of the ecumenical councils. How so? At the first ecumenical council, Nicea I in 325, there were present some 250 bishops — 318 according to the traditional number — representing a total Christian population estimated at around 20 million: one representative for c.80,000 Christians. At Lateran IV in 1215, when the Catholic population stood at around 50 million, several hundred bishops and other members participated: over 200 at Trent (1545-63) when the Catholic population approached 70 million. The French bishops at Vatican I estimated that the world's population stood at around 1.2 billion, of whom 200 million were Catholics (*Collectio Lacensis*, vol. 7, cols. 845-6). In 2010, according to the official Vatican statistics (see *The Tablet*, 27 February 2010, p. 31), Catholics numbered 1,166 million out of a total world population of some 7 billion. Even allowing for a smaller figure in 1962-5 than 2010, it looks as though Vatican I was more representative of the Catholic population — numerically — than Vatican II.

2. MEN AND WOMEN

Gender-wise, Vatican remained largely a male preserve. The bishops and other full members were all men. Altogether 23 women were invited to attend the council as Auditors (Observers). They and other women who were consulted on particular decrees played some minor role in the composition of the decrees. Their story was written up by Carmel McEnroy, *Guests in their own House* (1996). This female contribution may have been greater at Vatican II than at Vatican I, Trent and the medieval councils. But it does not compare with the role of two women at the councils of the first millennium. Empress Pulcheria played a crucial role in the summoning and conduct of the council of Chalcedon, which gave the Church its long-lasting teaching on Christ's divinity and humanity; empress Irene played a likewise crucial role at Nicea II, which established the Church's teaching in support of religious art.

3. INFLUENCES BEYOND THE CATHOLIC CHURCH

In terms of direct influence, Vatican II was more open than most previous councils to the Christian community beyond the Catholic church. The council invited various Christian churches and communities to send representatives as

«Observers», who attended the conciliar debates in St Peter's church even while they did not vote on the decrees. The response of the Lutheran and Anglican churches was specially positive and their representatives made significant contributions to several decrees, most notably that on Ecumenism, *Unitatis redintegratio*. Some Muslims, in a more informal way, were important for persuading the council to extend the decree on Judaism to cover other world religions. As a result, Islam, Hinduism and Buddhism are all treated individually in the final decree on non-Christian religions, *Nostra aetate*. By comparison, Lutherans were invited to the council of Trent and, rather more successfully, Orthodox representatives were invited to the medieval councils of Lyons II and Florence.

In terms of indirect influence, Vatican II finds itself alongside most of the major ecumenical councils in that it was deeply influenced by developments beyond the Catholic church. That is to say, most of the ecumenical councils of the first millennium, as well as Trent in the sixteenth century, had to respond to doctrinal and disciplinary teachings that were ruled incompatible with Catholicism. Some of the challenges came from Christians who were judged heterodox, others came from outside the Christian world. As a result of these various challenges, there was doctrinal development or clarification within the Catholic Church. In the case of Vatican II, the development and clarification came about through internal digestion rather than through condemnations, such as occurred in the early councils and at Trent, but it was very real nonetheless. It is to be found in varying degrees in almost all the sixteen decrees of Vatican II, most notably in those on the liturgy, eastern catholic churches, ecumenism, non-christian religions, religious freedom, and the church in the modern world.

4. LENGTH AND STYLE OF DOCUMENTS

The sixteen documents of Vatican II — distinguished, in descending order of authority, into four «constitutions», nine «decrees» and three «declarations», though usually called generically «decrees» — run to some 125,000 words. The decrees of Trent, the next most lengthy ecumenical council, run to somewhat less than half this figure. The invention of printing in the West, in the late fifteenth century, permitted these much longer documents. Indeed the texts of Vatican II, in words, amount to twice that of all the first seven councils taken together.

The topics covered in Vatican II's sixteen decrees were very wide-ranging, as their titles indicate: Liturgy, Mass Media, The Church, Eastern Catholic Churches, Ecumenism, Bishops, Religious Orders, Priestly Formation, Education, Non-Christian Religions, Revelation, The Laity, Religious Freedom,

Missions, Priests, The Church Today. By contrast, some previous ecumenical councils focused on one or two issues that were particularly controversial at the time: Ephesus on Mary's title of Theotokos, Nicea II on religious art, Vatican I on the relationship between faith and reason and on papal authority. Other councils, however, were similar to Vatican II in focusing on a wide range of issues: Trent covered a very wide range of doctrinal and disciplinary issue in dispute between the Catholics and Protestants; Lateran IV issued 70 decrees that were wide-ranging in their treatment of Catholic practices.

Perhaps the council that most parallels Vatican II in combining concern for both doctrine and lifestyle is Nicea I: thus the latest ecumenical council parallels the first. Vatican II had plenty of concern for doctrine — rebutting those who claim it was «merely» a pastoral council — as instanced by its «Dogmatic» constitutions on the Church and on Revelation as well as by plenty of doctrinal teaching in other decrees. At the centre of Nicea I, correspondingly, lies the doctrinal creed which forms the basis of the «Nicene creed» — the profession of faith which we recite at Mass most Sundays. But Nicea I also promulgated twenty disciplinary canons, which address a wide range of practical issues facing the early Church. These canons parallel, in more succinct form, the teaching of Vatican II on many moral and pastoral issues confronting Catholics in the late twentieth century.

I have emphasized Vatican II's similarity with Nicea I because some participants at Vatican II, as well as many commentators subsequently, have pointed to the dangerous novelty of Vatican II in entering the shifting sands of transient practice rather than keeping to moral principles of absolute value and unchanging formulation. But these critics may be in a time warp, thinking only of the two councils before Vatican II, namely Vatican I and Trent, which indeed treated practical issues in a largely timeless fashion. They forget the councils of the early and medieval church, which legislated on many practical issues in a manner that was consciously provisory and never intended to be invariable in every detail for all time. In this way both Vatican II and these earlier councils had the courage to help Christians with advice and instruction on many pressing problems of their age.

5. DIVISIONS WITHIN THE COUNCIL

There were significant differences within Vatican II between the large majority of fathers who were broadly — even enthusiastically — in favour of the decrees which eventually emerged and a small minority who had serious reservations about them. Such divisions show both novelty and normality in comparison with other ecumenical councils.

By way of comparison, internal divisions were most apparent in the councils of the first millennium. Thus, some bishops were opposed to the Nicene creed of 318; a substantial group of bishops left Constantinople I rather than accept the proposed teaching on the holy Spirit; the council of Chalcedon began with the trial and deposition of one of its most prominent members, bishop Dioscorus of Alexandria; Nicea II had to be convoked twice on account of divisions between iconophiles and iconoclcasts. In contrast, most of the medieval councils give an appearance of unanimity partly because voting was normally by acclamation rather than by individual voting. In the modern era, Trent saw differences between those who sought to incurporate the better elements of Reformation teaching and those who were adamantly opposed to such accommodation, but the conciliar decrees were eventually approved unanimously. Vatican I saw a split between the majority in favour of the proclamation of papal infallibility and a sizeable minority who opposed the definition or thought it inopportune; though in the final voting only two fathers voted against the definition and they quickly accepted the result as did the substantial number of fathers who had absented themselves from the final voting.

Despite the differences of outlook among the fathers of Vatican II, their final voting was overwhelmingly in favour of the conciliar decrees. All the fathers, moreover, accepted the sixteen decrees when they were formally promulgated by pope Paul VI at the end of the council. Only later did Archbishop Marcel Lefebvre break from this unanimity and lead a small community into partial rejection of the council. This unanimity is very remarkable and something for which we can be hugely grateful. It reveals Vatican II in continuity with Vatican I and Trent and in contrast with various councils of the early Church which resulted in long-lasting and damaging schisms.

This unanimity at Vatican II was due both to the good sense of the fathers and to the skill and accommodation of popes John XXIII and Paul VI in their conduct of the council. Some felt that Paul VI accommodated the minority too much, over-fearful that the so-called conservatives might reject the decrees and a schism would result.

6. REJECTION OF THE DRAFT DECREES

The dramatic first weeks of the council in October 1962 saw the assembly reject the seventy decrees which had been drafted by the preparatory commissions. As a result, the council had to begin again more or less from scratch and it took four years, rather than the ten weeks originally planned, to conclude the council. The sixteen decrees that eventually emerged contained many of the themes that were to be found in the seventy draft documents, but the tone and presentation as well as much of the material was substantially different.

This rejection of the prepared programme was unique in the history of the Church's ecumenical councils: so here we find novelty. Strife in the early councils was rather different. It wasn't that a clearly prepared programme was turned down, rather there was controversy as the council gradually composed its decrees. Much the same could be said of those medieval councils which proved contentious. Trent lasted a long time because extensive decrees had to be composed more or less from scratch, not because decrees that had been drafted before the council were rejected.

The draft decrees were prepared for Vatican II with the backing of the highest authority, namely pope John XXIII. The pope had established ten preparatory commissions, led largely by the leading personalities of the Roman Curia, to compose draft decrees for the council. But pope John did not indicate a precise agenda for the council, so the preparatory commissions were working somewhat in the dark. They did their best in the circumstances. A questionnaire was sent to members of the forthcoming council and to some institutions, such as Catholic universities, soliciting their proposals. The responses made various suggestions but, unsurprisingly, they did not indicate a clear programme for the council.

It is surely to the credit of the council that it was able to alter course quite radically, to accommodate the new mood which became apparent soon after the council convened. Pope John navigated these early stages of the council with great skill. He accepted the rejection of the draft documents and went some way towards preparing the ground for the new decrees that would eventually emerge. Likewise pope Paul VI acted with great skill in leading the council to its successful conclusion. Credit all round? Well, one shouldn't exaggerate. Some in the conservative minority, including some members of the Roman Curia, remained uneasy about the outcome of the council and made its reception difficult.

7. RECEPTION

The continuing relevance of Vatican II comes as no surprise. The modernity and comprehensiveness of its sixteen decrees effectively guaranteed the long-term vitality of the council. It has proved a doctrinal and pastoral lodestar for the Catholic church, and indeed for the wider Christian community, for the last half-century and it looks set to remain so for some time to come. As an «event» too, with such worldwide participation and interest, the council contributed greatly to the Catholic church's impact upon the modern world.

The difficulty of Vatican II's reception may be interpreted as both good and disappointing. Other major councils, such as Nicea I or Chalcedon, had laboured receptions precisely because of the importance and challenging nature of their teaching. So too with Vatican II. But this council also witnessed ensuing obstruction, which was disappointing and hindered the council's effectiveness and the unity of the Church. Thus, some were uneasy with the results of the council, as mentioned earlier, and were half-hearted in implementing the decrees. Others were irresponsible in their enthusiasm for the council and pressed for measures that went beyond the teaching of the council. The danger of polarization within the Catholic church remains, indeed it seems to have increased in the last two decades.

A particular difficulty was that the council, in emphasizing the importance of decentralization and local initiative within the Church, rendered the implementation of the decrees somewhat haphazard. In this respect Vatican II differed from some other major councils — such as Lateran IV or Trent — which expected and received much more direct implementation from the papacy and Roman curia. Vatican II's decrees, moreover, were long and somewhat discursive in style, so interpretation of them, and how much weight should be given to particular phrases and sections, could vary considerably. Even so, there are some advantages. A council that is too much imposed from above can lead to lasting imbalances and resentments. Vatican II has certainly taken time to digest, but the lasting results may be all the more fruitful.

8. ANOTHER COUNCIL SOON?

It may be tempting to want another ecumenical council to tie up the loose ends of Vatican II and to produce fruits for the twenty-first century. My own sentiments are cautious. We haven't yet properly digested Vatican II and it is dangerous to force results before they are ripe. We tend to think that all ecumenical councils have been successful and so forget those that went awry. Ephesus II in 449 and Hieria in 753 were thought by many at the time to be genuine ecumenical councils but were later judged to have issued heterodox decrees and so were disowned by the Church. Even among those which have retained their ecumenical status, such as Constantinople II in 553 or Vienne in 1311-12, the Church might have been better without some of their more abrasive decrees.

Nobody except pope John seems to have been thinking of a new council when he convoked Vatican II in January 1959. Although he gave some reasons for calling the council, he emphasized above all that he felt impelled by the holy Spirit. So too for the next ecumenical council, while human factors are surely important, divine inspiration remains paramount!

APPENDIX

Ecumenical Councils according to the Catholic Church

Early Church

Nicea I (325)
Constantinople I (381)
Ephesus (431)
Chalcedon (451)
Constantinople II (553)
Constantinople III (680-1)
Nicea II (787)
Constantinople IV (869-70)

Middle Ages

Lateran I (1123)
Lateran II (1139)
Lateran III (1179)
Lateran IV (1215)
Lyons I (1245)
Lyons II (1274)
Vienne (1311-12)
Constance (1414-18)
Basel-Florence (1431-45)
Lateran V (1512-17)

Modern Era

Trent (1545-63)
Vatican I (1869-70)
Vatican II (1962-5)

JOHN HENRY NEWMAN E I CONCILII DELLA CHIESA

Robert Henry Young, H.E.D.
Facoltà di Storia e Beni Culturali della Chiesa

Nel Marzo del 1831 il giovane Anglicano don John Henry Newman fu invitato ad offrire il suo contributo per una storia dei Primi Concili Generali per una nuova biblioteca di opere teologiche. Egli disse a uno degli editori che intendeva scrivere «una storia dei Concili che fosse comparata [...] non prendendoli come vicende isolate, ma includendo tanta parte della Storia della Chiesa, quanta fosse necessaria per illustrarli e dare ragione di essi.» [LD ii, 352-3]. In definitiva, il primo libro pubblicato da Newman, *Gli Ariani del Quarto Secolo,* non fu una storia dei Concili Orientali, ma piuttosto una storia dell'eresia che ha provocato il Concilio di Nicea.

Nel corso degli anni, Newman è diventato un *teologo della storia* profondamente convinto che la teologia non dovrebbe essere separata dalla storia. [Ker, *Newman, i Concili, e il VaticanoII*]. Come teologo storico, John Henry Cardinal Newman è forse conosciuto soprattutto per il suo *Saggio sullo Sviluppo della Dottrina cristiana*, una difesa apologetica della dottrina Cattolica Romana, scritta nel 1845 per gli Anglicani e fondata sulla Storia della Chiesa. Di conseguenza, la sua teologia sullo sviluppo della dottrina ha un ruolo centrale nella sua concezione sull'impatto che i ventuno Concili Generali hanno avuto nella vita e nella storia della Chiesa. Newman era anche acutamente consapevole della interrelazione tra i Concili. I Concili non erano eventi storici isolati, separati l'uno dall'altro, ma potevano essere adeguatamente compresi in relazione ad altri Concili e alla storia della Chiesa in generale.

Il Concilio che più interessò l'attenzione di Newman durante il suo periodo Anglicano — in particolar modo con riguardo al Movimento di Oxford — è stato, comprensibilmente, il Concilio di Trento. Quasi quattro decadi dopo la pubblicazione di *Gli Ariani del Quarto Secolo*, e dopo un quarto di secolo da *Lo Sviluppo della Dottrina*, l'abilità di Newman nel contestualizzare il ruolo dei Concili Generali nell'ambito dello sviluppo storico della dottrina della Chiesa sarà messo a suprema prova con riguardo al Concilio Vaticano Primo e ai suoi sviluppi. Il Concilio Vaticano Primo portò Newman a riflettere non solo su quel Concilio, ma anche su tutti i Concili in generale. La maggior parte della teologia di Newman sui concili può essere ritrovata nelle sue lettere private di quel periodo.

Quando il ventisei (26) Giugno 1867 (mille-ottocento-sessantasette) Papa Pio Nono (IX) annunciò che sarebbe stato convocato un Concilio Ecumenico,

Newman inizialmente non vide con favore l'idea di chiamare il primo Concilio Ecumenico in tre secoli, dai tempi del Concilio diTrento. Newman sosteneva che in passato la Chiesa aveva convocato Concili Generali soltanto per affrontare problemi dottrinali e disciplinari, e non vedeva la necessità di un Concilio nel diciannovesimo secolo. La Chiesa stava finalmente godendo di un periodo di pace e di espansione dopo il tumulto della Rivoluzione Francese e di Napoleone, e le rivoluzioni del 1830 e del 1848.

Newman era anche molto in apprensione riguardo alla possibilità che un Concilio potesse avere un effetto polarizzante sulla Chiesa nel clima politicamente instabile del diciannovesimo secolo — in particolar modo se i Cattolici Ultramontani avessero convinto Pio Nono (IX) a emanare una pronuncia dogmatica conciliare che affermasse la infallibilità papale.

La prospettiva di una definizione conciliare del dogma dell'infallibilità preoccupava particolarmente Newman — non solo per la specifica dottrina dell'infallibilità, ma anche perché tutte le definizioni dogmatiche pronunciate dai Concili erano potenzialmente fonte di controversie all'interno della Chiesa. In un periodo anteriore al Concilio Vaticano I, Newman aveva argomentato che una definizione conciliare della infallibilità papale non era necessaria, e avrebbe probabilmente causato divisioni all'interno della Chiesa e dato àdito a persecuzioni dall'esterno.

Anche in occasione dei primi Concili, che erano stati necessari a causa dell'eresia, c'era stata parecchia confusione e dissenso sulla scia delle loro decisioni. Nel caso della infallibilità papale non c'erano «interrogativi ereticali» che, come Newman evidenziava nell'*Apologia*, «erano state trasmutate dalla forza vivificante della Chiesa in verità salvifiche.» [*Apologia*, 237]. Senza considerare l'enorme controversia che una dichiarazione conciliare della infallibilità papale causerebbe, essa porterebbe anche «a un'alterazione delle *costituzione basica* della Chiesa» nella misura in cui incoraggerebbe i papi ad agire indipendentemente dai Vescovi. [LD xxiv,377].

Sin dal momento in cui un Concilio imminente venne annunziato il ventinove (29) Giugno 1868 (mille-ottocento-sessantotto), Newman continuò a sperare che non si facesse alcuna definizione della infallibilità papale al Concilio, a che se una fosse stata approvata, che fosse «in una forma così lieve, che significasse poco o nulla.» [LD xxv, 150]. Newman rifiutò l'invito del Vescovo William Ullathorne di partecipare al Concilio, sostenendo di non essere abbastanza preparato o competente in teologia per servire come un *peritus* conciliare. Come temeva, la Dottrina dell'Infallibilità Papale fu definita e proclamata al Concilio Vaticano Primo il diciotto (18) Luglio, mille-ottocento-settanta (1870) nella *Pastor Aeternus*, la Costituzione Dogmatica del Concilio sulla Chiesa. Tuttavia, quando Newman lesse la definizione della infallibilità papale il 23 (ventitrè) Luglio, scrisse che era «compiaciuto per la sua moderazione»; i «termini usati» erano «vaghi e concilianti», ed egli stesso non aveva difficoltà nell'accettarla. L'unica riserva di Newton riguardo alla definizione fu: «Mi giunge con l'autorità di un Concilio Ecumenico?» [LD xxv, 158].

Erano le circostanze del Concilio Vaticano Primo a dare a Newman una ragione per sospendere temporaneamente il suo giudizio sulla validità della definizione dell'infallibilità papale del Concilio. Più di ottanta vescovi, che per diverse ragioni avevano contrastato una dichiarazione dell'infallibilità papale da parte del Concilio, se ne erano andati prima che si fosse giunti al voto. Se, argomentò Newman, questi Padri Conciliari dissenzienti dovessero ora «dichiarare in dettaglio atti di violenza e inganno adoperati contro i Padri, se dichiarassero che sono stati tenuti all'oscuro e manipolati, allora ci sarebbero le ragioni più gravi per determinare che la Definizione non è valida.» Tuttavia, i Padri dissenzienti non riuscirono a rimanere uniti come un corpo in opposizione alla definizione del Concilio, il loro silenzio avrebbe avuto il significato di un consenso individuale in qualità vescovo, e ogni resistenza ulteriore alla definizione non avrebbe potuto più essere giustificata moralmente.

Infine, cosa di maggior rilevanza per Newman, vi era la sua intuizione che: «se la definizione viene ricevuta da tutto il corpo dei fedeli... allora essa richiede anche il nostro assenso per la forza dello stesso grande detto, *Securus judicat orbis terrarium*.» «La Chiesa Universale giudica la verità con certezza» era la libera traduzione fatta da Newman del famoso assioma di sant'Agostino. [*Saggi Critici e Storici II*, 101]. Sebbene Newman continuasse ad avere fiducia che lo Spirito Santo avrebbe in definitiva protetto i Concili Ecumenici da errori dottrinali, egli mise anche in guardia che né il Concilio Generale, né la Chiesa erano divinamente protetti dal rischio di agire in maniera inopportuna. Alla fine, «l'accettazione generale, giudizio della Cristianità» era — come insiste Newman — non solo «il principio di massima per mezzo del quale tutti gli atti dei governanti della Chiesa vengono confermati», ma anche «l'ultima garanzia delle verità rivelate.» [LD xxv, 164-5, 172].

Il procedimento del Concilio Vaticano Primo era stato, in effetti, irregolare. Tuttavia, quale storico della Chiesa Newman ha sempre avuto in mente che i Concili Generali «erano sempre stati un tempo di *prova*», ma era altrettanto cosciente che «l'autorità del loro esito non si misura sulla base della condotta degli individui che vi prendevano parte.» [LD xxv, 158]. La storia della Chiesa, secondo Newman, dava testimonianza che i Concili Generali «avevano generalmente due caratteristiche — una buona misura di violenza e intrighi da parte degli attori che vi partecipano, e una grande resistenza verso le definizioni dogmatiche da parte di una porzione della Cristianità.» [LD xxvi, 281]. Per incoraggiare quei Cattolici in conflitto con il Concilio Vaticano Primo, Newman pubblicò nuovamente il suo *I Processi di Teodoreto* (*Trials of Theodoret*) nel mille-ottocento-settantatré (1873), un saggio che aveva originariamente scritto nel mille-ottocento-cinquantatré (1853). Qui Newman offre dei riferimenti critici severi ai Concili che culminano in questo giudizio attentamente equilibrato sul Concilio di Efeso:

> Per ciò che concerne l'autorità dogmatica della dottrina che venne definita al Concilio [di Efeso], non è del tutto il riflesso degli scandali [...] perché è norma della Divina Provvidenza [...] che si ricavi la verità dall'operare indiretto dell'errore e del peccato, e che i doni soprannaturali del Vangelo sono portati in «vasi di creta», e non garantiscono la perfezione morale nei loro possessori [H.S. ii, 213].

Qui la riflessione di Newman si rivela attuale ed appropriata alla luce della crisi affrontata da alcuni Cattolici dopo il Concilio Vaticano Primo. Newman si lagnò della scomunica dello storico Cattolico Bavarese Ignaz von Döllinger nel mille-ottocento-settantuno (1871) dopo il suo rifiuto di accettare la *Pastor Aeternus* e la sua dichiarazione dell'infallibilità papale. Tuttavia, egli non riusciva ad intendere come Döllinger potesse accettare il Concilio di Efeso, che era famigerato per i suoi intrighi e violenze, e al tempo stesso rigettare l'autorità del Concilio Vaticano Primo sulla base delle irregolarità procedurali. La conclusione personale di Newman era che se le procedure dei Concili generali «sono da considerarsi il metro di valutazione della loro autorità, allora essi sono — con qualche eccezione — uno squallido, sgradevole fenomeno all'interno della Chiesa.» [L.D. xxvi, 120].

Col passare degli anni, Newman divenne ancor più critico riguardo alla condotta e al comportamento dei Concili Generali. Al contrario, egli assunse un atteggiamento sempre più positivo riguardo al ruolo del papato nello sviluppo e nel chiarimento del dogma. «Più uno esamina i Concili, e meno li considera soddisfacenti...[ma] meno essi sono soddisfacenti, più imponente e convincente, e più imperativamente necessaria è l'azione della Santa Sede.» [L.D.xxxviii, 172].

In una lettera scritta durante la controversia seguita alla sua pubblicazione di *Una Lettera al Duca di Norfolk* nel mille-ottocento-settanta-cinque (1875), Newman osservò che uno degli «svantaggi di un Concilio Generale, è che getta singole unità all'interno della Chiesa nella confusione e li mette in disaccordo», creando la possibilità del sorgere di scisma e di eresia.

Newman non rimase sorpreso al sorgere dei Cattolici Tradizionalisti o degli estremismi del partito Ultramontano dopo il Concilio Vaticano Primo [LD xxxvii, 240]. Allo stesso modo, è improbabile che Newman si sarebbe sorpreso al sorgere dello scisma Lefebvrista o degli estremismi degli ultraprogressisti dopo il Vaticano Secondo. La cosa importante, esortava Newman nella sua corrispondenza privata, è la pazienza: «I rimedi scaturiscono naturalmente nella Chiesa, così come avviene in natura, se pazientiamo per essi.» Se il Concilio, che è stato prematuramente accorciato a causa degli eventi politici e poi sospeso indefinitivamente da Pio Nono (IX), non sarà riconvocato, allora il Concilio sarà completato e modificato da un Concilio successivo, così come è già accaduto prima nella storia della Chiesa [LD xxv, 259].

Nelle riflessioni di Newman sui Concili e sulle loro conseguenze, egli parla di due tipi di sviluppo. Il primo viene illustrato nel capitolo d'apertura di *Sviluppi della Dottrina* attraverso l'immagine proposta da Newman di un ruscello che si espande fino a diventare un grande fiume che sgorga nel mare. Allo stesso modo, una filosofia o una affermazione di fede diventa più equilibrata, più pura e forte quando il suo sostrato è diventato profondo, esteso, pieno. Se l'analisi di Newman è corretta, l'idea — o «spirito» — del Vaticano Secondo (II) diventerà «più equilibrato, più puro e più forte» man mano che il «ruscello» si allontana dalla «sorgente» e «il suo sostrato è diventato profondo, esteso, pieno» Nel frattempo l'elemento vitale del Vaticano Secondo (II) ha bisogno di liberarsi di ciò che è estraneo e temporaneo.» Il secondo sviluppo a cui si riferisce Newman è contenuto nella sua spesso citata — e frequentemente anche fraintesa — affermazione: «In un mondo superiore è diverso, ma quaggiù vivere è cambiamento, e raggiungere la perfezione è aver passato per tanti cambiamenti.»

Newman era profondamente conservatore e non avrebbe mai parlato del cambiamento come fine a se stesso; questo sarebbe piuttosto *degenerazione*. Qui Newman descrive invece come le istituzioni e le idee si sviluppano e si adattano al fine di far fronte alle sfide dei tempi e alle circostanze, precisamente per preservare la loro essenza. Questo è come Newman concepisce un Cattolicesimo vivo, in crescita, dinamico. «Essa [la idea, cioé] cambia con loro [ovverosia, le circostanze esterne] in modo tale da rimanere la stessa.» [Dev. Doc., 39-40] Le idee che rimangono statiche semplicemente non possono sopravvivere. Piuttosto, un'idea deve attraversare delle trasformazioni per poter *rimanere la stessa*. Questo tipo di trasformazione Newman la chiama *sviluppo*.

La maniera che fu propria di Newman di intendere il ruolo dei Concili Ecumenici nello sviluppo della vita e della dottrina della Chiesa Universale si è rivelata preziosa nell'assimilare sia il Concilio Vaticano primo — convocato nel mezzo di tumulti politici, caratterizzato dal dissenso e da procedure irregolari, e sospeso improvvisamente e indefinitamente da Pio IX il venti (20) Ottobre, mille-ottocento-settanta (1870) — che la sua controversa dottrina sulla infallibilità papale.

Non molto tempo dopo il Concilio Vaticano Primo Newman profetizzò — non che la definizione dell'infallibilità papale avrebbe reso superflui altri Concili, ma — che sarebbe stato necessario un altro Concilio per completare e moderare l'opera del Vaticano Primo. [Ker.]. Newman insistette che i dogmi della Chiesa primitiva «non erano stati delineati tutti in una volta, ma un po' alla volta — un Concilio aveva fatto una cosa, un altro ne aveva compiuta una diversa — e così l'intero dogma era stato costruito. Più precisamente, siccome «la prima parte dello stesso [del dogma, cioé] sembrò eccessiva» sorsero delle controversie che portarono a successivi Concili, che a loro volta «spiegarono e completarono ciò che era stato fatto inizialmente.» [L.D. xxv, 330].

Analizzata da una prospettiva attuale, l'affermazione di Newman è una esatta predizione della Costituzione Dogmatica sulla Chiesa *Lumen Gentium* del Concilio Vaticano Secondo, nella quale il primato papale viene moderato collocandolo nel contesto del collegio apostolico dei vescovi: il papa è il capo, e tuttavia un membro, del collegio e non è esaltato al di sopra di esso. [Ker, *Newman, the Councils, and Vatican II*].

Il Concilio Vaticano Secondo — che qualcuno avrebbe chiamato «il Concilio di Newman» — fu convocato nel mille-novecento-sessantadue (1962) per portare a termine l'opera del Concilio Vaticano Primo. Talvolta Newman viene chiamato «il Padre del Concilio Vaticano Secondo» per via dei modi in cui ha anticipato il Concilio nella sua propria teologia. I Concili, ha osservato Newman, «generalmente hanno funzionato come una leva, dislocando e confondendo parti del sistema teologico esistente» ed erano spesso seguiti da aspre controversie nella Chiesa [LD xxvi, 59-60]. Ciò che Newman ha da dire riguardo alla inevitabile confusione che seguì il

Vaticano Primo si applica ancor più agli effetti del Vaticano Secondo sulla vita interna della Chiesa. Il Vaticano Secondo ha chiuso l'epoca della Chiesa Tridentina. I teologi hanno potuto usufruire di tre secoli per spiegare e interpretare Trento, ma — come ha scritto Newman — «adesso siamo come fanciulli appena nati, la nascita del Concilio Vaticano [...]. Non sappiamo che cosa manteniamo come irremovibile — cosa possiamo concedere (rinunziare), che cosa dobbiamo mantenere» [LD, xxvi, 59-60]. Queste parole si applicano anche al periodo immediatamente successivo al Vaticano Secondo, e infatti anche al giorno d'oggi.

IL FORUM DELLA FACOLTÀ DI SCIENZE SOCIALI

La Facoltà di Scienze Sociali ha partecipato con entusiasmo al Dies Academicus e, grazie al lavoro di un comitato composto di docenti e studenti, ha proposto un Forum piuttosto nuovo e insolito. Approfittando del fatto che gli studenti della Facoltà studiano sia le scienze sociali in senso stretto sia la comunicazioni sociali e perciò il cinema, si è pensato di sviluppare il Forum attorno alla proiezione di un breve film di produzione recente, *Most/The Bridge* (Repubblica Ceca, 2003). Prima della proiezione una studentessa dottoranda e un docente hanno fatto brevi interventi d'introduzione. Dopo la proiezione, un altro studente dottorando e un docente hanno offerto brevi commenti sintetici per stimolare il libero dibattito che è seguito.

I circa ottanta docenti e studenti di varie facoltà presenti in sala hanno partecipato vivacemente con una varietà di commenti: alcuni hanno posto domande ai quattro interlocutori, altri hanno condiviso vicende personali parallele alla storia del film; alcuni hanno sviluppato il significato del film in direzione sia sociologica sia teologica. Il dibattito è stato molto apprezzato da tutti.

Qui di seguito sono riportati i due commenti introduttivi e i due commenti sintetici; si è deciso di mantenere lo stesso stile informale che ha caratterizzato i quattro interventi il giorno del Forum.

Lloyd Baugh S.I.
Pro-Decano

Il mio intervento è il primo della mattina, per cui il mio dovere è di introdurre il momento di studio e riflessione della facoltà di Scienze Sociali. Per questo motivo ho scelto di non parlare della trama del film e delle suggestioni che avrebbe potuto generare, ma di accennare solo al fatto — ed è esattamente quello che scelgo di fare anche in questa sede — di come a mio parere il film rappresentasse un tentativo, riuscito e di straordinario impatto emotivo, di dare senso al dolore e alla sofferenza, trasformandole in ricerca di felicità e di pace interiore.

Naturalmente ho avuto modo di visionare il film prima di oggi e più di una volta: in quelle occasioni la vicenda rappresentata ha richiamato alla mia mente qualcosa che lessi tempo fa su *Il Regno di OP* (ilregnodiop.blogspot.com; 26.04.2013).

L'acronimo OP sta per Oncologia Pediatrica e il blog è stato aperto a fine 2011 dalla mamma trentatreenne di Angelo, Paola Natalicchio, quando il piccolo ad appena due mesi già era in gravissimo pericolo di vita. Era affetto da fibrosarcoma addominale, malattia che aveva generato una massa cancerosa nel ventre del piccolo, scoperta quasi per caso come la gran parte dei tumori.

Il blog racconta la lunga degenza di Angelo in ospedale e l'incontro con altri bambini, bambine, ragazzi e ragazze e le loro famiglie, che ogni giorno lottano contro questa drammatica malattia e con la morte, che lì pare invincibile. A un certo punto, leggendo la storia di Angelo e della sua mamma, ho trovato questa frase: «la felicità è un impegno». Ed è proprio questa espressione che sa descrivere in modo conciso, ma estremamente incisivo, il nocciolo del messaggio del film *Most*.

E questa stessa frase richiama anche il collegamento fra il film e alcuni elementi del Vaticano II, per la maggior parte espressi nella Costituzione pastorale sulla Chiesa nel mondo contemporaneo, la *Gaudium et Spes* (1965). Al n. 31 infatti si legge: «Si può pensare legittimamente che il futuro dell'umanità sia riposto nelle mani di coloro che sono capaci di trasmettere alle generazioni di domani ragioni di vita e di speranza.»

In effetti, ragioni di vita e di speranza sono anche ragioni di felicità. E, ancora, di senso. Un dolore inimmaginabile e una perdita di enorme valore non posso essere comprese e sopportate se non in un quadro dove la vita e la speranza hanno un posto eminente e centrale nell'interpretazione del mondo e della realtà di ogni giorno. Altrimenti sarebbe come subire una sorta di destino crudele e bizzarro che colpisce a casaccio e senza pietà. Non è questo, però, il Dio in cui vivono e sperano i credenti; non è questa la fede dei cristiani.

La *Gaudium et Spes* invita con le sue esortazioni a tornare all'essenziale della fede, a quello che conta davvero, a quello che fonda la vita e le relazioni umane: «l'amor che move il sole e l'altre stelle», come disse Dante chiudendo *La Divina Commedia*, il suo capolavoro indiscusso; e che i credenti sanno avere «il nome che è al di sopra ogni altro nome» (Fl 2:9): Gesù Cristo.

Ancora la *Gaudium et Spes* spiega:

> La Chiesa sa perfettamente che il suo messaggio è in armonia con le aspirazioni più segrete del cuore umano quando essa difende la dignità della vocazione umana, e così ridona la speranza a quanti ormai non osano più credere alla grandezza del loro destino. Il suo messaggio [di Cristo, ndr] non toglie alcunché all'uomo, infonde invece luce, vita e libertà per il suo progresso; all'infuori di esso, niente può soddisfare il cuore dell'uomo: «Ci hai fatto per te, o Signore, e il nostro cuore è senza pace finché non riposa in te.» (n. 21).

Il film *Most* è una sorta di affresco della condizione umana, poetico da un lato ma di grande effetto dall'altro, che facendo leva su una forte capacità di immedesimazione da parte dello spettatore, spinge a riflessioni profonde e rimane inciso nel cuore per molto tempo dopo la sua visione.

Attraverso i personaggi del film, i lunghi silenzi della pellicola, gli sguardi intensi e rivelatori tra i diversi attori che sanno riempire la scena, la vicenda narrata da *Most* ci ricorda che vivere di speranza senza soluzione di continuità, tenacemente ancorati alla ricerca della felicità propria e altrui, è un impegno che se da un lato a volte sfinisce, dall'altro è indubbiamente l'unico che sappia riempire di senso l'esistenza umana dal suo inizio alla sua fine.

Emilia Palladino, docente

Nella mia vita, ho poco a poco imparato che sia la visione di un film sia la lettura di un libro mi rimandano generalmente, se non sempre, alla mia esperienza concretamente vissuta. Dopo aver guardato attentamente, per tre volte, il film che vedremo insieme fra poco, mi è subito venuto in mente un incontro bello e semplice che ho avuto qualche anno fa e di cui mi piacerebbe ricordare brevemente la ricchezza. Era domenica sera. Per caso incontrai dagli amici il signor Zango di cui avevo già sentito parlare. Si parlava delle prove che aveva attraversato nella sua vita e soprattutto della sofferenza che la morte dei suoi figli, ancora giovani, aveva provocato. La sua storia era assai conosciuta e sconvolgente. Quando lo incontrai però, ero molto stupito dalla sua serenità, semplicità e ricchezza umana. Era di quelle persone di cui l'incontro non lascia mai indifferente. Sentirlo parlare trasmetteva una bella energia di pace e gioia...

La cosa per me più sorprendente e paradossale era che la sua pace e la sua gioia sembravano contrastare con le prove e la sofferenza vissute. Volendo sapere il suo segreto, domandai al signor Zango di dirmi come riusciva a vivere questa straordinaria serenità, nonostante una vita segnata dalle prove e dalla sofferenza. La sua risposta fu stupenda, e mi fece riflettere e piangere. Egli mi rispose citando il proverbio seguente: «Ci sono le cose che si possono vedere solo con gli occhi che hanno pianto.». Il signor Zango sembrava insegnarmi che la sofferenza e il pianto hanno un valore, cioè quello di aiutare a vedere le cose belle e tristi in una maniera più bella e ricca.

Devo dirlo e ripeterlo: alcuni episodi del film su cui stiamo riflettendo a molti, come a me, saranno sembrati sconcertanti. Non saprei indovinare la reazione di un padre o madre di famiglia nel vedere il bambino-attore del film, unico figlio, morire e sacrificarsi per gli altri. Il film ci mostrerà dunque la sofferenza umana. Vedremo gente che soffre, che piange, che è triste, delusa e senza speranza. Vedremo, come ho appena detto, un bambino innocente morire sotto gli occhi del padre.

Una delle domande che il bambino co-protagonista del film pone a suo padre all'inizio del film riassume forse meglio l'aspetto più difficile dell'opera: «Perché sei triste?». È una domanda che un bambino sereno e sorridente pone a un padre preoccupato e triste. È una domanda che risuona ancora oggi nel cuore di tanta gente che sperimenta la tristezza e che perde la speranza.

Il film non mostra solo la sofferenza e la tristezza. No! Vedremo nello stesso film, le espressioni di gioia sostituire a quelle della sofferenza, della tristezza e della morte. Saremo sorpresi di vedere la speranza succedere, quasi senza transizione, alla sfiducia e al pianto. È proprio in questo momento che nascerà dal cuore di chi guarderà attentamente il film, un'altra domanda, che non è espressa nel film, ma che è suscitata dall'esplosione della grande gioia del padre: «Perché sei felice?». Una delle ragioni di una tale gioia viene forse dal proverbio che mi ha insegnato il signor Zango e che ho ricordato all'inizio della mia introduzione: «Ci sono le cose che si possono vedere solo con gli occhi che hanno pianto...».

Questa risposta mi ricorda anche *Il Piccolo Principe* di Antoine de Saint-Exupéry. L'autore francese ci ricorda il segreto che diede la volpe al protagonista del suo libro: «Addio», disse la volpe. «Ecco il mio segreto. È molto semplice: non si vede bene che col cuore. L'essenziale è invisibile agli occhi.»

La riposta di Zango mi ricorda anche Giobbe di cui la Bibbia ci parla. Giobbe è una persona che ha sofferto molto per la perdita della sua ricchezza materiale, per la morte dei suoi 10 bambini e per la sua malattia. Grazie (e forse) a causa della sua sofferenza, Giobbe ha risposto a Dio che gli aveva posto delle domande difficili in maniera sorprendente e ricca: «Io ti conoscevo per sentito dire, ma ora ti vedo con i miei occhi.» (Jb 42, 5).

La nostra maniera di guardare le cose può aiutarci a capirle meglio. Mi sono chiesto se non c'è urgenza oggi di una teologia dello sguardo, una sociologia dello sguardo, una dottrina sociale della Chiesa dello sguardo. Si tratta di sviluppare, nel nostro fare scienza, la capacità di porre uno sguardo sincero, sereno e penetrante anche e soprattutto sulle cose che sembrano banali e tristi, per vedere attraverso di esse una realtà più profonda.

La maniera in cui il film finisce, lasciando esplodere la gioia di un padre che ha visto suo figlio morire, mi ha colpito e impressionato. Se la sua tristezza aveva suscito la domanda di suo figlio: «Perché sei triste?», la sua gioia alla fine ha suscito in me la domanda che il figlio avrebbe posto se era ancora in vita: «Perché sei gioioso e sereno? Che cosa hai visto e sperimentato?».

Credo che la ragione di un tale atteggiamento si trovi nel profondo di un cuore che, dopo aver attraversato la sofferenza e aver pianto, è riuscito a vedere le cose che solo gli occhi che hanno sperimento la sofferenza e il pianto vedono meglio. Le lacrime diventano, per la forza stessa delle cose, la via per vedere meglio chi sa consolare e dare la serenità: Gesù, sofferente e vincitore. È Lui che capisce meglio gli uomini e le donne, perché li guarda con gli occhi che, per primi, hanno pianto.

Ghislain Tshikendwa Matadi, SJ, dottorando

Vorrei soffermarmi brevemente sulle due reazioni dominanti che, a mio avviso, il film suscita nella maggior parte, se non in tutti, gli spettatori. La prima reazione è di porci la domanda: Farei quello che ha fatto il padre? Avrei tirato la leva e sacrificato mio figlio per salvare tante persone sconosciute? Credo che si potrebbe discutere su questa domanda per ore.

La seconda reazione è di dare al film una lettura teologica e di tracciare un parallelo con il Vangelo, in particolare con la storia della morte di Gesù.

Prima di approfondire una lettura teologica del film occorre commentare alcune delle tecniche utilizzate dagli autori che aggiungono non solo profondità e qualità artistica al film, ma ne facilitano la lettura teologica.

Il treno, penso che siamo tutti d'accordo, è una metafora della vita; noi siamo i passeggeri.

I passeggeri su questo treno sono pieni di vanità e impegnati nella ricerca a volte illusoria di un significato della vita o di modi per gestire il loro dolore. Viaggiano sullo stesso treno ma rimangono separati, ciascuno nel proprio «scompartimento», ognuno nel suo piccolo mondo.

Essi sono resi ciechi da tutte le distrazioni che si nutrono di vanità: i giovani occupano il loro tempo riempiendolo con amicizie superficiali, una donna anziana si trucca e si ammira allo specchio, una madre si perde nell'adorazione dei suoi bimbi, e i due uomini americani annegano nella percezione di essere rifiutati.

La giovane donna tossicodipendente rappresenta le persone che soffrono per la tristezza che segue i sogni svaniti e le opportunità perdute. «Dovresti praticare la tua musica» dice sua sorella. «É troppo tardi» risponde lei, avendo già iniziato la sua discesa nella vergogna e nella disperazione.

Il film racconta due «mini-storie d'amore» che, se posso osare dirlo, sono ugualmente patetiche. Gli uomini e le donne in queste relazioni sono innamorati dell'idea dell'amore. E il loro comportamento è chiaramente sciocco: un uomo balla sotto la finestra della sua amante in pigiama e pantofole, e l'altro s'innamora di una donna con la quale non riesce nemmeno a comunicare!

«Mi dispiace, sei un bravo ragazzo. Ma sono troppo bella per te», dice una di queste ragazze per mettere fine alla relazione. «Vuoi un altro bacio prima che me ne vado?» Si tratta di un caso di vanità a confronto con un'altra vanità. Qual è la più grande?

Mi sono chiesta perché gli amanti uomini sono raffigurati come americani. Forse a causa degli innumerevoli film americani che promuovono storie d'amore superficiali, che si basano sulla vanità e su false nozioni d'amore.

La famosa canzone francese sentita in sottofondo, «La vie en rose», rafforza il fatto che i vari personaggi, piuttosto che cercare il vero amore, si accontentano di parole dolci o di gesti privi di significato.

Queste mini-storie d'amore sono giustapposte alla storia principale del film, quella che parla di un amore vero, un amore che sa sacrificare. Tutte le persone a bordo del treno sono così preoccupate di se stesse da essere ignare del fatto che un ragazzo è morto e che un padre ha perso suo figlio perché loro potessero essere salvate.

In questo film il maltempo è spesso usato per riflettere o esprimere lo stato d'animo dei personaggi principali, senza l'uso delle parole. Spesso piove o nevica, e questa tecnica è usata alla perfezione. Si racconta la storia in inverno, la stagione in cui la vita va in letargo o muore.

Altre scene del film sono girate nella nebbia o in una bufera di neve. L'assenza di luce rappresenta l'assenza di chiarezza psicologica e spirituale dei personaggi.

Tanti personaggi sono ripresi mentre guardano attraverso le finestre, a volte aperte, a volte chiuse, a volte schizzate dalla pioggia. Rappresentare qualcuno dietro a una finestra è una tecnica per suggerire che un personaggio è spettatore della vita, che non è impegnato nel mondo; in altre parole, rappresenta qualcuno che guarda il mondo che passa.

Le finestre sono anche utilizzate nel film per creare distanza; in alcuni casi una distanza fredda tra i caratteri, per esempio nel caso di Justine e del suo amante in pigiama. In altri casi, è per creare una distanza rispettosa o un senso di riservatezza, come quando vediamo il padre che porta in braccio suo figlio morto.

La scena più forte in cui viene utilizzata una finestra, penso che siamo tutti d'accordo, è quella in cui la giovane tossicodipendente guarda fuori dal treno.

Lei vede il padre che piange e che esprime la sua angoscia. Questo scambio di sguardi fra loro due, tramite il vetro di una finestra, dura poco tempo, ma il suo impatto cambia la vita a entrambi: per la giovane donna nel momento stesso e per il padre quando si vedono faccia a faccia nella scena finale. Questa volta non c'è più una finestra che li separa. In questa scena finale, nessuno è più spettatore della vita come prima. Entrambi hanno scelto di affrontare la vita e allora «le finestre», con le loro cornici limitative, non servono più.

Il trattamento del tempo nel film è abbastanza complesso. Il flashback è una tecnica comune usata nei film per spostare lo spettatore tra il presente e il passato. Questo film inizia nel presente, con un uomo che si sta convincendo del bene che verrà nel lasciare la vecchia vita e nel ricominciare in una nuova città. Il film ci porta poi nel passato, e ci racconta la tragedia che lo ha fatto arrivare a questa decisione.

Tuttavia, la scena sulla piattaforma del treno, che è una delle prime scene del film, non si trova né nel presente né nel passato. Piuttosto, si tratta di una scena puramente simbolica che lega insieme passato, presente e futuro, in modo quasi escatologico.

Tutte le vite dei passeggeri convergono in questa scena, per un breve momento, attraverso il figlio Lada. Quando egli cammina davanti a loro sul binario, simbolicamente «passa» attraverso tutte la loro vite. È un punto di contatto che alcuni di loro riconoscono e altri no. Egli nota tutti, ma non tutti lo notano.

Vorrei far notare anche un elemento particolare della colonna sonora del film: lo stridio del treno che smorza il grido del padre nella sua angoscia. Dal mio punto di vista, ci potrebbero essere diverse ragioni per questo. In primo luogo, come si potrebbe catturare in un film il dolore del padre in modo realistico e autentico? Il silenzio in questo caso permette che l'inesprimibile sia espresso in maniera rispettosa.

In secondo luogo, l'impatto sullo spettatore è molto più forte se questi può riempire da solo questo silenzio, immaginando il grido del padre. In questo modo il silenzio, generando più empatia tra il pubblico ed il personaggio, permette allo spettatore di vivere un'esperienza molto più interiore. In terzo luogo, il treno che tuona e che annega il grido del padre è una metafora per il mondo che va sempre più veloce e che non ha tempo di fermarsi per chi soffre. Sotto il rumore di questo mondo che corre a grande velocità ci sono queste grida soffocate che passano inosservate.

Il silenzio imposto al padre dal regista è in netto contrasto con il silenzio della maggior parte dei passeggeri sul treno. Il loro silenzio è il silenzio dell'intorpidimento che arriva quando una persona è rivolta verso se stessa, quando sperimenta una grande noia e apatia per il mondo che la circonda. Le persone sul treno sono intorpidite nel silenzio a causa delle loro vanità e dalla mancanza di senso delle loro vite.

Ora cerchiamo di esplorare il rapporto padre-figlio. Il padre e suo figlio, Lada, chiaramente si adorano. Si guardano con amore. Il loro è un rapporto di tenerezza. Lada chiama suo padre affettuosamente, «Daddy». Il loro è un rapporto simbiotico. Ciascuno dà significato alla vita dell'altro ed è sua fonte di gioia. E mentre il padre esercita l'autorità di genitore sul ragazzo, c'è un profondo rispetto reciproco. Essi sono pari, uguali in dignità e amore.

Lada dimostra momenti di profonda maturità, ma è, per molti versi, solo un bambino. Egli mostra la giocosità e la testardaggine che è caratteristica dei bambini. Egli è sempre attento, cosa comune nei bambini, che osservano tutto ciò che li circonda. Quando Lada osserva sembra notare la depravazione e l'insoddisfazione nella vita della gente. Ma lui non giudica e non si pronuncia. Piuttosto, egli comunica una compassione straordinaria a chi restituisce il suo sguardo.

Come molti genitori, il padre in questo film si meraviglia della bontà di suo figlio e molte volte Lada edifica suo padre.

Ma la tragedia frantuma questa relazione perfetta. Lo spettatore sa che la tragedia è imminente quando Lada è lasciato da solo. «Il bambino incustodito» è comunemente usato nelle narrazioni per indicare allo spettatore che una tragedia è imminente. E infatti accade. Lada si trova in una situazione pericolosa e subisce una morte atroce, schiacciato dal meccanismo del ponte.

Lada agisce spontaneamente grazie alla sua bontà, per il bene delle persone sul treno. Egli non è costretto all'azione. Si tratta di un altruista che compie un atto d'amore per degli estranei. Ma anche se il suo gesto è spontaneo, esso non è impulsivo. Egli chiama prima il padre, l'adulto, ad agire per primo e si sente spinto ad agire soltanto quando il padre è sordo alle sue grida.

Ora, il padre è un operatore addetto al ponte levatoio. Il suo lavoro è di garantire che le barche e i treni possono attraversare il fiume in modo sicuro abbassando e alzando il ponte al momento giusto. Lada conosce e capisce bene il lavoro del padre e sceglie di intervenire nell'importante lavoro di suo padre quando decide di cercare di abbassare manualmente il ponte con la leva di sicurezza. Ma cade nel meccanismo sotto il ponte prima che riesca a spingere la leva.

Cosa ha pensato il padre in quei secondi prima di tirare la leva? Perché questo sta succedendo a me? Come ha potuto Dio permettere che questo accada? Perché mio figlio? Voglio davvero salvare questi passeggeri e sacrificare mio figlio? Mi perdonerà Lada per aver sacrificato la sua vita? Il padre potrebbe decidere di recuperare suo figlio e lasciare che il treno precipiti giù dal ponte, ma non lo fa. Invece, egli prende una decisione veramente dolorosa e partecipa alla morte del suo figlio.

Il padre non è motivato semplicemente dal senso del dovere. Piuttosto, sembra avere la stessa convinzione di Lada: la salvezza di questa moltitudine è imperativa. Quando mette in moto i meccanismo del ponte, sceglie di accettare il desiderio di Lada di salvare i passeggeri, ben sapendo il dolore estremo che entrambi sopporteranno. In questo momento chiave, la volontà del padre di salvare i passeggeri converge con la volontà del figlio.

Il padre decide che deve fare l'ultimo sacrificio, il sacrificio del proprio figlio; un sacrificio di gran lunga superiore al sacrificio della propria vita. Di conseguenza la morte di Lada è un sacrificio reciproco. Non è solo il sacrificio di Lada, ma é anche il sacrificio del padre. Padre e figlio sono uniti nel sacrificio.

Dopo la morte del figlio, la vita del padre diventa priva di senso. Egli inizia dunque la ricerca del senso della vita, di una nuova vita. Sarà una ricerca che durerà anni; non sappiamo quanti precisamente. Ma finalmente trova il senso nella giovane mamma, nella donna che prima era tossicodipendente. In questa donna e in suo figlio, egli acquisisce una nuova prospettiva sul sacrificio del proprio figlio e ritrova la sua speranza.

Allora, quali sono alcuni paralleli con il Vangelo? Sono ovvi, no? Sia Lada sia Gesù chiedono ai loro padri di risparmiare loro la necessità di agire per conto proprio. Sia Lada sia Gesù decidono di agire ed entrare nel «lavoro» dei loro padri per salvare la moltitudine. Sia Lada sia Gesù sono vittime innocenti, le cui morti salvano la moltitudine. Tuttavia, dobbiamo anche essere consapevoli dei limiti dell'analogia con il Vangelo e dove l'analogia non riesce.

Così, mentre Lada non sapeva che la sua morte era imminente e che il suo sacrificio sarebbe stato necessario per la salvezza della vita di tanti, Gesù lo sapeva. Gesù ha abbracciato consapevolmente la sua morte. Lada non si aspettava di morire nel voler aiutare gli altri. Gesù ha assunto la carne ed è della stessa sostanza del Padre. Lada è semplicemente il figlio di un uomo.

Detto questo, forse l'intuizione teologica del film è nel suggerimento della sofferenza di Dio, il Padre, alla morte del suo Figlio, Gesù. Non vi è alcuna menzione nel Vangelo circa il modo in cui Dio Padre — al quale Gesù gridò sulla croce — ha sperimentato la morte atroce del Figlio. La risposta al grido di Gesù nel Vangelo è il silenzio. Questo fa sì che tanti interpretino il silenzio come indifferenza. Ma questo film suggerisce che il Padre, che permette che il Figlio muoia di una morte dolorosa, non è stato risparmiato dall'angoscia: il Padre e il Figlio sono stati uniti nel sacrificio.

Infine, il film esprime anche la verità teologica che il Padre gioisce ogni volta che qualcuno riconosce e abbraccia il sacrificio d'amore del Figlio, compiuto perché essi abbiano la vita in abbondanza.

Laura Ieraci, dottoranda

Tra i vari spunti, questo film pone quello di un genitore di fronte all'indicibile sofferenza causata dalla perdita di un giovane figlio. Si tratta di un evento così terribile che, personalmente, provo notevole difficoltà a procedere a una disanima distaccata di questo tema morale/esistenziale, tema che il regista di *Most* sviluppa con incisiva delicatezza.

È invero argomento di tale difficoltà che evidentemente non mi trovo nella posizione di poter offrire risposte esaurienti su quel che, per esempio, potrebbero essere spiegazioni o riflessioni sulla natura del dolore di un genitore afflitto da tale perdita. In questo senso, rigiro il problema agli amici riuniti in questa sala, invitando ciascuno a condividere i propri sentimenti e a discuterne insieme.

La malattia o la morte di un bambino. Ognuno di noi conosce o sa di genitori che hanno vissuto l'agonia della perdita o della malattia (terminale) del proprio piccolo; vi sono coppie che, aiutate dalla propria fede, da una notevole forza interiore, e dal non meno essenziale amore di amici e parenti, sono riuscite a superare questa tragedia nella propria vita.

Si tratta di coppie, famiglie, che spesso sono anche uscite vittoriose dal protrarsi di strazianti malattie con la guarigione definitiva del piccolo. Persone che sono modello per tutti. Ma il mio pensiero in questo caso va anche a quelle famiglie, forse non meno numerose, che, come nucleo unito, non hanno retto al dolore.

Quando queste persone si rivolgono al proprio sacerdote in cerca di calore e conforto per affrontare la perdita, si pone la questione delle parole da usare per lenire questo dolore. Proprio perché l'animo, e i meccanismi che lo muovono, sono così complessi, è fondamentale capire questi meccanismi, e in tal modo curare al meglio, comprendendo a fondo, le profonde ferite di coloro che vivono la scomparsa o la malattia di un figlio. Quindi vorrei concludere questo mio breve intervento, invitando tutti a chiedersi, quali siano le vie più dolci e giuste da usare per aiutare coloro che soffrono alla luce del mistero che ancora avvolge i moti dell'anima.

Guido Preparata, docente

L'ESPERIENZA MISTICA – UN DONO DI DIO PER TUTTI
L'APPORTO DEL CONCILIO VATICANO II

P. Mihály Szentmártoni S.I.
Istituto di Spiritualità

Lo studio dell'esperienza mistica ha una storia relativamente breve. Quest'affermazione può apparire strana, se pensiamo al fatto che l'esperienza mistica è sempre esistita non soltanto nella tradizione spirituale cristiana, ma anche in quella non cristiana. La ragione perché lo studio dell'esperienza mistica sia stata trascurata si può collocare altrove. Fino alla metà del 18° secolo gli studiosi della spiritualità mistica sostenevano che esisteva una differenza qualitativa tra la spiritualità mistica e la spiritualità ordinaria. Una notevole svolta si è verificata con il Concilio Vaticano II, il quale ha dichiarato che la spiritualità mistica è accessibile a tutti i credenti. Il testo più significativo a tale riguardo è rappresentato da *Lumen Gentium*, 5. Con questa «apertura» comunque non si sono risolti tutti i dubbi riguardo lo studio dell'esperienza mistica. Se tutta la vita spirituale è potenzialmente mistica, allora niente più è mistica. La soluzione a questa possibile difficoltà si è cercato di trovarla nella distinzione tra «grande mistica» e «piccola mistica», o più precisamente, la mistica della vita quotidiana. La visione del Concilio, inoltre, ha aperto nuove strade per lo studio delle diverse forme di mistica e il nostro Istituto di Spiritualità è coinvolto attivamente in diverse ricerche. Si esaminano le caratteristiche della «vita mistica» (Zas Friz), si studia la «mistica della sofferenza» (Szentmártoni) e si può anche approfondire la mistica paolina attraverso il concetto di «cristificazione» (Pieri).

1. INTRODUZIONE

La Teologia dell'esperienza mistica ha una storia relativamente breve. Questa affermazione può suonare strana se pensiamo al fatto che l'esperienza mistica è sempre esistita, non soltanto nella tradizione spirituale cristiana, ma anche fuori del Cristianesimo. La ragione per la quale lo studio dell'esperienza mistica ha ricevuto relativamente poca attenzione è da ricercare altrove. Fino alla metà del 18° secolo gli studiosi della teologia spirituale erano convinti che tra la spiritualità mistica e quella ordinaria esiste una differenza qualitativa. Tale convinzione ha messo lo studio dell'esperienza mistica fuori dell'interesse della grande teologia.

Una svolta significativa si è verificata con il Concilio Vaticano II, che ha dichiarato che tutti i credenti possono avere accesso al mistero di Dio, di conseguenza, avere una esperienza mistica (*Lumen Gentium*, capitolo 5). Ciò ha aperto nuove sfide anche per i teologi nell'intento di spiegare la natura di tale esperienza. In questo lavoro ha avuto una parte significativa P. Vladimir Truhlar, uno dei cofondatori dell'Istituto di Spiritualità della Pontificia Università Gregoriana. I professori dell'Istituto poi hanno portato avanti il lavoro iniziato da lui.

In questa breve esposizione vorrei presentare tre cose: il percorso dello studio della spiritualità mistica prima del Concilio Vaticano II; l'apporto del Concilio e il lavoro di Padre Vladimir Truhlar; e alla fine la ricerca fatta nel nostro Istituto nella stessa direzione.

2. *LA NATURA DELL'ESPERIENZA MISTICA*

Una semplice definizione operativa può essere d'aiuto per capire la natura dell'esperienza mistica. Secondo il gesuita belga Antoine Vergote, l'esperienza spirituale si può semplicemente esprimere come una «percezione intuitiva dei segni di Dio»[1]. L'esperienza mistica perciò sarà definita partendo dal suo contenuto che è «una percezione intuitiva della verità dell'amore incondizionato di Dio». Dio mi ama, sono amato di Dio — quando questa verità entra nella mente della persona, diventa esperienza. Questa percezione è in perfetta sintonia con ciò che San Paolo ha descritto nella lettera ai Galati: «Sono stato crocifisso con Cristo, e non vivo più io, ma Cristo vive in me. E questa vita, che io vivo nel corpo, lo vivo nella fede del Figlio di Dio, che mi ha amato e ha consegnato se stesso per me»(Gal 2,20).

L'espressione psicologica di questa scoperta dell'amore di Dio è la fiducia totale in Dio, più precisamente, la fiducia nel piano di salvezza portata da Gesù Cristo. Il contenuto di questa esperienza è la consapevolezza di *essere amati*. È importante notare che non si tratta del nostro amore verso Dio, ma viceversa, l'amore di Dio per noi. Il nostro amore viene come una risposta naturale alla consapevolezza di essere amati. Il nostro amore non è condizione dell'amore di Dio. Questa risposta all'amore di Dio si trasforma in uno stile spirituale, che si può chiamare *spiritualità mistica* e diventa riconoscibile attraverso alcune sue espressioni: senso della presenza di Dio, libertà interiore, fiducia nella Provvidenza divina, approccio positivo verso il mondo e soprattutto verso le persone.

Questa breve presentazione della natura dell'esperienza mistica è soltanto uno sguardo d'insieme di questa importante dimensione della nostra vita spirituale. Non possiamo, purtroppo, entrare in un'analisi più dettagliata in questa sede. Non si tratta soltanto della questione del tempo e dello spazio, ma di un peso storico che ancora oggi fa sentire la sua presenza tra gli

---

[1] A. VERGOTE, *Psicologia religiosa*, Torino 1967, 97.

studiosi della spiritualità mistica. Un breve excursus storico può illuminare la complessità della questione.

3. LO STUDIO DELL'ESPERIENZA MISTICA – UN PERCORSO FATICOSO

Con un po' di forzatura possiamo distinguere quattro periodi nell'interpretazione della natura dell'esperienza mistica.

Primo periodo: *L'esperienza mistica trattata con sospetto*. Nel Medioevo, le persone che hanno raccontato di aver avuto esperienze mistiche, non di rado erano esposte al sospetto di essere isteriche o possedute dal diavolo. Parecchi Santi hanno dovuto affrontare gli interrogatori dell'Inquisizione, come Santa Teresa d'Avila, San Giovanni della Croce, Santa Giovanna d'Arc e tanti altri. È vero che vi erano tanti pseudo mistici che di fatto erano isterici, ma sarebbe assurdo etichettare tutte le persone con l'esperienza mistica come casi patologici. Eppure non sono mancati autori che facevano proprio questo. Pierre Janet, ha sostenuto che i fenomeni mistici siano espressione della costituzione psicastenica della personalità. Autori recenti non condividono questa interpretazione e denunciano la mancanza di modelli contemporanei per collocare l'esperienza mistica in un quadro interpretativo che non è normale, non è patologico, ma fuori del normale[2].

Secondo periodo: *L'esperienza mistica viene marginalizzata*. Nei secoli susseguenti al Medioevo l'approccio allo studio dei fenomeni mistici è cambiato. La teologia ufficiale ha trattato l'esperienza mistica come qualcosa che si verifica raramente e appartiene al privilegio di pochi eletti. L'esponente più noto di questo approccio è stato A. Poulain (1936, 71) che era convinto che esiste una differenza qualitativa tra la spiritualità mistica e quella dei semplici credenti.

Un'altra ragione per la marginalizzazione dell'esperienza mistica fu la nuova spiritualità iniziata da San Ignazio Loyola. Si tratta di una spiritualità di azione, di una spiritualità apostolica, che è entrata nella scena con una dinamica trascinante. Uno dei più grandi protagonisti di questa nuova spiritualità fu San Francesco Saverio. Ignazio era l'ideologo della nuova spiritualità, Francesco il realizzatore. Anche al livello teorico l'accento si è spostato dall'azione di Dio sull'azione dell'uomo, sull'importanza della collaborazione attiva dell'uomo con la grazia di Dio. Possiamo notare, che gli Esercizi Spirituali ancor'oggi si ritengono come il precursore della psicologia comportamentista, del behaviorismo. L'aspetto ascetico della vita spirituale domina sull'aspetto contemplativo. Il pericolo era che la vita spirituale si riducesse a volontarismo. La domanda che si poneva era: «Che cosa faccio io per Dio?»,

---

[2] Cf. J. KROLL – B. BACHRACH – K. CAREY, «A reappraisal of medieval mysticism and hysteria», *Mental Health, Religion and Culture* 5 (2002) 83-98.

invece di «Che cosa fa Dio per me?» In questo quadro non è rimasto molto spazio per l'esperienza mistica, tranne forse, per la mistica dell'azione.

Ci si potrebbe domandare, se ci sia una particolare spiritualità mistica ignaziana?

Joseph de Guibert dimostra che la mistica ignaziana non si può collocare nelle categorie classiche delle anime mistiche[3]. La mistica medievale infatti conosceva due tipi di anime mistiche: anime serafiche e anime cherubiche. I contemplativi serafici sono quelli che si lasciano guidare da Dio attraverso i doni infusi e si riferiscono piuttosto alla volontà, mentre le anime cherubiche sono quelle che si lasciano guidare dai doni di Dio che si riferiscono piuttosto all'intelletto. Ignazio non entra in queste due categorie, bensì apre una terza categoria che si potrebbe chiamare «anima angelica». Caratteristica di queste anime è che i doni divini non si concentrano esclusivamente alla volontà o all'intelletto, ma in un modo diffuso entrano in tutte le dimensioni della personalità. Conseguenza di questa diffusione è che la mistica ignaziana non rimane solo nell'ambito della contemplazione, ma necessariamente si trasforma in *servizio*. Il verbo tipico della spiritualità ignaziana è «servire»: servire la Chiesa, servire il Sommo Pontefice. Basta ricordare la chiamata del Re negli Esercizi Spirituale: «Chi vuole servirmi…»

Terzo periodo: *La grande e la piccola mistica*. Per rimediare la rigida distinzione tra la vita spirituale mistica e quella ordinaria, e per alleviare il peso del volontarismo, si è aperto un nuovo orizzonte con le rivelazioni del Sacro Cuore, da parte di Maria Margherita Alacoque. Entra sulla scena l'espressione dell'amore misericordioso di Dio. La realizzazione più bella di questa nuova mistica è la piccola via della Santa Teresa di Lisieux. Al livello teorico i teologi sono costretti ad ammettere la distinzione tra la grande e la piccola mistica[4]. È emersa però una nuova sfida: come definire la «piccola via»?

Quarto periodo: *L'esperienza mistica come chiamata universale alla santità*. Il passo decisivo è arrivato con il Concilio Vaticano II, che ha dichiarato che non esiste una differenza qualitativa tra la spiritualità mistica e la vita spirituale della vita quotidiana, ma si tratta soltanto dalla differenza quantitativa. Il *Catechismo della Chiesa Cattolica* ha adottato la stessa linea:

Il progresso spirituale tende all'unione sempre più intima con Cristo. Questa unione si chiama «mistica», perché partecipa al mistero di Cristo mediante i sacramenti — «i santi misteri» — e, in Lui, al mistero della Santissima Trinità. Dio ci chiama tutti a questa intima unione con Lui, anche

---

[3] J. DE GUIBERT, *The Jesuits. Their Spiritual Doctrine and Practice. A Historical Study*, Chicago 1964, 54-55.

[4] J. SUDBRACK, *Mistica*, Casale Monferrato 1992, 87; P. MOMMAERS, *Was ist Mystik?*, Frankfurt am Main 1979, 32.

se soltanto ad alcuni sono concesse grazie speciali o segni straordinari di questa vita mistica, allo scopo di rendere manifesto il dono gratuito fatto a tutti. (N° 2014).

Con questa equazione sono però emersi nuovi problemi: se tutto è mistica, allora nulla più è mistica.

4. IL CONTRIBUTO DI P. VLADIMIR TRUHLAR
ALLO STUDIO DELL'ESPERIENZA MISTICA

A questo punto entra nella scena il P. Vladimir Truhlar. Nostra intenzione è di esaminare brevemente il suo contributo allo studio dell'esperienza mistica. Prima di fare ciò, sarà opportuno presentare una sua breve biografia.

Karel Vladimir Truhlar nacque da genitori cechi a Gorizia quando questa faceva ancora parte dell'Impero Austro-Ungarico. Crebbe in un ambiente di lingua slovena. Negli anni venti si trasferì con la sua famiglia nel Regno di Jugoslavia. Studiò teologia all'Università di Lubiana e alla Pontificia Università Gregoriana a Roma. Nel 1941 tornò a Lubiana, continuò gli studi ed entrò al seminario telogico. Durante la seconda guerra mondiale approfondì i suoi studi teologici e filosofici soprattutto attraverso gli scritti di Romano Guardini e Vladimir Solovyov. Nel 1945 andò al seminario cattolico di Praga dove insegnò teologia dogmatica. Nel 1946 entrò nell'ordine dei gesuiti. Dopo il 1948 lasciò la Cecoslovacchia e andò a Roma dove insegnò all'Università Gregoriana[5].

Vladimir Truhlar è stato uno dei cofondatori dell'Istituto di Spiritualità della Pontificia Università Gregoriana a Roma[6] L'Istituto ha avuto il suo inizio nel 1958 nella ricerca della sua identità[7]. Questa «identità» era più che semplicemente il nome: la ricerca mirava a trovare l'«objectum formale» della teologia spirituale. Che cosa deve studiare la teologia spirituale: l'ascetica, la mistica, le virtù o qualcos'altro? Truhlar era tra i primi che ha postulato che l'oggetto formale della teologia spirituale deve essere *l'esperienza spirituale*. Che cosa ha ispirato Truhlar di fare questa scelta? Diverse circostanze hanno avuto un ruolo per spingerlo in tale direzione.

Il primo fattore è stato la *formazione accademica* di Truhlar. Lui stesso elenca le influenze che ha ricevuto durante la sua formazione. Tra queste c'è stata la teologia di Karl Rahner, che ha dedicato una gran parte delle sue

---

[5] Dati biografici presi da http://it.wkipedia.org/wiki/Karel Vladimir Truhlar.

[6] Cf. M. RUIZ JURADO, «L'Istituto di Spiritualità nella Pontificia Università Gregoriana. Il suo contributo alla Teologia Spirituale», in M. SZENTMÁRTONI – F. PIERI, ed. *Spiritualità e Teologia. Simposio in occasione del 50° anniversario dell'Istituto di Spiritualità della Pontificia Università Gregoriana*, Roma 2010, 11-23.

[7] Cf. T. WITWER, «50 Jahre Institut für Spiritualität an der Gregoriana. Programm und Umsetzung», *Geist und Leben* 84 (2011) 336-348.

ricerche al fatto che Dio ha indirizzato la sua parola all'uomo in un puntuale momento della storia. Da qui Truhlar è giunto alla certezza che l'uomo può entrare in contatto con il Dio personale, e questo sia l'essenza di ogni esperienza spirituale.

Un'altra ispirazione dietro la teologia di Truhlar è la visione di Teilhard de Chardin sul Cristo cosmico e sulla presenza di Dio nella storia e nell'evoluzione dell'universo. Da qui la convinzione di Truhlar che Dio non è un essere distante, ma un Dio che è vicino all'uomo.

Il terzo elemento nello sviluppo delle idee di Truhlar fu l'insegnamento del Vaticano II sull'accessibilità di tutti all'esperienza mistica. Aggiungiamo ancora che Truhlar era anche poeta, e che questo aspetto della sua personalità si riflette anche nella sua teologia. Infatti, la sua poesia è teologia, e la sua teologia è poesia.

5. ESPERIENZA MISTICA E VITA SPIRITUALE QUOTIDIANA

Uno dei grandi dilemmi di Vladimir Truhlar è la questione sulla differenza tra la vita spirituale mistica e quella ordinaria. Truhlar accolse con piacere e favore la dottrina del Concilio Vaticano II che tale distinzione non esista. Ma con ciò non tutti i problemi sono stati risolti. Una delle prime domande si imponeva se si può comunicare l'esperienza mistica. Ci sono filosofi che negano la possibilità di trasmettere qualsiasi esperienza. Ogni esperienza è unica e irrepetibile. D'altra parte per la teologica mistica abbiamo bisogno della testimonianza di grandi mistici. Dove sarebbe la teologia mistica senza gli scritti di Santa Teresa d'Avila, o San Giovanni della Croce? Truhlar ha proposto una via intermedia: non si trasmette l'esperienza, ma si comunica il contenuto dell'esperienza.

La proposta suonava bene, ma non senza nuove sfide: quali sono allora i mezzi, le vie di trasmissione? Solo parole? Se ci ricordiamo le caratteristiche dell'esperienza mistica, come elencate da William James, noteremo che una di esse è l'ineffabilità, l'incapacità di racchiudere l'esperienza in parole giuste ed adeguate. Per venire incontro a questa difficoltà, Truhlar ha proposto l'utilizzo dei *simboli* nella teologia mistica. Così l'uso dei simboli è diventato uno dei metodi legittimi della teologia spirituale, accanto al metodo analitico, sintetico, storico, narrativo e comparativo.

La proposta di Truhlar, però, non ha convinto tutto il mondo degli studiosi fino in fondo. Il teologo carmelitano, Luigi Borriello ha proposto il metodo «cristonomico», che sarebbe l'analisi della presenza di Cristo nella vita della persona[8]. La proposta non ha riscontrato grande successo tra gli studiosi,

---

[8] Cf. L. BORRIELLO, «Dire Dio. Teologia mistica o teologia della mistica», in M. SZENTMÁRTONI – F. PIERI, ed. *Spiritualità e Teologia. Simposio in occasione del 50° anni-*

forse anche per il nome poco chiaro, ma dimostra il fatto che la questione del metodo non è stata ancora risolta.

6. L'APPORTO DELL'ISTITUTO DI SPIRITUALITÀ ALLO STUDIO DELL'ESPERIENZA MISTICA

Padre Truhlar ha introdotto e ha sviluppato l'idea dell'esperienza mistica. Lui ha iniziato un processo che continua nel seno dell'Istituto di Spiritualità. Menzioneremo tre aree dove le nostre ricerche continuano. Rosanno Zas Friz ha approfondito la natura della vita spiritualità mistica; Fabrizio Pieri ha dedicato uno sforzo intellettuale per approfondire la mistica paolina attraverso il concetto di «cristificazione»; Mihály Szentmártoni ha sviluppato l'idea della mistica della sofferenza.

La vita spirituale mistica – Rossano Zas Friz

Rossano Zas Friz, professore dell'Istituto di Spiritualità ha elaborato ampiamente nei suoi scritti sulle caratteristiche della vita mistica. Sua convinzione è che la vita spirituale di tutti i cristiani si svolge in quattro passi: 1) la contemplazione è il luogo naturale di ogni esperienza spirituale; 2) l'elaborazione del contenuto dell'esperienza nella preghiera, invocazioni o addirittura nel prendere note (ricordiamo che Sant'Ignazio ha raccomandato all'esercitante di scrivere le ispirazioni che gli vengono durante la meditazione); 3) la riflessione critica sul messaggio ricevuto; 4) segue la scelta morale che spinge la persona a mettere in pratica ciò che ha ricevuto nell'esperienza.

Secondo Zas Friz essere mistico significa essere consapevole della presenza di Dio[9]. Il mistico riconosce la presenza di Dio in lui stesso, ma anche nella concreta situazione storica. Si tratta di una presenza amorevole, che nello stesso tempo è una presenza che trasforma. Tale trasformazione diventa poi l'oggetto dello studio della teologia mistica.

La mistica paolina – Fabrizio Pieri

Fabrizio Pieri, cominciando dalla sua tesi di dottorato ha dedicato una grande parte delle sue ricerche per approfondire la mistica paolina.

L'esperienza di unione d'amore di Paolo con Cristo, che chiamiamo itinerario di cristificazione, è un pellegrinaggio di conoscenza e di trasformazione

---

versario dell'Istituto di Spiritualità della Pontificia Università Gregoriana, Roma 2010, 187-206.

[9] Cf. R. ZAS FRIZ DE COL, «Mistica ignaciana», in P. CEBOLLADA – al., ed., Diccionario de espiritualidad ignaciana, II, Bilbao 2007, 1255-1264.

ontologica, che permette a Paolo di donarci la prima autentica testimonianza cristiana di quella esperienza di unione mistica trasformante e trasfigurante, che poi sarà vissuta nell'originalità ed irripetibilità propria da numerosi testimoni nella Storia della santità cristificata della Storia della spiritualità cristiana[10].

Un punto interessante delle riflessioni di Don Pieri è il parallelismo tra la mistica paolina e la mistica ignaziana. Questa espressione potrebbe con facilità introdurci nel tema dell'affinità di Ignazio di Loyola con Paolo di Tarso, che il Fondatore della Compagnia di Gesù rivendica già nel 1532 in una lettera al fratello Martìn da Parigi, dove era studente, dopo l'esperienza di Loyola e di Manresa.

Questa affinità ci introduce, quindi, nello spessore di un esperienza comune seppur distinta della originalità dei due santi di una *mistica apostolica*, o come la chiama Padre Maurizio Costa, *del servizio*, che può far dire al Nadal di Ignazio e quindi potremmo dire per analogia traslata nel tempo anche di Paolo che era *contemplativus in actione*.

Mistica della sofferenza – Mihály Szentmártoni

Il mio interesse in questo campo si è concentrato sulla mistica della sofferenza. Sono due modelli: il modello paolino e il modello cristico.

Il modello paolino

La logica della mistica della sofferenza è che la persona non si sente vittima di qualsiasi malattia, ma si sente «protetta» dall'amore di Dio nei confronti anche della malattia. Il paradigma di tale atteggiamento è San Paolo che così esprime la sua convinzione: «Chi può separarci dall'amore di Cristo?... (Rm 8,35.37). Notiamo bene la conclusione: Paolo non dice che sarà il nostro amore verso Dio a proteggerci, ma viceversa, l'amore di Cristo ci protegge nei confronti di ogni avversità di questo mondo.

La spiritualità mistica non s'improvvisa, bensì essa fa parte di una storia della vita spirituale dell'individuo. Le tappe di questo cammino spirituale sono le seguenti:

1. Presa di coscienza del primato dell'amore incondizionato di Dio.
2. Indifferenza (nel senso ignaziano) come apertura alle opzioni della volontà di Dio.
3. Accettazione della malattia (non senza lotta interiore).
4. Identificazione con Gesù sofferente.

---

[10] F. PIERI, *L'itinerario di cristificazione di Paolo di Tarso. Caratteristiche di una esperienza di Dio*, Roma 2011, 291-297.

5. Notte spirituale.
6. Resa all'amore: «Mio Gesù».

Il modello cristico

Questo modello parte dal modo come la persona affronta la sofferenza. Il modello è Gesù che deve affrontare la Croce. Sono quattro i passi nel fare ciò.

Primo passo: *Io e la Croce*. La Croce sta davanti a me come qualcosa di strano, non desiderabile, qualcosa che ripugna e la persona chiede Dio con la preghiera stessa di Gesù la possibilità di poter evitare la sofferenza.

Secondo passo: *Io e la mia Croce*. Quando non c'è più via di uscita, la persona si sente come con la croce sulle spalle che deve portare. Leggendo le esperienze di persone che hanno vissuto questa tappa è che non sopportano, ma portano la loro croce, come Gesù ha portato la sua Croce.

Terzo passo: *Io sulla mia Croce*. La persona diventa consapevole che non c'è più discesa dalla Croce, se non nell'ora della morte. È importante, che uno capisca che non muore solo sulla croce ma sacrifica la sua vita per molti.

Quarto passo: *La mia Croce gloriosa*. Il mistico della sofferenza è sopportato nel portare della sua croce in vista della risurrezione. L'espressione artistica di questa fede è una Croce particolare, che si trova nel Castello di Javier: Il Cristo crocifisso sorridente. L'artista ha interpretato questa strana espressione di Gesù come anticipazione della risurrezione.

7. CONCLUSIONE

La domanda sulla natura dell'esperienza spirituale, inclusa quella mistica, è ancora una domanda attuale. Sono molti e diversi studi sulla sua natura, comprendendo la New Age, la pseudo esperienza mistica artificialmente indotta tramite stupefacenti, l'esperienza nella vicinanza della morte, ecc. Rimangono due criteri fondamentali per la valutazione dell'autenticità dell'esperienza mistica: la presenza di un Dio personale di cui l'anima può innamorasi, e le conseguenze spirituali per la vita della persona, soprattutto le sue relazioni con gli altri.

Una parola ultima va rivolta al Padre Truhlar: le sue intuizioni ancor'oggi ispirano la nuova generazione degli studiosi dell'Istituto di Spiritualità e per questo noi siamo grati e orgogliosi di lui.

LA RADICALITÀ DELL'EVANGELO IN COMPAGNIA DEGLI UOMINI E DELLE DONNE: L'ESPERIENZA SPIRITUALE DELLA COMUNITÀ MONASTICA DI BOSE

Emma Caroleo
Istituto di Spiritualità

Questo mio breve contributo girerà attorno a tre snodi:
1. la contestualizzazione nello spazio e nel tempo della comunità di Bose, cioè in sostanza perché ne parliamo all'interno del contesto conciliare;
2. la vita monastica come offerta di un dono ricevuto nella scelta di radicalità evangelica: il celibato e la vita in comune.
3. la spiritualità monastica della comunità di Bose in compagnia degli uomini e delle donne: il lavoro, l'ospitalità e la preghiera

Le fonti su cui fonderò queste riflessioni saranno:
– la Regola di Bose;
– due testi scritti da Enzo Bianchi sulla Spiritualità monastica[1].

1. LA CONTESTUALIZZAZIONE NELLO SPAZIO E NEL TEMPO DELLA COMUNITÀ DI BOSE, CIOÈ IN SOSTANZA PERCHÉ NE PARLIAMO ALL'INTERNO DEL CONTESTO CONCILIARE

Ritengo che in apertura di questo mio breve contributo sulla esperienza spirituale della Comunità monastica di Bose sia necessario situare e contestualizzare la vicenda di Bose nello spazio e nel tempo, dimodoché ci allineiamo nel contesto del Concilio Vaticano II.

La vicenda di Bose nasce prima di Bose e non a Bose! Noi ci situiamo negli anni 1963-1965 a Torino. Qui in Italia si tratta di anni colmi di fervore della contestazione giovanile. L'atmosfera sociale di quel periodo era pervasa da un grande entusiasmo e da apertura. Per ciò che riguarda la chiesa si aprivano porte e finestre, «affinché possiamo vedere, — come Giovanni XXIII disse annunciando ufficialmente il progetto di un Nuovo Concilio della chiesa — ciò che avviene fuori e che il mondo possa vedere ciò che avviene dentro». Quindi vi era la volontà consapevole di far circolare aria, di guardare al dialogo con tante altre realtà. Complessivamente la Chiesa e i cristiani e le

---

[1] In particolare, E. BIANCHI, *Il mantello di Elia. Itinerario spirituale per la vita religiosa*, Monastero di Bose 1985; ID., «Una Comunità interconfessionale in Italia», *Concilium* 9 (1973) 134-143.

cristiane si collocavano in una nuova prospettiva di attenzione, di dialogo e responsabilità di fronte alla storia².

Durante questo periodo Enzo Bianchi, allora giovane studente in economia a Torino, raggruppa nella casa a via Piave 8, giovani cattolici, evangelici, valdesi e battisti in un lavoro comune animato da un approfondimento biblico interconfessionale, una preghiera comune, un servizio di accoglienza. Giova ricordare come la regione piemontese, situata a nord ovest sia in Italia una delle poche regioni dove si rende visibile una presenza protestante, in particolar modo valdese.

I membri cattolici si ritrovavano ogni sera per la liturgia delle ore. Con l'avvicinarsi della fine degli studi per molti maturò e si precisò una vocazione diversa che Enzo Bianchi individuò nel vivere in un luogo in disparte, nascosto, che però fosse e continuasse a essere un luogo d'incontro, di scambio, di condivisione: Bose sulla serra di Ivrea una cascina vecchia abbandonata. Accanto al villaggio sorgeva una chiesa romanica rovinata dai bombardamenti della seconda guerra mondiale, si iniziò nel settembre 1966 una riparazione con un campo di lavoro che vide i giovani di via Piave per l'ultima volta lavorare come gruppo insieme; si diede alla chiesa un certo ordine che permise di celebrare la preghiera delle ore. Enzo Bianchi rimase lì a Bose da solo

La comunità di Bose iniziò nel 1968 quando Enzo Bianchi conobbe Daniel Attinger (pastore protestante), a cui si aggiunsero Domenico Ciardi un giovane lavoratore dell'Olivetti a Torino, e due ragazze cattoliche animati dallo stesso desiderio di vita comune ecumenica. Insieme accettarono di vivere un esperienza cenobitica. Quindi per farla breve, possiamo datare l'inizio della vita cristiana in comune dei primi membri della comunità di Bose il 6 agosto 1968³. Nel mattino della Pasqua del 1973 i primi sei fratelli ed una sorella hanno pronunciato il loro impegno definitivo nella vita in comune e nel celibato in obbedienza a Dio, ai fratelli e alle sorelle e di fronte ai rappresentanti delle chiese cristiane di appartenenza.

2. LA VITA MONASTICA COME OFFERTA DI UN DONO RICEVUTO: NELLA SCELTA DI RADICALITÀ EVANGELICA LE CARATTERISTICHE PRECIPUE SONO: IL CELIBATO E LA VITA IN COMUNE.

A Bose si vive il celibato, in una vita comune mista ed interconfessionale. Sorelle e fratelli insieme, che cercano Dio e testimoniano Cristo vivendo l'Evangelo che rimane la loro unica Regola.

---

[2] Per un approfondimento sulla storia degli anni conciliari interessante e coinvolgente è la testimonianza di quegli anni vissuta dal cardinal Carlo Maria Martini. A.M. VALLI, *Storia di un uomo: ritratto di Carlo Maria Martini*, Milano 2011.

[3] E. BIANCHI, «Una Comunità interconfessionale in Italia» (cf. nt. 1), 134-143.

La vocazione monastica si rivela come vita battesimale. La vita monastica vissuta a Bose si innesta nella più grande tradizione monastica, per cui essa era semplicemente un modo di sequela del Signore all'interno di una comunità (per s. Pacomio, padre della santa *koinonia*) che ricorreva alla chiesa locale per la sua vita eucaristica e sacramentale; così per S. Basilio la comunità dei fratelli non era separata da quella ecclesiale e nella tradizione autentica monastica essa non è mai stata un altro battesimo ma l'unico battesimo dei discepoli e discepole di Cristo vissuto in modo coerente e radicale. La radicalità evangelica riguarda quindi ciascun cristiano e la sequela radicale di Cristo è la dimensione fondamentale, il modo corretto ed autentico in cui si vive la fede cristiana. Sequela radicale significa che ciascun cristiano e cristiana deve affermare il primato del regno di Dio, la centralità assoluta di Cristo nella propria esistenza e deve seguire Cristo mettendo in pratica la Sua parola e accettando di stare dove Lui sta fino sulla morte in Croce. Il monachesimo è solo un modo in cui si attua la radicalità della sequela e non può pretendere di essere di più, un impegno maggiore o una sequela maggiore in cui ci sono maggiori difficoltà rispetto ad altri modi cristiani di vivere l'Evangelo Poiché una ed unica è la chiamata universale alla santità accogliendo l'opera dello Spirito Santo e la fatica della Sequela di Cristo verso il Padre.

A Bose si è convinti che solo l'Evangelo sia ciò che non lascia perire nulla, che tutto permette di sostenere riuscendo così a condurre la propria lotta contro gli idoli mondani. La radicalità evangelica che si vive a Bose fa avvertire la necessità di camminare con lo sguardo fisso verso Cristo. La radicalità evangelica scelta dai fratelli e dalle sorelle della Comunità di Bose porta alla croce di Cristo, alla debolezza del Signore dove si scopre che la forza dell'idolo mondano non mette al sicuro, ma indurisce il cuore.

Ora però lo specifico evangelico vissuto dalla comunità di Bose si traduce nell'approfondimento del celibato all'interno della esperienza della vita comune, che si richiamano a vicenda e uno si vive all'interno di essa

a) La vita monastica cristiana può essere assunta solo in base alla chiamata di Dio e per un suo dono specifico cioè il carisma del celibato per il Regno.

Non tutti possono comprenderlo e viverlo, ma solo ad alcuni è concesso di fare spazio *korein* lo definisce Mt 19,11. Enzo Bianchi illustra il celibato come un vuoto che attende di essere colmato spiritualmente. Si tratta di un vuoto, ma che è già domanda di ciò che deve venire, è un'assenza che già propone la Presenza del Veniente.

Nella comunità di Bose il celibato è l'elemento discriminante che contrassegna la spiritualità monastica e che impone una rottura con l'ambiente di provenienza, si lascia padre, madre, casa, campi, per Cristo, per il Suo amore e finalizzato all'amore per Cristo. Paradigma in tal senso è il testo di Lc 14, 25-26.

Nella sua assoluta impotenza e castrazione, l'*eunuchia,* il celibato è denuncia audace e apertura alla potenza di Dio, è la condizione di chi è talmente povero e spogliato che confida solo nel Dio che risuscita i morti come ammonisce l'apostolo Paolo: «perché non ponessimo fiducia in noi stessi, ma nel Dio che resuscita i morti».

b) Ora però la fecondità del celibato dipende dalla qualità evangelica della vita comune e la stessa significatività del monachesimo, il suo essere segno e memoria sarà leggibile e dunque eloquente in dipendenza dalla vita fraterna.

Una evidenza vissuta nella *koinonia* è la condivisione dei beni, che si attua nella rinuncia al possesso personale delle cose. I monaci e le monache conoscono il potere del denaro e vivendo in questo mondo lo usano, ma non gli riconoscono il potere nelle loro relazioni fraterne e questo credo che cambi molte cose reali, concrete e quotidiane. Ma non basta, la *koinonia* si identifica anche in obbedienza o meglio in sottomissione reciproca:

Per le sorelle e i fratelli di Bose significa imitare e rivivere la obbedienza di Cristo che diviene una necessità per essere discepoli del Signore e i monaci vivono questo, sottomettendosi gli uni alle altre nella vita comune e obbedendo a chi è incaricato al servizio di comunione, perché è il servizio stesso ad essere riconosciuto come autorità. È infatti per esigenza di *koinonia* che è necessaria l'obbedienza: essa è realizzata attraverso il continuo superamento delle opzioni individuali in vista di un *bonum comune.*

3. LA SPIRITUALITÀ MONASTICA DELLA COMUNITÀ DI BOSE IN COMPAGNIA DEGLI UOMINI E DELLE DONNE: IL LAVORO, L'OSPITALITÀ E LA PREGHIERA

Quindi il celibato nella vita di comunione sono lo specifico evangelico che a Bose però si vive in compagnia degli uomini e delle donne attraverso il lavoro, la preghiera e l'ospitalità. La vita comune si svolge attraverso un tempo quotidiano scandito dal lavoro e dalla preghiera. Ognuno lavora per non dipendere da nessuno e mantiene possibilmente la professione o il lavoro che esercitava al momento della chiamata. Lavora in mezzo agli altri uomini e donne perché in comunità non avvengono lavori remunerativi. Così la comunità si assicura di che vivere nella povertà senza divenire un centro di potere economico. Non solo ma anche attraverso il lavoro il fratello e la sorella di Bose si rende solidale con gli altri uomini e le altre donne, si unisce a loro e cammina con loro sulle loro strade nel mondo.

Qui si innesta il pensiero che la fuga mundi non è dal mondo, dagli uomini e dalle donne, non è evasione dall'oggi della storia, ma in compagnia degli uomini e delle donne si cerca di non «essere integrati nella società del benessere, essere sobri e vigilanti» di fuggire la mondanità «le ideologie nascoste, le potenze, di cui parla Paolo, che ispirano la società e la opprimono». Quindi l'impegno nel mondo non è una scelta e tanto meno uno sforzo per i fratelli e le sorelle di Bose. Essi, esse lavorano come tutti gli altri e le altre impegnandosi nella stessa realtà sociali dove il lavoro li colloca. Corresponsabilità, solidarietà e lotta con gli altri nei punti di tensione dove si cerca la giustizia senza paura di sporcarsi le mani La fuga mundi non può mai essere un alibi ma una contestazione ai metodi del mondo che hanno per legge il potere il denaro, il successo.

Così anche la preghiera, lode ed ascolto della Parola, che scandisce le ore del mattino, del mezzogiorno e della sera a Bose non è una fuga dagli uomini e dalle donne, un alibi ma è inserita profondamente nella vita e fa corpo con la prassi. Difatti affinché la preghiera fosse alla portata di tutti e di tutte la comunità di Bose ha elaborato una preghiera nuova che si ispira all'ufficio romano ma che è composta da testi liturgici delle varie chiese cristiane adattate alla spiritualità dell'uomo e della donna di oggi per poter pregare in compagnia. Sono state create anche nuove preghiere che tenessero conto delle attuali problematiche che affliggono l'umo e la donna di oggi, per accompagnarli nel dialogo con Dio. E stata fatta anche una traduzione del salterio dai testi originali comprensibile per l'uomo e per la donna di tutti i giorni, operaio, intellettuale, professionista, contadino[4].

Infine l'ospitalità è un servizio che il celibato consente di praticare in modo particolarmente intenso. Esso è un ministero ritenuto quanto mai necessario che certo reagisce all'isolamento e alla solitudine dell'uomo e della donna moderni nella città spersonalizzata e spersonalizzante, alla mancanza di dialogo e di confronto fra esperienze e generazioni. Per darvi dei numeri nel 2012 sono passate da Bose 25.000 persone! Persone fra le più svariate ciascuno e ciascuna con un'esigenza. Alcuni vanno per trovare una comunità che prega e che li aiuta nella preghiera. Si vuole vedere nei monaci e nelle monache l'assicurazione della preghiera continua nella chiesa; altri vanno per conoscere la vita comune vissuta a Bose, com'è fatta e com'è strutturata come sono le loro relazioni interpersonali; altri sono spinti da un interesse per l'ecumenismo, per comprendere come è possibile vivere insieme cattolici e protestanti dopo quattro secoli di separazione, altri vanno per stare in silenzio[5].

La comunità vuole essere un segno dell'oggi, un segno normale nato sulla chiamata interiore di Dio e sulla scelta gratuita ed evangelica. Ciò ce resta intatto è vivere la radicalità evangelica nel celibato all'interno della comunità, in compagnia degli uomini e delle donne.

---

[4] E. BIANCHI, «Una Comunità interconfessionale in Italia» (cf. nt. 1), 141.
[5] E. BIANCHI, «Una Comunità interconfessionale in Italia» (cf. nt. 1), 142.

OSPITALITÀ ALLA PAROLA ED ESPERIENZA DEL MARTIRIO NELLA CHIESA GRECO-CATTOLICA DI ROMANIA

Gabriel Vasile Buboi
Istituto di Spiritualità

Il Concilio Vaticano II parla nel suo documento «Orientalium Ecclesiarum» della ricchezza delle Chiese Orientali, dal punto di vista del rito, della disciplina e della storia (cf. OE, 1-2). Facendo così desidera richiamare l'attenzione da parte della Chiesa latina, o di tutta la Chiesa in generale sul patrimonio di fede e di testimonianza in parte dimenticate e in parte sconosciute. Infatti è l'unico documento del Concilio che mette al centro dell'attenzione le situazioni locali. È un aspetto importantissimo perché con la presentazione delle chiese orientali in comunione con Roma, ma con un rito diverso da quello latino (romano) si apre una strada per la presentazione delle specificità delle comunità cristiane cattoliche che sono esistenti su tutta la terra. Riteniamo che ogni comunità ha una sua ricchezza da condividere e l'esperienza globale della Chiesa è un patrimonio comune inestimabile.

Le vicissitudini storiche che hanno accompagnato il cammino della Chiesa sul sentiero dei secoli vengono riconosciute. La storia recente si inserisce nella stessa dinamica e si pone sull'unico cammino del popolo di Dio che da tempi antichi continua a percorrere la strada verso il Regno di Dio. Le Chiese Orientali ricche di storia e di spiritualità, come dice il Concilio, sono nel mondo di oggi «segni dei tempi» per l'intera Chiesa (cf. OE, 6-7).

È noto che le difficoltà storiche recenti hanno portato a una diminuzione del numero dei credenti sullo sfondo dell'indifferentismo e della paura. Basta che ricordiamo in queste situazioni e per comprenderle in termini adeguati le parole del Signore: «percuoterò il pastore e saranno disperse le pecore del gregge» (Mt 26,31).

Nella presente relazione faremo un lettura dell'Ospitalità della Parola e dell'esperienza del Martirio con riferimenti alla vita della mia Chiesa, la Chiesa Greco-Cattolica Romena.

Oggi la Chiesa greco-cattolica di Romania è una piccola Chiesa dal punto di vista del numero dei fedeli. Essa è nata nel 1700 dall'unione della Chiesa di Transilvania con la Chiesa di Roma, conservando il rito, la disciplina e la tradizione propria orientale ma anche accogliendo nella propria vita i punti fiorentini. Dopo uno sviluppo di due secoli e mezzo, nel 1948 subisce una grande persecuzione da parte dei comunisti che misero in prigione tutti i vescovi, una grande parte dei sacerdoti, dei monaci e monache come anche tanti laici. Il suo patrimonio materiale lo Stato assegnò alla Chiesa ortodossa, così che i governanti pensarono di sopprimere per sempre questa parte del popolo di Dio. La Chiesa greco-cattolica romena si sta riprendendo adesso dopo la caduta del regime comunista. Ne è uscita diminuita e provata, ma, sicuramente, abbellita dalle sofferenze del Signore incorporate nella sua vita. La società odierna è orientata verso l'efficacia e verso il raggruppamento di una grande moltitudine di credenti; forse perderà di vista le piccole comunità, ma non potrà ignorare le testimonianze di verità e di stretto legame tra persone concrete e il loro Signore.

La Parola di Dio trasmessa a noi nel Vangelo richiede in modo costante di accogliere Cristo, anche se non viene utilizzato il nome di ospitalità. Il cammino con Dio comincia sempre con un esperienza di accoglienza, con un «Sì» identico a quello di Maria (cf. Lc 1,38). Il Signore però non si impone con la forza, non abusa ma «sta alla porta e bussa» (Ap 3,20), rispetta la libertà. Nicolae Steinhardt, monaco romeno imprigionato durante il comunismo, rimane affascinato da questa immagine del Signore che aspetta alla porta ed amava dire: Il Signore è gentiluomo (vero cavaliere), perché si comporta con rispetto verso l'altro[1].

Ospitare Dio e la sua Parola trasformante significa senz'altro amare il Signore e gli altri, ma, allo stesso tempo, investe l'altro volto della medaglia: vuol dire anche sentirsi amati da Lui, sentirsi i suoi figli, sentire l'amore generoso che supera la morte, sentirsi di essere abbracciati nel sacrificio di Cristo. L'accoglienza di Cristo avviene in alcuni passi: avere lo spazio disposto alle esigenze dell'altro, sentirsi amati, a cui far seguire l'offerta dell'intero essere: le nostre mani, la nostra bocca, i nostri piedi, tutto il nostro corpo e la nostra mente a Lui perché siano le Sue mani, la Sua bocca, i Suoi piedi, il Suo corpo. L'offerta completa di sé è il punto di cambiamento, da un modo di vivere centrato su se stesso ad una maniera di vivere che pone al suo centro la Parola divina.

«Se qualcuno vuol venire dietro a me rinneghi se stesso, prenda la sua croce e mi segua. Poiché chi vorrà salvare la propria vita, la perderà; ma chi perderà la propria vita per causa mia e del Vangelo, la salverà» sono le Parole del Signore che troviamo nel Vangelo di Mc 8,34-35. La discesa del Figlio di Dio sulla terra rappresenta il momento nel quale tutti i misteri dell'uomo sono redenti perché riempiti dalla presenza di Dio. Davanti alla sofferenza vissuta dai martiri della fede del secolo scorso ci si chiede il perché, e sollecitiamo con la preghiera il Signore perché si faccia carico della sofferenza. Illuminanti sono le parole dell'autore francese Paul Claudel: «Dio non è venuto nel mondo per porre fine alla sofferenza umana. Non è venuto neanche per spiegare la sofferenza. Dio è venuto nel mondo per riempire la sofferenza

---

[1] Cf. N. STEINHARDT, *Diario della felicità*, Bologna 1995, 141.

umana della sua presenza». Aveva capito allora perché il Signore permette la sofferenza. Perché, tanto più uno soffre la presenza di Cristo aumenta nel suo cuore. Si tratta evidentemente di una sofferenza non ricercata per se stessa.

Nella società dei nostri giorni l'esperienza è importantissima. L'esperienza cristiana è il percorso della vita che l'uomo fa sotto la luce degli occhi di Cristo. L'esperienza cristiana è un intero comportamento che traduce la convinzione espresse nelle parole, O Dio, tu sei la mia vita. Esperienza si chiama tutto il vissuto dell'uomo, mentre quando si dice che è cristiana significa che ha come punto di partenza e riferimento, la Parola di Cristo diventata anima della vita umana. Caratteristico dell'esperienza cristiana è l'interazione tra il permanente vissuto concreto e Cristo.

In questo senso la visione cristiana della morte è diversa dalla concezione del mondo. I cristiani vedono la morte come un intruso, un ladro che infrange la legge della creazione, non ha un posto assegnato ma ha rubato un'identità. L'uomo è stato fatto per la vita in comunione con Dio e Cristo gli dà la forza di vincere questo ladro e di riprendere la vita nella sua abbondanza e ricchezza.

Il messaggio del Signore in questo senso è molto denso e ricco. Accoglierlo, meditarlo, applicarlo alla vita propria, viverlo trasforma l'uomo da uno che vive umanamente la sua vita in un testimone della Parola. Quando questa esperienza della testimonianza si radicalizza, nel senso in cui richiede un coinvolgimento totale di noi stessi, siamo davanti ad un'altra tappa dell'ospitalità: l'esperienza del martirio, che è offerta di vita e assoluta ricezione del dono-premio di Dio: il martirio.

Si dice che Cristo non ha scritto perché voleva continuare a parlare in e tramite noi. Ciò che univano i cristiani di diverse confessioni davanti al terrore comunista era la testimonianza della fede in Cristo: il Signore di cui si aveva fatto l'esperienza, il Cristo che era conosciuto dai suoi discepoli del XX secolo. L'esperienza del martirio si fonda sull'esperienza di fede, di incontro e di amicizia con Dio. Poco prima della sua passione Cristo si rivolge ai suoi discepoli in questi termini: «non vi chiamo più servi, perché il servo non sa quello che fa il suo padrone; ma vi ho chiamato amici, perché tutto ciò che ho udito dal Padre mio l'ho fatto conoscere a voi» (Gv 15,15).

Uno dei 12 vescovi romeni greco-cattolici messi in prigione dai comunisti, Ioan Ploscaru, di cui è uscito recentemente nell'edizione italiana, il libro-confessione *Catene e terrore,* racconta dei miracoli della prigione quasi per ricordarci che il sangue dei martiri è il seme dei cristiani: «Spesso gli infedeli, in prigione, diventavano credenti, vedendo la rassegnazione, il silenzio e la fiducia — la gioia, anche — di quelli che pregavano»[2]. «Quando le nostre

---

[2] I. Ploscaru, *Catene e terrore*, Bologna 2013, 172.

guardie scoprirono che non eravamo dei malfattori ma dei sacerdoti incarcerati per la fede, rimanevano molto stupiti: pur se malvagi, la nostra serenità li induceva a pensare»[3]. Interessantissimo come le sofferenze vengono viste come traduzione nella realtà concreta della fede confessata con la bocca: «Considero le privazioni come i periodi più fortunati della mia vita — annota Ploscaru —, in cui ho potuto offrire a Gesù non solo parole, ma anche fatti»[4].

Sono delle testimonianze di fede, modelli che costituiscono il patrimonio spirituale della Chiesa Universale particolarmente nel contesto attuale della nuova evangelizzazione. Si sente dire che Roma è un grande altare nel quale e sotto il quale sono deposte le reliquie di tanti martiri. Insieme alla testimonianza dei santi di Roma, il merito di questa Chiesa dell'est europeo è la testimonianza di amore per la Parola del Dio vivente, la sua missione ricevuta dal Padre di portare il vangelo fino alla fine del mondo, anche negli spazi non conosciuti, tenebrosi della prigione, di andare fino in fondo come testimoni dell'amore e della libertà. Concludiamo con un esempio che pone al centro della nostra attenzione la figura di Monsignor Ghika, principe ortodosso convertito al cattolicesimo per essere più ortodosso, come amava dire. Lui è stato incarcerato qualche tempo dopo l'incarcerazione dei sacerdoti e dei vescovi greco-cattolici. Uno di questi nel desiderio di avere notizie di liberazione da fuori gli chiede: Padre quando ci libereranno? La risposta viene come un lampo di luce, ma nella semplicità specifica della santità: tu non sei libero[5]?

---

[3] I. PLOSCARU, *Catene e terrore*, 197.
[4] I. PLOSCARU, *Catene e terrore*, 149.
[5] Cf. AA.VV., *Fratelui meu din exil*, Tîrgu Lapus 2008, 147.

IL CONCILIO VATICANO II E L'ISTITUTO DI PSICOLOGIA ALL'UNIVERSITÀ GREGORIANA.
RADICI, RAGIONI, NESSO, SVILUPPI

P. Franco Imoda, S.I.
Istituto di Psicologia

Vengono evocati alcuni aspetti del messaggio del Concilio, particolarmente in riferimento alla Costituzione *Gaudium et spes*, come il contesto e lo stimolo alla creazione dell'Istituto di Psicologia. La visione, la missione e il piano dell'Istituto vengono considerati nei programmi dell'Istituto stesso e nella riflessione avvenuta, oltre alle iniziali ricerche, anche attraverso la pubblicazione promossa alla Gregoriana (1987) a 25 anni dal Concilio e, di nuovo, a 25 anni dall'inizio dell'attività dell'Istituto (1996). Verranno dunque indicate alcune mete raggiunte e alcuni sviluppi; con uno sguardo a possibili ostacoli e obiezioni. Alcuni cenni a certi tratti pedagogici caratteristici della Compagnia di Gesù possono aiutare la riflessione sulla missione dell'Istituto nato nel periodo immediatamente post-conciliare.

Dopo aver richiamato alcune date importanti per inquadrare la nascita e il percorso dell'Istituto, si farà riferimento alla visione che ne costituisce l'anima, visione che diviene missione che trova poi attuazione nel periodo post-conciliare e in consonanza con l'ispirazione ignaziana nel progetto formativo dell'Istituto all'Università Gregoriana. Possibili ostacoli e obiezioni possono poi essere evocati senza dimenticare le prospettive e le conferme.

1. ALCUNE DATE

– Concilio Vaticano II 1962-1965.
– 1971: Inizia l'Istituto di Psicologia PUG, con il sostegno della Congregazione per l'Educazione Cattolica, del P. Generale della Compagnia di Gesù, del Rettore dell'Università Gregoriana, con il primo anno che vede un ristretto — volutamente — numero di studenti e un numero di docenti anch'esso destinato a crescere ma che fin dall'inizio comprende docenti di area anche psicologica (P. L.M. Rulla SJ, P. F. Imoda SJ), ma anche di area teologico/spirituale (P. G. Cusson SJ; P. D. Maruca SJ; P. B. Ahern CP).
– 1962-1987: pubblicazione del volume L.M. Rulla – F. Imoda – J. Ridick, «Antropologia della vocazione cristiana: aspetti conciliari e postconciliari»[1],

---

[1] L.M. RULLA – F. IMODA – J. RIDICK, «Antropologia della vocazione cristiana: aspetti conciliari e postconciliari», in R. LATOURELLE, ed., *Vaticano II. Bilancio e prospettive. Venticinque anni dopo*, Assisi 1987, 952-1000.

in R. Latourelle S.J., *Vaticano II. Bilancio e prospettive. Venticinque anni dopo*[2], pp. 952-1000.

– 1996: 25° dell'Istituto e pubblicazione del volume *Antropologia interdisciplinare e formazione*[3] in relazione al solenne Atto Accademico che segnava il significativo anniversario. Testimone del costante interesse e approccio interdisciplinare è l'Indice dell'opera: Contributi di carattere «storico», «teorico/metodologico, «dialogico», «applicativo», «esperienziale».
– 2013: 50 anni dopo.

2. VISIONE: ANTROPOLOGICA UMANISTICA TEOCENTRICA CRISTIANA

Può essere utile far riferimento a tre chiavi di lettura di alcuni testi illuminanti che verranno ripresi in quanto segue: – I due movimenti di «trascendenza» e di «immanenza» per elevare la visione verso un al di là, al Dio trascendente e al tempo stesso l'attenzione allo storico, al concreto, contingente e individuale. – L'integrazione che tende ad abbracciare tutti gli aspetti dell'umanità, al di là di semplice conflitto e opposizione. – L'aspetto di grande «ottimismo» anche nei suoi aspetti di possibile ambiguità.

Nella Costituzione Conciliare *Gaudium et Spes* leggiamo infatti quelli che possono esser considerati due poli antropologici fondamentali:

> In realtà solamente nel mistero del Verbo incarnato trova vera luce il mistero dell'uomo. Cristo che è il nuovo Adamo, proprio rivelando il mistero del Padre e del Suo Amore svela anche pienamente l'uomo all'uomo e gli fa nota la sua altissima vocazione (GS 22)[4].

> Questa similitudine manifesta che l'uomo il quale sulla terra è la sola creatura che Iddio abbia voluta per se stessa, non possa ritrovarsi pienamente se non attraverso un dono sincero di sé (GS 24).

E, sottolineando l'aspetto di integrazione, leggiamo:

> Infatti gli studi recenti e le nuove scoperte delle scienze, come pure quelle della storia e della filosofia, suscitano nuovi problemi che comportano conseguenze anche per la vita pratica ed esigono nuove indagini anche da parte dei teologi. Questi sono inoltre invitati, nel rispetto dei metodi e delle esigenze proprie della scienza teologica, a ricercare modi sempre più adatti di comunicare la dottrina cristiana agli uomini della loro epoca: altro è, infatti, il deposito o le verità della fede, altro è il modo con cui vengono espresse, a condizione tuttavia di salvaguardarne il significato e il senso profondo. Nella cura pastorale si conoscano sufficientemente e si faccia uso non soltanto dei principi della teologia, ma anche

---

[2] R. LATOURELLE, *Vaticano II. Bilancio e prospettive* (cf. nt. 1).
[3] F. IMODA, ed., *Antropologia interdisciplinare e formazione*, Bologna 1997.
[4] CONCILIO VATICANO II, *Costituzione Gaudium et spes* [= GS] Città del Vaticano 1965.

delle scoperte delle scienze profane, in primo luogo della psicologia e della sociologia, cosicché anche i fedeli siano condotti a una più pura e più matura vita di fede (GS 62).

Sarebbe possibile evocare qui anche lo storico Discorso di Giovanni XXIII all'inaugurazione del Concilio, ma ci lasciamo guidare da alcuni testi di Paolo VI, preso come un più che autorevole interprete del Concilio.

a. Paolo VI, nell'Allocuzione all'ultima sessione pubblica, (7 Dicembre, 1965) dice:

> La Chiesa del Concilio, sì, si è assai occupata, oltre che di se stessa e del rapporto che a Dio la unisce, dell'uomo, dell'uomo quale oggi in realtà si presenta: l'uomo vivo, l'uomo tutto occupato di sé, l'uomo che si fa non soltanto centro d'ogni interesse, ma osa dirsi principio e ragione d'ogni realtà. Tutto l'uomo fenomenico, cioè rivestito degli abiti delle sue innumerevoli apparenze; si è quasi drizzato davanti al consesso dei Padri conciliari, essi pure uomini, tutti Pastori e fratelli, attenti perciò e amorosi: l'uomo tragico dei suoi propri drammi, l'uomo superuomo di ieri e di oggi e perciò sempre fragile e falso, egoista e feroce; poi l'uomo infelice di sé, che ride e che piange; l'uomo versatile pronto a recitare qualsiasi parte, e l'uomo rigido cultore della sola realtà scientifica, e l'uomo com'è, che pensa, che ama, che lavora, che sempre attende qualcosa il «filius accrescens» (Gen. 49, 22); e l'uomo sacro per l'innocenza della sua infanzia, per il mistero della sua povertà, per la pietà del suo dolore; l'uomo individualista e l'uomo sociale; l'uomo «laudator temporis acti» e l'uomo sognatore dell'avvenire; l'uomo peccatore e l'uomo santo; e così via. L'umanesimo laico profano alla fine è apparso nella terribile statura ed ha, in un certo senso, sfidato il Concilio. La religione del Dio che si è fatto Uomo s'è incontrata con la religione (perché tale è) dell'uomo che si fa Dio. Che cosa è avvenuto? uno scontro, una lotta, un anatema? Poteva essere; ma non è avvenuto. L'antica storia del Samaritano è stata il paradigma della spiritualità del Concilio. Una simpatia immensa lo ha tutto pervaso. La scoperta dei bisogni umani (e tanto maggiori sono, quanto più grande si fa il figlio della terra) ha assorbito l'attenzione del nostro Sinodo. Dategli merito di questo almeno, voi umanisti moderni, rinunciatari alla trascendenza delle cose supreme, e riconoscerete il nostro nuovo umanesimo: anche noi, noi più di tutti, siamo i cultori dell'uomo.
>
> La religione cattolica e la vita umana riaffermano così la loro alleanza, la loro convergenza in una sola umana realtà: la religione cattolica è per l'umanità; in un certo senso, essa è la vita dell'umanità. È la vita, per l'interpretazione, finalmente esatta e sublime, che la nostra religione dà all'uomo (non è l'uomo, da solo, mistero a se stesso?); e la dà precisamente in virtù della sua scienza di Dio: per conoscere l'uomo, l'uomo vero, l'uomo integrale, bisogna conoscere Dio;
>
> Che se, venerati Fratelli e Figli tutti qui presenti, noi ricordiamo come nel volto d'ogni uomo, specialmente se reso trasparente dalle sue lacrime e dai suoi dolori, possiamo e dobbiamo ravvisare il volto di Cristo (cfr. Mt 25,40), il Figlio dell'uomo e se nel volto di Cristo possiamo e dobbiamo poi ravvisare il volto del

Padre celeste: «chi vede me, disse Gesù, vede anche il Padre» (cfr. Gv 14,9), il nostro umanesimo si fa cristianesimo, e il nostro cristianesimo si fa teocentrico; tanto che possiamo altresì enunciare: per conoscere Dio bisogna conoscere l'uomo[5].

b. Il Discorso di chiusura dell'anno Santo 1975

Paolo VI — secondo il commento di J. Joblin[6] — passa nel suo insegnamento, soprattutto dopo il Concilio e in modo particolare in questo documento, da considerazioni che si potrebbero definire «di ordine etico» (come si trovavano in Leone XIII, Pio XII, Giovanni XXIII), a una serie di considerazioni che situano l'uditore nel mondo della fede. Egli dice: se amiamo il prossimo non è semplicemente perché vediamo in lui un fratello che soffre, ma prima di tutto perché siamo portati da un movimento interiore — mistico si può dire — di compassione e di amore verso di lui: «per l'amore a Te; a Te o Cristo, scoperto nella sofferenza e nel bisogno di ogni nostro simile»[7].

Questa dimensione mistica data alla presenza dei cristiani nel mondo è una chiave di interpretazione del pontificato di Paolo VI; [...] erano trascorsi due anni in cui il popolo cristiano aveva risposto, al di là di ogni speranza all'appello che era stato lanciato a ciascuno d'infondere in lui «la saggezza e il dinamismo del concilio» e di «riflettere in modo vitale ciò che il Concilio Vaticano II aveva enunciato in forma dottrinale[8].

In questa luce, può risultare interessante riprendere le riflessioni di un acuto commentatore del Vaticano II (Johnston)[9]. Viene offerta una lettura del Vaticano II alla luce dell'incontro di Gesù con il giovane ricco. Il messaggio del Concilio viene visto come una chiamata a passare da una religione dell'osservanza dei comandamenti ad un invito alla sequela a lasciare tutto e quindi ad una trasformazione interiore, esigente e radicale. Un messaggio forse non pienamente recepito e ridotto ad alcune «riforme» cambi esteriori nell'insieme del «mondo cattolico», ma che la visione dell'Istituto ha costantemente fatta sua nell'attenzione alla trasformazione di tutta la persona negli aspetti umani psicologici e religiosi cristiani. Il richiamo infatti all'interiorità e l'attenzione alle motivazioni profonde che possono influire sulla

---

[5] PAOLO VI, *Allocuzione all'ultima sessione pubblica del Concilio Ecumenico Vaticano II*, Città del Vaticano 1965.

[6] J. JOBLIN, «La construction de la communauté humaine dans "Populorum progressio" et les messages pour les journées de la paix: vers la civilisation de l'amour», in *Verso la civiltà dell'amore. Paolo VI e la costruzione della comunità umana. XI Colloquio Internazionale di studio*, Brescia 2010, 189-226.

[7] PAOLO VI, *Omelia per il solenne rito di chiusura dell'anno santo*, S. Natale 1975.

[8] J. JOBLIN, «La construction de la communauté humaine» (cf. nt. 6), 196.

[9] G. JOHNSTON, «After the Council: Living Vatican II», *Crisis Magazine,* July 2004.

crescita della libertà nell'amore, e alla loro trasformazione, sono state per così dire il pane quotidiano dell'Istituto di Psicologia.

c. La sfida e una eventuale risposta ad un ottimismo forse un po' unilaterale presente nei messaggi del Concilio .

Di nuovo, Paolo VI, nella Conclusione dell'Allocuzione Sessione Pubblica, 1965, diceva:

> E che cosa ha considerato questo augusto Senato nella umanità, che esso, sotto la luce della divinità, si è messo a studiare? ha considerato ancora l'eterno bifronte suo viso: la miseria e la grandezza dell'uomo, il suo male profondo, innegabile, da se stesso inguaribile, ed il suo bene superstite, sempre segnato di arcana bellezza e di invitta sovranità. Ma bisogna riconoscere che questo Concilio, postosi a giudizio dell'uomo, si è soffermato ben più a questa faccia felice dell'uomo, che non a quella infelice. Il suo atteggiamento è stato molto e volutamente ottimista. Una corrente di affetto e di ammirazione si è riversata dal Concilio sul mondo umano moderno. Riprovati gli errori, sì; perché ciò esige la carità, non meno che la verità; ma per le persone solo richiamo, rispetto ed amore. Invece di deprimenti diagnosi, incoraggianti rimedi; invece di funesti presagi, messaggi di fiducia sono partiti dal Concilio verso il mondo contemporaneo: i suoi valori sono stati non solo rispettati, ma onorati, i suoi sforzi sostenuti, le sue aspirazioni purificate e benedette[10].

L'articolo pubblicato dai docenti dell'Istituto nel volume del XXV° anniversario fa spesso riferimento a Ratzinger (1969), a Delhaye e altri teologi. Rileggendo i diversi articoli di *Gaudium et Spes*: art 13 Il peccato, art 14 La costituzione dell'uomo, art 16 Dignità della coscienza morale, art 17 Grandezza della libertà vengono ripresi e commentati alcuni elementi di ambiguità, legati all'ottimismo citato. Viene così indicato come nello sforzo e nei contributi dell'IP sul piano della riflessione, come su quello della ricerca[11], si è cercato di affrontare in modo positivo e complementare questa sfida.

In particolare, l'Istituto ha fortemente insistito sulle vulnerabilità che, distinte dalla vera e propria psicopatologia, esercitano il loro influsso come limitazione dell'esercizio della libertà nell'ambito di una vocazione all'autotrascendenza teocentrica e cristocentrica e questo sia sul piano della loro individuazione che su quello del loro trattamento/superamento.

---

[10] PAOLO VI, *Allocuzione all'ultima sessione pubblica* (cf. nt. 5) 1965.

[11] L.M. RULLA – F. IMODA – J. RIDICK, *Entering and Leaving Vocation: Intrapsychic Dynamics*, Rome – Chicago 1976; ed. ital., *Antropologia della vocazione cristiana. Conferme esistenziali*, Casale Monferrato 1986.

3. MISSIONE

La missione dell'Istituto appare chiaramente dal programma degli studi e dalla formulazione degli scopi che si propone. Non si può che rimandare alla pubblicazione ufficiale dove vengono elencati i corsi e viene indicata la progressione formativa.

Si può allora rilevare facilmente il disegno di un percorso formativo che si pone nel quadro di una antropologia cristiana e di un approccio interdisciplinare, e soprattutto anche orientato ad una iniziazione all'esercizio e alla pratica.

Similmente è importante a questo proposito rimandare all'Indice dei volume, pubblicato per il XXV° dell'IP, Antropologia interdisciplinare e formazione[12]. I vari contributi possono essere visti come un'elaborazione assai ricca nella sua varietà raccolti poi in «blocchi» o capitoli che dopo una Introduzione storica[13], elaborano temi quali «Teoria e metodo», «In dialogo», «Applicazioni», «Esperienze».

L'Istituto che ha sempre seguito una linea assai esigente nell'ammettere un numero chiuso di studenti, annovera oggi circa 500 ex alunni provenienti dai cinque continenti e impegnati in svariate posizioni spesso di responsabilità e leadership oltre che di formazione.

L'Istituto ha promosso, appoggiato e alle volte sponsorizzato diverse «Scuole per formatori» i direttori e responsabili di 16 di queste scuole che annoverano circa 1000 partecipanti presenti di fatto nei 5 continenti.
Nell'insieme dei corsi nei diversi anni di formazione, sono in contatto variamente intenso con l'Istituto e, recentemente, un incontro dei responsabili, a Roma promosso dall'Istituto è stato un'occasione di scambio arricchente per entrambi le parti.

Dal 1994, anche a seguito dell'Esortazione apostolica post-sinodale *Pastores dabo vobis* (1992)[14] e su richiesta dalla Congregazione per l' Educazione Cattolica, presieduta allora da S.Em. il Card Laghi, si è dato inizio al «Centro interdisciplinare per la formazione dei formatori al sacerdozio e alla vita consacrata» attraverso la collaborazione dell'Istituto di Psicologia e dell'Istituto Spiritualità.

---

[12] F. IMODA, *Antropologia interdisciplinare* (cf. nt. 3), 645-655.
[13] H. CARRIER, «Introduzione», in F. IMODA, *Antropologia interdisciplinare* (cf. nt. 3), 15-19.
[14] GIOVANNI PAOLO II, Esortazione apostolica post-sinodale *Pastores dabo vobis*, Città del Vaticano 1992.

4. PEDAGOGIA IGNAZIANA COME STRATEGIA E TRE PUNTI CHIAVE

Può risultare interessante evocare qui tre «punti chiave» della visione antropologica e pedagogica ignaziana come esempio specifico di una «forma applicativa» nel più universale contesto antropologico cristiano.

a. Anzitutto, per quanto riguarda il conoscere, la verità, troviamo la tensione dialettica e la sfida educativa del particolare e dell'universale: «non coerceri a maximo, contineri tamen a minimo, divinum est» («Non esser costretto da ciò ch'è più grande, essere contenuto in ciò ch'è più piccolo, questo è divino!», una frase, principio tratto dall'«Elogium Sepulchrale», in *Imago Primi Saeculi*[15].

L'Istituto di Psicologia si pone come programma accademico interdisciplinare. Accetta studenti con una preparazione filosofico-teologica previa. Mette in atto un sistema di apprendimento basato sul seminario con attiva partecipazione degli studenti e il continuo monitoraggio del lavoro degli stessi da parte dei docenti, anche alla luce del sapere psicologico scientifico.

b. In secondo luogo, la tensione dialettica e la sfida educativa dell'azione e della contemplazione: «Confidando in Dio in modo che tutto l'esito degli eventi dipenda da te, e non da Dio; mettendo tuttavia in opera ogni azione per queste cose, come se Tu nulla, e Dio solo sia colui che fa tutto» (frase attribuita a sant'Ignazio da G. Hevenesi SJ [1656-1715] e commentata da G. Fessard[16]).

Il programma è destinato a candidati orientati a svolgere compiti formativi. Dal II al IV anno ogni studente è inserito nella «pratica» sia di valutazione che di accompagnamento con supervisione. Gli ex alunni svolgono in gran parte (senza contare un Cardinale e cinque Vescovi), il ruolo di formatori e spesso anche di superiori.

c. Infine, la tensione dialettica e la sfida educativa del cuore, dell'affetto, della motivazione: «In tutto amare e servire» un motto che esprime l'animo di S.Ignazio, sempre attenti a non negare la presenza di ogni affetto, desiderio e motivazione umani, ma in modo da orientare, controllare e integrare tutto in una armonia la cui autenticità è testimoniata dalla consolazione, un tipo

---

[15] ANONIMO, «Elogium Sepulchrale», in *Imago Primi Saeculi Societatis Iesu*, Anversa 1640. Cf. L. SALVIUCCI INSOLERA, *L'Imago Primi Saeculi (1640) e il significato dell'immagine allegorica nella Compagnia di Gesù. Genesi e fortuna del libro*, Roma 2004, citato e commentato anche da G. FESSARD, *La Dialectique des Exercices Spirituels de St. Ignace de Loyola*, Paris 1956.

[16] G. FESSARD, *La Dialectique* (cf. nt. 15).

speciale di gioia. In questo modo la capacità e la pratica del dono divengono la più ricca espressione dell'amore cristiano guidato dalla verità.

È — questa — forse la caratteristica più peculiare dell'Istituto di Psicologia. Non solo viene perseguita l'acquisizione critica di un'area accademica/teorica, ed impegno attivo con apprendimento professionale, ma l'attenzione ad un percorso che coinvolge un'educazione affettiva, possibilmente integrata alla spiritualità, anzitutto nei soggetti stessi e poi come percorso di accompagnamento ad altri.

Il P. P-H. Kolvenbach, allora Generale della Compagnia di Gesù, parlando ai responsabili delle Università dei Gesuiti enunciava quelle che potevano essere le caratteristiche della pedagogia ignaziana e lo faceva evocando quanto detto da P. G. Ledesma SJ e ripreso — più o meno sorprendentemente — dalle università contemporanee: «Il primo motivo di Ledesma è "fornire agli studenti i mezzi di cui avranno bisogno nella loro vita"»[17]. Quattro secoli dopo, la cosa si scrive come segue: «l'educazione gesuita è eminentemente pratica, centrata sull'assicurazione agli studenti di una conoscenza e di capacità per eccellere in qualunque campo essi scelgano». Questo significa l'eccellenza accademica.

La seconda ragione che propone Ledesma è «contribuire al buon governo degli affari pubblici». Questa frase breve diviene, nel 1998:

> l'educazione gesuita non è semplicemente pratica : essa si preoccupa delle questioni dei valori, preparando uomini e donne ad essere buoni cittadini e buoni leaders, preoccupati del bene comune e capaci di utilizzare la loro educazione per il servizio della fede e la promozione della giustizia.

Con una formula barocca, Ledesma presenta una terza dimensione dell'insegnamento superiore: «assicurare ornamento, splendore e perfezione alla natura razionale dell'essere umano». Più sobrio ma puntuale, il *college* americano: «l'educazione gesuita esalta tutta la gamma della potenzialità e della realizzazione intellettuale umana, affermando ogni fiducia nella ragione, non come opposta alla fede, ma come il suo indispensabile complemento».

Infine, l'orientamento di ogni insegnamento superiore a Dio, secondo la percezione di Ledesma: «essere un bastione della religione e guidare l'uomo più sicuramente e più facilmente verso la realizzazione del suo fine ultimo». Con un linguaggio più inclusivo, e una prospettiva più ampia, il nostro documento moderno: «l'educazione gesuita situa fermamente tutto ciò che fa in una intelligenza cristiana della persona umana come creatura di Dio il cui destino si trova al di là dell'umano».

---

[17] P-H. KOLVENBACH, «*The Jesuit University in the light of the Ignatian Charism*». *Address to the International Meeting of Jesuit Higher Education*, Roma 2001.

Queste riflessioni appaiono fondamentalmente simili alla visione/interpretazione del Vaticano II, presente nei due documenti sopracitati di Paolo VI, così come sembrano essere

Sottolineate in uno degli aspetti fondanti e fondamentali del progetto dell'Istituto di Psicologia, che insiste in ogni passo sulla personalizzazione dei valori cristiani anche i più esigenti.

5. OSTACOLI OBIEZIONI

Nella fondazione e nello svolgimento della sua attività non è strano che siano emerse difficoltà di vario genere. Si potrebbero evocare, in modo non esclusivo, alcune aree particolarmente sensibili.

– Varie forme di timore della psicologia (soprattutto quando sia vista come fondata su antropologie più o meno implicite presenti in «teorie» psicologiche correnti e meno in armonia con una visione di antropologia cristiana. Timore che, però, spesso si estende a qualunque ambito «psicologico».

– Sfiducia nella possibile «integrazione» — data spesso per scontata — o vista come una «confusione» con un conseguente riproporsi di «psicologismo» e/o di «spiritualismo» di fatto riduttivi.

– La lunghezza e le esigenze del programma di fronte alla «premura» e a una richiesta di «semplificazione» radicata in una cultura che risente di «tecnicismo» affascinato da risposte rapide.

– La sfida ineludibile delle diversità culturali

– «Entusiasmo» di alcuni dei primi discepoli.

– Conoscenza esteriore del programma che non riesce ad evitare forme di semplificazione e proiezione di pregiudizi.

6. PROSPETTIVE

a. L'esortazione apostolica *Pastores Dabo Vobis* presenta con chiarezza quelli che possono essere detti i poli/le dimensioni fondamentali della Formazione raccogliendone le sfide che ne derivano. Fondamento: Formazione umana; il Fine: Formazione pastorale; lo Strumento: Formazione intellettuale; l'Anima: la Formazione spirituale. È una conferma dell'importanza degli aspetti antropologici di tutta la persona e in armonica integrazione che sono al centro della missione dell'Istituto.

b. «Orientamenti» della Congregazione per l'Educazione Cattolica (2008)[18]: il documento, cioè, sull' uso della psicologia nella formazione che evidenzia una notevole ambivalenza in materia. Mentre viene aperta — anche con coraggio — la porta «all'uso» della psicologia vengono anche espresse riserve e forse un certo delegare alla psicologia solamente i problemi più gravi come i casi di psicopatologia, senza poter usufruire del contributo anche in situazioni molto diffuse in casi — non di psicopatologia — ma di fragilità, come le ricerche condotte dall'Istituto oltre alla ormai lunga esperienza evidenziano, che possono pesare significativamente sullo sviluppo e la crescita spirituale/umana.

c. Al di là dei documenti resta l'importanza della formazione dei formatori dato che il processo formativo non è riducibile ad una dimensione cognitiva intellettuale o comportamentale (oltre ad una «ortodossia» intesa nel significato più profondo di pensiero corretto, l'attenzione va portata sull' «ortoprassi» inetsa come impegno della volontà in un'azione autenticamente libera, e anche molto sull' «ortopatia» come un retto sentire, la cui mancanza è molto spesso alla base di arresti e deviazioni nel percorso di crescita e di sviluppo.

d. Nel suo discorso all'Università Gregoriana, Benedetto XVI diceva:

> L'Università Gregoriana, fin dalle sue origini con il Collegio Romano, si è distinta per lo studio della filosofia e della teologia. Sarebbe troppo lungo enumerare i nomi degli insigni filosofi e teologi che si sono succeduti sulle cattedre di questo Centro accademico; ad essi dovremmo aggiungere anche quelli di famosi canonisti e di storici della Chiesa, che hanno speso le loro energie fra queste mura prestigiose. Tutti hanno contribuito grandemente al progredire delle scienze da loro coltivate e quindi hanno offerto un prezioso servizio alla Sede Apostolica nell'espletamento della sua funzione dottrinale, disciplinare e pastorale. Con l'evolversi dei tempi necessariamente mutano le prospettive. Oggi non si può non tener conto del confronto con la cultura secolare, che in molte parti del mondo tende sempre più non solo a negare ogni segno della presenza di Dio nella vita della società e del singolo, ma con vari mezzi, che disorientano e offuscano la retta coscienza dell'uomo, cerca di corrodere la sua capacità di mettersi in ascolto di Dio. Non si può prescindere, poi, dal rapporto con le altre religioni, che si rivela costruttivo solo se evita ogni ambiguità che in qualche modo indebolisca il contenuto essenziale della fede cristiana in Cristo unico Salvatore di tutti gli

---

[18] CONGREGAZIONE PER L'EDUCAZIONE CATTOLICA, *Orientamenti per l'utilizzo delle competenze psicologiche nell'ammissione e nella formazione dei candidati al sacerdozio*, Città del Vaticano 2008.

uomini (cfr At 4,12) e nella Chiesa sacramento necessario di salvezza per tutta l'umanità (Cf. Dichiarazione *Dominus Iesus*[19]).

Non posso in questo momento dimenticare le altre scienze umane che in questa insigne Università vengono coltivate, sulla scia della gloriosa tradizione accademica del Collegio Romano. Quale grande prestigio abbia assunto il Collegio Romano nel campo della matematica, della fisica, dell'astronomia, è a tutti noto. Basti ricordare che il calendario, cosiddetto «Gregoriano», perché voluto dal mio predecessore Gregorio XIII, attualmente in uso in tutto il mondo, fu elaborato nel 1582 dal P. Cristoforo Clavio, professore del Collegio Romano. Basti anche fare menzione del P. Matteo Ricci, che portò fin nella lontana Cina, insieme alla sua testimonianza di fede, il sapere acquisito come discepolo del P. Clavio. Oggi queste discipline non vengono più coltivate nella Gregoriana, ma sono subentrate altre scienze umane, quali la psicologia, le scienze sociali, la comunicazione sociale. Con esse vuole essere più profondamente compreso l'uomo sia nella sua dimensione personale profonda, che nella sua dimensione esterna di costruttore della società, nella giustizia e nella pace, e di comunicatore della verità. Proprio perché tali scienze riguardano l'uomo non possono prescindere dal riferimento a Dio. Infatti, l'uomo, sia nella sua interiorità che nella sua esteriorità, non può essere pienamente compreso se non lo si riconosce aperto alla trascendenza[20].

e. Infine, i membri dell'Istituto di Psicologia intendono impegnarsi in un continuo cammino di riflessione sulle basi teoriche da cui dipende l'approccio formativo che a sua volta esige un continuo confronto con gli apporti teorico/scientifici nei vari campi del sapere, anche e soprattutto in vista dei continui adattamenti alle diverse modalità e sfide educative.

---

[19] CONGREGAZIONE PER LA DOTTRINA DELLA FEDE, Dichiarazione *Dominus Iesus*, 6-VIII-2000, nn. 13-15; 20-22, 742-765.
[20] BENEDETTO XVI, *Discorso all'Università Gregoriana*, Roma 2006.

UN CONCILIO «PASTORALE»: VISITANDO ALCUNE RIFLESSIONI DI BERNARD LONERGAN SUL CONCILIO VATICANO II

P. Tim Healy, S.I.
Istituto di Psicologia

In questa breve presentazione vorrei proporre alla vostra attenzione due articoli di Bernard Lonergan, articoli che a mio avviso offrono delle riflessioni interessanti e suggestive sul Vaticano II. Lonergan si trova a Roma in questo periodo del Concilio, e il primo articolo, intitolato «*Existenz* and *Aggiornamento*», risale al 1964[1]. Il secondo articolo, che ripete alcune delle idee presentate nel primo, risale invece al 1981, e porta il titolo «Pope John's Intention»[2]. In questi articoli, Lonergan si riferisce a due discorsi di Papa Giovanni XXIII, il discorso solenne al momento dell'apertura del Councilio, *Gaudet Mater Ecclesia*[3], e poi la risposta di papa Giovanni agli auguri di Natale dei cardinali e prelati della Curia, qualche settimana dopo la conclusione della prima sessione del Concilio[4].

Nel discorso solenne inaugurale, Papa Giovanni ha spiegato ai vescovi i suoi motivi per convocare un Concilio, e chiedeva una nuova presentazione del deposito della fede, una presentazione che rispondesse ai bisogni contemporanei. Affermava che la dottrina Cattolica dovrebbe abbracciare l'uomo integrale con i suoi doveri verso la città terrena insieme a quella celeste, e nota che davanti alle scoperte dell'umano ingegno e davanti al progresso la Chiesa non ha mantenuto un atteggiamento di indifferenza ma di onesto apprezzamento, e al tempo stesso di ammonimento agli uomini di volgere gli occhi a Dio.

Mentre la Chiesa «vuole trasmettere integra, non sminuita, non distorta, la dottrina cattolica», al tempo stesso — continua papa Giovanni — «noi non dobbiamo soltanto custodire questo prezioso tesoro» (p.791) ma «bisogna [...] che in questi nostri tempi l'intero insegnamento cristiano sia sottoposto da tutti a nuovo esame», «occorre che questa dottrina certa ed immutabile, alla

---

[1] B.J.F. LONERGAN, «Existenz and Aggiornamento», in F.E. CROWE, ed., *Collection. Papers by Bernard Lonergan, S.J.*, London 1967, 240-251 (d'ora in poi «Existenz»).

[2] B.J.F. LONERGAN, «Pope John's Intention», in F.E. CROWE, ed., *A Third Collection. Papers by Bernard J.F.Lonergan, S.J.*, New York – Mahwah – London 1985, 224-238 (d'ora in poi «Intention»).

[3] *AAS* 54 (1962) 785-795.

[4] *AAS* 55 (1963) 43-45.

quale si deve prestare un assenso fedele, sia approfondita ed esposta secondo quanto è richiesto dai nostri tempi» (pp.791-792).

La Chiesa «apre [agli uomini dei nostri tempi] le sorgenti della sua fecondissima dottrina, con la quale gli uomini, illuminati dalla luce di Cristo, riescono a comprendere a fondo che cosa essi realmente sono, di quale dignità sono insigniti, a quale meta devono tendere» (p.793).

Nella sua risposta al saluto natalizio da parte dei cardinali e prelati della Curia[5], qualche settimana dopo la conclusione della prima sessione del Consiglio, papa Giovanni è tornato al suo discorso inaugurale, reiterando

> che il nostro dovere non è soltanto di custodire questo tesoro prezioso [il deposito sacro della fede], come se ci preoccupassimo unicamente della antichità; ma di dedicarsi con alacre volontà e senza timore a quell'opera di derivazione della antica e perenne dottrina, e di applicazione della medesima alle condizioni della nostra età.

Ed egli sottolinea che il *punctum saliens*,

> non è quindi la discussione di questo o quel tema della dottrina fondamentale della Chiesa, in ripetizione diffusa dell'insegnamento dei Padri e dei Teologi antichi e moderni, quale si suppone debba essere già ben presente e familiare allo spirito. Per questo in verità non occorreva un Concilio (p.44).

Il Papa continua:

> lo spirito cristiano, cattolico ed apostolico del mondo intero, attende un balzo innanzi verso una penetrazione dottrinale e una formazione più viva delle coscienze, in perfetta fedeltà alla autentica dottrina; ma questa studiata ed esposta attraverso le forme della indagine e della formulazione letteraria del pensiero moderno [...] tutto misurando nelle forme e proporzioni di un magistero a carattere prevalentemente pastorale" (p. 44-45).

Questo ci da una idea di alcuni aspetti di quanto papa Giovanni XXIII proponeva per il Concilio: una attenzione all'uomo integrale che si trova nel mondo attuale, l'applicazione fedele della ricchezza della dottrina «verso una formazione più viva delle coscienze».

Ora passiamo a Lonergan. Nei due articoli già indicati, Lonergan offre un insieme di riflessioni suggestive su quanto è stato detto dal Papa. Cercheremo di seguire solo un filo presente nel pensiero di Lonergan, un filo che sembra di particolare rilevanza in sé e anche per quanto riguarda le scienze umane.

Lonergan suggerisce che «il balzo innanzi desiderato da Papa Giovanni nella chiesa potrebbe essere l'arricchimento della formulazione tecnica [della

---

[5] *AAS* 55 (1963) 43-45.

dottrina] con ciò che è vitale, personale, esistenziale»[6]. Cosa intende con queste parole: vitale, personale, esistenziale?

Trattando il concetto di *aggiornamento* come sfida e compito per la Chiesa, Lonergan osserva che storicamente il mondo moderno è andato per conto suo — senza la Chiesa — facendo notevoli progressi, ad esempio nei campi delle scienze naturali e della tecnologia, nelle scienze umane, nel metodo, nella filosofia e nella letteratura. La Chiesa, invece, «ha preso le distanze da questo sviluppo enorme: poteva lodare i fini ma non poteva accettare i mezzi; e perciò non poteva partecipare autenticamente al processo che eliminava l'uomo standardizzato del pensiero classicista e che faceva entrare la coscienza storica dell'oggi»[7].

Ora — suggerisce Lonergan — l'invito all'*aggiornamento* sembra rifiutare la mentalità classicista, sembra aprire la porta alla coscienza storica, cioè alla consapevolezza che gli uomini singoli sono responsabili ciascuno per la propria vita, e insieme sono responsibili per il mondo in cui portano avanti questa vita[8].

Inoltre, Lonergan propone la possibilità di «spogliare gli egiziani», in riferimento — mi pare — alle meravigliose scoperte dell'umano ingegno ed a quel progresso delle idee di cui oggi godiamo. Poter coinvolgersi così, però, richiede una creatività e una autenticità notevoli da parte dei cattolici. La sfida dell'autenticità è la sfida a conivolgersi personalmente, ad impegnarsi personalmente. L'impegno personale implica la scoperta personale del significato. L'impegno cristiano apre un orizzonte enorme che riguarda il significato della vita, della morte, di un amore traboccante. Ma il raggiungimento dell'illuminazione comporta una apprensione reale, un assenso reale (Newman), e anche la motivazione per vivere quanto uno ha imparato. Una bella sfida! Questo si realizza tramite la meditazione continua e sostenuta su ciò che veramente vuol dire essere Cristiano, un significato reale da cogliere non attraverso definizioni e sistemi ma attraverso le parole e le gesta viventi del Signore, della Madre di Dio, e dei santi, scrive Lonergan. Questo significato posso riconoscere solo man mano, in proporzione alla mia capacità di riconoscere quanto di esso ho ignorato o trascurato o trattato con disattenzione selettiva[9]. Si capisce un po' cosa vuol dire: Vitale, personale, esistenziale.

---

[6] That «the leap forward that Pope John desired in the church migh well be the enrichment of the technical formulation by the vital, the personal, the existential» («Intention», 227).

[7] «From that enormous development the church has held off: it could praise the ends; it could not accept the means; and so it could not authentically participate in the process that eliminated the standardized man of classicist thought and ushered in the historical consciousness of today» («Existenz», 247).

[8] «to the awareness that men individually are responsible for their lives and collectively are responsible for the world in which they live them» («Existenz», 248).

[9] Cf. «Intention», 236.

Alla luce di queste riflessioni, si può sostenere che la premura «pastorale» del Concilio costituisce una sfida per ogni Cristiano non solo a conoscere le dottrine ma a lasciarsi influenzare e cambiare dalla parola del Vangelo. In altre parole, la natura pastorale del Concilio comporta una sfida molto più profonda di un assenso puramente intellettuale a qualche dottrina; sfida l'uomo integrale alla conversione nella sua situazione concreta. Questa conversione è chiaramente lavoro dello Spirito Santo, tuttavia sia le parole di Papa Giovanni sia le riflessioni di Lonergan sembrano aperte anche ad un ruolo per le scienze, incluse quelle umane, in questa impresa che riguarda l'uomo integrale e il mondo in cui si trova.

CONCILIO VATICANO II E LA COMUNICAZIONE SOCIALE NELLA CHIESA IN AFRICA

Dott. Stephen Ogongo Ongong'a,
Centro Interdisciplinare sulla Comunicazione Sociale

Questa presentazione tratterà brevemente i punti chiavi di *Inter Mirifica* (1963), un documento conciliare sulla comunicazione sociale.

Vedremmo il progresso, dal mio punto di vista, fatto finora dalla Chiesa Cattolica in Africa, per quanto riguarda la comunicazione e cosa si potrebbe fare per attuare meglio le raccomandazioni di questo documento importantissimo. È importante notare che la situazione in Africa non è molto diversa da quella in altri continenti.

Nell'*Inter Mirifica*, i padri Conciliari dicono che:

La Chiesa riconosce che strumenti di comunicazione sociale offrono «nuove possibilità di comunicare, con massima facilità, ogni sorta di notizie, idee, insegnamenti».

La Chiesa riconosce che questi strumenti di comunicazione sociale «sono in grado di raggiungere e influenzare non solo i singoli, ma le stesse masse e l'intera umanità».

Allo stesso tempo, la Chiesa «riconosce che questi strumenti se bene adoperati, offrono al genere umano grandi vantaggi, perché contribuiscono efficacemente a sollevare e ad arricchire lo spirito, nonché a diffondere e a consolidare il regno di Dio».

La Chiesa Cattolica — che ha il compito di «portare la salvezza a tutti gli uomini», ritiene anche che è doveroso servirsi degli strumenti di comunicazione sociale per predicare il vangelo.

I padri Conciliari notano che le persone insufficientemente preparati non possono fare uso efficace di questi strumenti.

E cosi suggeriscono ai pastori locali
– di fare uso di questi mezzi per diffondere le notizie sulle loro attività
– a usare questi mezzi per la formazione e diffusione di opinioni pubbliche
– di usare questi mezzi per offrire un sano divertimento, che orienti lo spirito dei giovani a nobili ideali
– i padri Conciliari chiedono alle autorità ecclesiali di moltiplicare le «scuole, facoltà e istituti, dove giornalisti, autori di film e di programmi radiofonici e televisivi» possono ricevere la formazione tecnica, culturale, e morale.

L'importanza di saper comunicare

Durante la preparazione del Conclave che ci ha regalato Papa Francesco, ho sentito spesso i vescovi e i cardinali sottolineare che una delle qualità del futuro Papa è la capacità comunicativa. Dicevano che il prossimo Pontefice dovrà essere un buon comunicatore. E già si vede che lo è! In giro di pochi minuti dalla sua elezione, Papa Francesco ha già dimostrato di essere un buon comunicatore che usa il linguaggio semplice, frasi comuni che di solito usiamo con i nostri amici e familiari, e soprattutto con i suoi gesti — presenza, sguardo, sorriso, e il suo modo di fare ciò che nessuno aspetterebbe dal Pontefice.

La Chiesa in Africa e i mezzi di comunicazione sociale

Prima di tutto, è importante sottolineare ed apprezzare lo sforzo enorme che alcune diocesi e parrocchie in Africa fanno per promuovere l'uso dei mezzi di comunicazione sociale.

Tanti vescovi, per esempio, hanno
– Creato centri di comunicazione sociale e formazione
– Promosso la creazione delle radio, riviste, centri di produzione video, siti web, ecc.
– Inviato gli studenti laici e religiosi a studiare comunicazione sociale.
Con le poche risorse a disposizione, quello che sono riusciti a fare merita davvero l'apprezzamento di tutti.

Però, si potrebbe fare molto di più

Si fatica ancora a riconoscere l'importanza dei mezzi di comunicazione sociale

Sicuramente si potrebbe fare molto di più cominciando con il riconoscimento dell'importantissimo ruolo che questi mezzi giocano nella società attuale.
Purtroppo tantissimi vescovi hanno una diffidenza verso i mezzi di comunicazione sociale. Non usano questi mezzi — anche quelli secolari e non promuovono neanche la creazione di quelli ecclesiali. Le considerano i mezzi di disinformazione e della propaganda.
Questo è un grandissimo sbaglio che fanno perché ostacolano l'uso di questi mezzi per diffondere il messaggio evangelico.

La Chiesa Cattolica è assente nei mainstream media

Spesso la Chiesa Cattolica è assente nei *mainstream media* (i media principali) perché non comunica — è una chiesa che non comunica con il mondo esterno! Lo spazio riservato gratuitamente alla Chiesa Cattolica nei *mainstream media* di solito viene usato dai pastori di altre Chiese, soprattutto quelle evangeliche e pentecostali.

Raramente trovi i sacerdoti Cattolici, o religiosi, per esempio, che hanno rubriche stabili nei quotidiani o rete televisive nazionali.

Servono uffici di relazione pubblica

La Chiese Cattolica deve essere presente nei *mainstream media*! È uno dei modi efficace per farlo è avere uffici di relazione pubblica — che non esistono.

Quando un giornalista ha bisogno di intervistare un vescovo, o ricevere un commento su qualche notizia che mette la Chiesa in cattiva luce — non si riesce mai facilmente a raggiungere i capi della chiesa. E come si dice, quando non parli, qualcun altro parla per te! Il guaio è che se uno che non hai incaricato parla per te, non dirà mai quello che avresti voluto o potuto dire.
La Chiesa può far sentire il suo messaggio inviando spesso alle redazioni, i suoi comunicati stampa.

Ottimi documenti sulla comunicazione, ma non letti

La Santa Sede di solito scrive ottimi documenti sulla comunicazione sociale — che purtroppo rimane ancora una cosa marginale nella Chiesa stessa. Non so quanti dei nostri vescovi leggono i documenti della Chiesa sulla comunicazione sociale. Mentre sono sicuro che leggono tutti quelli sulla teologia, ho qualche dubbio se fanno lo stesso con i documenti sulla comunicazione sociale. Bisogna trovare un modo per incoraggiare i vescovi a leggere questi documenti.

L'uso sbagliato dei mezzi di comunicazione sociale

La Chiesa, spesso, usa i mezzi di comunicazione sociale in modo sbagliato perché non ha la gente ben preparata. Pochissimi seminari o scuole di formazione dei religiosi hanno corsi di comunicazione sociale. Nel mondo attuale, secondo me, un corso di base sulla comunicazione sociale è essenziale per tutti i futuri sacerdoti e religiosi. La capacità comunicativa, come ho già detto all'inizio, è essenziale per i religiosi oggi. Un corso di base sulla comunicazione sociale potrebbe essere introdotto nella formazione dei seminaristi come corso prescritto.

Professionalità dei laici ancora da riconoscere

Un altro sbaglio che la Chiesa fa spesso è quello di non riconoscere la professionalità dei laici. Mentre è facile trovare i laici ben preparati nell'uso dei mezzi di comunicazione sociale, di solito la Chiesa non si apre a loro. Invece spesso affida l'incarico di gestire le redazioni o centri di comunicazione ai religiosi che non sanno niente di comunicazione. Ecco perché spesso i media della Chiesa si gestiscono male, e così finiscono per fallire.

Qualche esempio di cattivo uso dei mezzi di comunicazione ecclesiali:

– sono usati principalmente per raccontare quello che fanno i vescovi o i preti;
– non hanno spazio per la voce della gente comune, e non affrontano i veri problemi della gente;
– usano il tono noioso, senza nessuna professionalità;
– tanti capi della Chiesa non hanno ancora capito che avere una radio o giornale della diocesi non vuol dire solo occuparsi del Vangelo, ma anche di altre tematiche che toccano la vita della gente.

Comunicazione sociale si sacrifica facilmente

Nella Chiesa, di solito quando le risorse sono limitate, il settore della comunicazione viene facilmente sacrificato. Questo succede sia con i mezzi di comunicazione che con le scuole di formazione. È importante notare che mentre i padri Conciliari insistevano sull'importanza di creare centri di formazione per i comunicatori — e questo lo facevano negli anni sessanta — fino ad oggi pochissime università o istituti di formazione ecclesiastiche hanno corsi di comunicazione sociale. La Chiesa non può avere buoni comunicatori se non crea e sostiene con convinzione i centri di formazione.

L'assenza della Chiesa nei social network

Secondo me, chi non frequenta i social network è fuori dalla realtà e non saprà mai veramente quello che la gente vive. Ma quanti cardinali, vescovi, preti, suore, ecc. hanno un profilo su Facebook, o Twitter? Questi mezzi non costano niente, ma raggiungono un numero illimitato di persone.

L'incapacità di ascoltare

Comunicare bene richiede la capacità di ascolto. Purtroppo è molto diffusa nel clero la convinzione di sapere tutto, che non ci sia qualcosa che possano imparare dai fedeli. Bisogna avvicinarsi di più alla gente, ascoltarla ed aiutarla a risolvere i suoi problemi. Solo ascoltando la gente, possiamo verificare se il messaggio che cerchiamo di comunicare è ben percepito.

Conclusione

La Chiesa in Africa è chiamata a creare una comunità che comunica, che riconosce che i mezzi di comunicazione sociale sono essenziali per l'evangelizzazione, e che riconosce e fa buon uso dei suoi professionisti che siano laici o religiosi.

FORMAZIONE AL SACERDOZIO E PSICOLOGIA: IL CONTRIBUTO DEL VATICANO II E SUOI SVILUPPI

Don Alessandro Maria Ravaglioli
Centro Interdisciplinare per la Formazione dei Formatori al Sacerdozio e alla Vita Consacrata

Il Concilio Vaticano II, colto nel suo insieme, lo si può vedere come un grande evento ecclesiale di ritorno alle «origini» e agli stessi «fondamenti» dell'esperienza cristiana (Parola di Dio, mistero della Chiesa, Liturgia, ecc.), favorendo così una rinnovata e più lucida presa di consapevolezza dei dati essenziali che la identificano e caratterizzano. Al tempo stesso, e per tanti versi, lo si è pure considerato — ed è corretto continuare a considerarlo — come un evento di cordiale e costruttiva apertura al dialogo con il mondo contemporaneo. A tal proposito, la costituzione pastorale *Gaudium et Spes* riconosce la mutua relazione esistente tra Chiesa e mondo (GS 40). Ancor più, sottolinea ciò che l'una (GS 41-43) e l'altro (GS 44) possono reciprocamente offrirsi.

Entro questo orizzonte dialogico, così come viene profilandosi e sviluppandosi nell'intero documento davvero aperto e scevro di pregiudizi, viene esplicitata l'attenzione per le scienze umane (GS 7, 54), con un particolare interesse e apprezzamento per le scienze psicopedagogiche e sociali (GS 5, 52, 54, 62). Il ricorso ad esse è indicato, anzi raccomandato, in diversi documenti conciliari, e non soltanto in vista della preparazione dei futuri presbiteri o delle persone chiamate alla vita consacrata, tema principale delle nostre seguenti considerazioni. A esemplificazione di quanto stiamo affermando, si può riprendere *Apostolicam Actuositatem*, il decreto sull'apostolato dei laici, ove si esorta a ricorrere a tali scienze «per meglio sviluppare le attitudini dei laici, uomini e donne, giovani e adulti, in tutti i campi di apostolato» (AA 32); e, ancora, *Christus Dominus*, il decreto dedicato alla missione pastorale dei Vescovi, che rivolge lo stesso invito «perché i Catechisti siano convenientemente preparati al loro compito» (CD 14).

1. IL CONTRIBUTO CONCILIARE

Per quanto riguarda il nostro più circoscritto tema sull'apporto conciliare in ordine alla collaborazione di psicologia e pedagogia alla formazione al sacerdozio, lasciamo che parli l'*Optatam Totius*, cioè il decreto che, più di ogni altro proposto dal Concilio, approfondisce questa dimensione, sempre così rilevante, strategica e delicata per la vita stessa della Chiesa. In alcuni suoi passaggi, si fa riferimento all'utilità di un ricorso a queste scienze. Ciò viene fatto, con precisione e chiarezza, tenendo conto di alcuni differenti ambiti e urgenze. Ne individuiamo e presentiamo cinque.

Anzitutto, *nella conduzione della pastorale a favore delle vocazioni*. Il Concilio, raccomanda i tradizionali mezzi di animazione e promozione vocazionali (preghiera fervente, penitenza cristiana, formazione più profonda dei fedeli, ecc.). Ma, questi, sono da mettere in campo «senza trascurare nessuna utile indicazione offerta dalla moderna scienza psicologica e sociologica» (OT 2).

In secondo luogo, *nella valutazione e nel testare le qualità dei candidati al seminario*. Il decreto conciliare, almeno implicitamente, rimanda all'apporto delle scienze psicologiche e pedagogiche nelle seguenti raccomandazioni: «Con vigile cura, proporzionata all'età dei singoli e al loro sviluppo, si indaghi sulla retta intenzione e la libera volontà dei candidati, sulla loro idoneità spirituale, morale e intellettuale, sulla necessaria salute fisica e psichica, considerando anche le eventuali inclinazioni ereditarie. Si ponderi altresì la capacità dei candidati a sopportare gli oneri sacerdotali e ad esercitare i doveri pastorali. In tutta la scelta degli alunni e nel sottoporli a debita prova, sempre si abbia fermezza di animo, anche se si deve deplorare una penuria di clero» (OT 6).

In terzo luogo, *nella formazione della personalità umana e spirituale dei candidati al sacerdozio*. In alcuni passaggi salienti del documento (OT 3, 11), ma soprattutto in uno di essi, si afferma con grande chiarezza: «Si osservino diligentemente le norme dell'educazione cristiana, e queste siano convenientemente perfezionate coi dati recenti di una sana psicologia e pedagogia. Pertanto, per mezzo di un'educazione saggiamente proporzionata alla loro età, si coltivi negli alunni anche la necessaria maturità umana» (OT 11).

In quarto luogo, *nella loro formazione pastorale*, cioè in vista della loro opera di evangelizzazione, del loro impegno nella direzione spirituale, nelle relazioni con le persone, le famiglie, i gruppi. Su questo aspetto molto importante e significativo della formazione dei futuri pastori, il decreto così si esprime: «Si insegni anche a fare uso degli aiuti che possono essere offerti dalle discipline sia pedagogiche, sia psicologiche, sia sociologiche secondo i giusti metodi e in accordo con le norme dell'autorità ecclesiastica» (OT 20). In consonanza con queste nostre riflessioni, è doveroso sottolineare anche quanto espresso nella già richiamata costituzione pastorale *Gaudium et Spes*: «Nella cura pastorale si conoscano sufficientemente e si faccia uso non soltanto dei principi della teologia, ma anche delle scoperte delle scienze profane, in primo luogo della psicologia e della sociologia, cosicché anche i fedeli siano condotti a una più pura e più matura vita di fede» (GS 62).

Da ultimo, *nella specifica formazione dei formatori dei seminari*. Il decreto sottolinea: «Poiché la formazione degli alunni dipende dalla saggezza dei regolamenti, ma più ancora dalla idoneità degli educatori, i superiori e i professori dei seminari devono essere scelti fra gli elementi migliori e diligentemente preparati con un corredo fatto di solida dottrina, di conveniente esperienza pastorale e di una speciale formazione spirituale e pedagogica. Bisogna perciò che a questo fine si organizzino appositi istituti, o almeno dei corsi con programmi organici» (OT 5).

2. ALCUNI RILIEVI

Stando a quanto è emerso dai testi sopra richiamati, il Concilio sembra dunque accettare serenamente il ricorso alle scienze psicopedagogiche. Ciò lo si vede, riepilogando, in relazione alla *conduzione* e *animazione vocazionale*; ancor più e soprattutto, nella *valutazione* e nell'*accompagnamento* dei candidati al sacerdozio; nel *prepararli al ministero pastorale*; nella *preparazione degli stessi formatori*. Inoltre, va posto in rilievo e fatto notare come torni un'accorata raccomandazione, che sembra voler indicare una fondamentale e indispensabile condizione, perché effettivamente possano essere utilizzate le scienze di cui stiamo trattando. La riproponiamo in questi termini: psicologia sì, ma che sia «*sana*» (OT 3, 11).

In estrema sintesi, il ricorso a queste scienze sembra orientato a *due* precise e preponderanti *funzioni* applicabili ai soggetti in prospettiva, discernimento, formazione vocazionale (sacerdotale e religiosa). La prima, è quella di porre tali scienze al servizio di un lavoro che favorisca nella persona stessa del futuro pastore una conoscenza e accettazione più profonda e più ampia di sé, di una sua crescita complessiva. Detto diversamente: il contributo di queste scienze potrebbe e dovrebbe trovare un'accoglienza organica al punto di rifrangersi utilmente e di incidere favorevolmente sulla personalità stessa del soggetto in vocazione. Una tale funzione, con possibili influssi ed effetti benefici sul processo di maturazione a un tempo umana e vocazionale della persona chiamata, la possiamo definire «*funzione riflessiva*». La seconda, invece, consiste nell'utilizzare l'apporto di queste scienze in vista del potenziamento delle capacità del pastore nell'impatto con le persone e le comunità che incontra e con le quali interagisce nell'annunciare il Vangelo, nell'opera educativa, nelle variegate circostanze e attività pastorali, così da incidere — se possibile — più positivamente sui fedeli. La possiamo qualificare come «*funzione transitiva*».

Queste due «funzioni» sembrano orientare l'utilizzo di queste scienze verso un loro «*ruolo più intrinseco*» rispetto ai percorsi umano-cristiani alla sequela del Signore Gesù e, ancor più specificamente, rispetto ai cammini formativi vocazionali (sacerdotali e di vita consacrata). Ciò significa che l'apporto di una *sana* psicologia e pedagogia alla vita e all'azione dei pastori, come pure all'esistenza umano-cristiana dei fedeli, dovrebbe condurre i primi e *anche* (nel testo originale latino troviamo il termine «*etiam*») i secondi «a una più pura e più matura vita di fede» (GS 62), e non semplicemente rilevare stati e condizioni di *normalità* o, al contrario, di *patologia* in cui verserebbe il soggetto, e, magari, in questo secondo caso, tentare di porvi un qualche rimedio.

Nonostante diffidenze, resistenze, giudizi negativi, già emersi in tempi preconciliari in seno alla Chiesa rispetto alla psicologia (psicoanalisi in specie), sembra che il Concilio attribuisca una valutazione fondamentalmente positiva di ciò che queste scienze possono offrire. Ma, soprattutto, sembra intuire — osiamo dire — profeticamente come l'apporto di queste scienze possa essere assimilato in un processo formativo che, in grado di operare le dovute distinzioni, non disgiunga dicotomicamente la maturità umana da quella vocazionale. Scienze psicopedagogiche certamente sì, e in stretta o meglio in «*intrinseca*» collaborazione, a condizione che se ne adottino versioni «sane» assimilabili alla proposta pedagogica vocazionale.

3. ULTERIORI SVILUPPI

Nel corso degli anni, nonostante esperienze deludenti e fallimentari su questo fronte (valga per tutte quella assai nota, verificatasi tra il 1961 e il 1967, a Cuernavaca, in Messico, presso un monastero benedettino), sulla scia del magistero conciliare si sono dati diversi altri interventi ecclesiali autorevoli sull'argomento. Ne richiamiamo alcuni.

In stretta sintonia con *Optatam Totius*, la Congregazione per l'Educazione Cattolica, nel 1970, pubblica la *Ratio Fundamentalis*, cioè il regolamento fondamentale di formazione sacerdotale (su ciò che stiamo trattando, si veda RF 9, 11, 13, 30).

Poco più di vent'anni dopo, a seguito del Sinodo dei Vescovi del 1990 — sulla formazione dei Sacerdoti nelle circostanze attuali —, viene pubblicato un altro importante documento: l'esortazione apostolica post-sinodale di Giovanni Paolo II *Pastores Dabo Vobis* (1992), un documento sicuramente innovativo e «di svolta» sulle questioni compendiate nella nostra tematica. In tale documento, alla classica tripartita distinzione formativa — spirituale, intellettuale, pastorale —, che ritroviamo in *Optatam Totius*, si aggiunge, ponendola a fondamento dell'intera formazione sacerdotale, la formazione *umana*. Nei paragrafi che la illustrano (PDV 43-44), si tratta esplicitamente della necessità di educare i futuri presbiteri ad essere personalità equilibrate, forti, libere, responsabili, così da poter far fronte agli impegni pastorali cui andranno incontro. Ancora, si sottolinea la necessità di essere «uomini di comunione», maturi nell'affettività, nel dominare e integrare la propria sessualità. Inoltre, si insiste sull'accurata scelta dei formatori, chiamati ad un'efficacia particolare nel delicato compito che viene loro affidato, e, quindi, su una loro adeguata preparazione (PDV 66).

In seguito, a cura della Congregazione per l'Educazione Cattolica, sono stati pubblicati altri importanti ed epocali documenti. Cronologicamente più vicini a noi, ma, soprattutto, più inerenti al nostro tema e ai suoi variegati e articolati addentellati, risultano essere senz'altro *Direttive sulla preparazione degli educatori nei seminari* (1993) e *Orientamenti per l'utilizzo delle competenze psicologiche nell'ammissione e nella formazione dei candidati al sacerdozio* (2008).

4. ESPERIENZE POSTCONCILIARI: UNA LORO SCHEMATICA PRESENTAZIONE E VALUTAZIONE

In questi ultimi 50 anni di vita ecclesiale postconciliare, le scienze psicopedagogiche, il cui impiego in ambito formativo-vocazionale è stato più volte evocato nei testi conciliari nella loro duplice funzione «riflessiva-transitiva» — così come da noi interpretato e sopra illustrato —, secondo quali modalità e in quale misura, sono state recepite e hanno influenzato effettivamente i programmi pedagogico-vocazionali di seminari e noviziati?

Un bilancio completo e articolato di quanto si è operato negli ultimi cinque decenni non è certamente facile, né, tanto meno, può risolversi in poche fugaci battute. In questo nostro contributo è praticamente impossibile pensare di cimentarsi e riuscire in una simile impresa. Ci permettiamo, allora, di rischiare *soltanto* (si fa per dire!) una presentazione schematica e approssimativa di alcuni degli *atteggiamenti* o *approcci*, da noi riscontrati come ricorrenti nella prassi formativo-vocazionale, in riferimento all'utilizzo delle scienze psicopedagogiche. Di queste, inoltre, ci limitiamo a prendere in considerazione la loro applicazione riguardante una sola delle «due funzioni» — riflessiva e transitiva — sopra presentate. Si tratta di quella *«riflessiva»*, senz'altro la più rilevante a livello di formazione della persona stessa in cammino vocazionale.

Riassumiamo in *quattro posizioni* gli atteggiamenti che ci sembrano, di fatto, maggiormente adottati e posti in atto.

La *prima*. Nonostante le indicazioni impartite dal Concilio e dal successivo magistero della Chiesa in materia, si riscontrano ancora impostazioni pedagogiche che insistono, sull'indiscutibile primato della Grazia divina in ogni vocazione cristiana. Lo fanno, però, quasi a senso unico o unidirezionale, quasi in senso esclusivo, appoggiandosi ad una visione della persona umana in chiave spiccatamente *«spiritualistica»*. Proprio a partire da questa sorta di *riduzionismo antropologico «dall'alto»*, esse nutrono ancora diffidenza e perplessità riguardo la possibilità stessa di un qualche aiuto derivante dalla psicologia, fosse anche quella «sana». Di essa si rileva, quindi, una sostanziale estraneità/inutilità rispetto al processo formativo-vocazionale.

La *seconda*. Altre impostazioni, invece, si mostrano più aperte, senza pregiudizi di sorta, al punto di apparire quasi acritiche nei confronti di psicologia e pedagogia. Entro tale orizzonte, possiamo trovare educatori vocazionali che sembrano quasi come demandare alla competenza di queste scienze umane il compito di decifrare i segni della chiamata divina e di portare a pienezza di umanità e di risposta — anche vocazionale — la persona del candidato, del già presbitero o consacrato. Queste posizioni, è ovvio, rischiano, da un lato, *«psicologismi»* o, se vogliamo, *riduzionismi antropologici «dal basso»* di vario tipo; dall'altro, la rinuncia, da parte dei formatori vocazionali, a quel ruolo e a quei compiti che, invece, dovrebbero rivendicare come loro propri e specifici, di cui, soprattutto, dovrebbero avvertirne e assumerne la responsabilità.

La *terza*. C'è poi chi richiede l'intervento di psicologi, psichiatri e psicoterapeuti prevalentemente in faccia a soggetti che spontaneamente manifestano le loro fragilità o che, dagli stessi educatori, vengono considerati come problematici o in odore di psicopatologia. Si tratta di impostazioni che concepiscono l'apporto delle scienze psicopedagogiche quasi esclusivamente *in chiave diagnostica* e *di recupero terapeutico* (proprio tali utilizzi costituiscono, in genere, motivo di reazione antipatica, se non di vera e propria ripulsa o allergia nei riguardi delle scienze implicate). Risulta difficile sottrarle alla qualifica di *riduzionismo «psicopatologistico»*.

La *quarta*. Da ultimo, si può parlare di quell'atteggiamento, incarnato da alcuni superiori di seminario o di noviziato, che, inconsapevolmente e senza calcolo malizioso (almeno c'è da augurarselo!), porta i medesimi a chiamare in causa l'esperto per trovare in lui un valido alleato con cui condividere o, addirittura, su cui scaricare decisioni difficili (per esempio, bloccare il candidato nel cammino ai ministeri, all'ordinazione diaconale e presbiterale; oppure, dimetterlo). Insomma: l'atteggiamento che finisce per ridurre l'esperto in povero cireneo che offra il sostegno... psicologico, o che assuma del tutto il peso di scelte conturbanti e con effetti impopolari. In questo caso si tratterebbe del più smaccato *riduzionismo «ancillaristico»* cui, in ambito vocazionale, potrebbe essere costretta la scienza psicologica, e, con essa, i suoi concreti e operativi rappresentanti.

Approcci prevalentemente «spiritualistici»; altri prevalentemente «psicologistici»; altri ancora «psicopatologistici»; e, infine, approcci «ancillaristici». Tali atteggiamenti di approccio, da noi tratteggiati in termini caricaturali ed estremi, ci mettono in guardia, comunque, dai *riduzionismi «dall'alto»* e *«dal basso»*, sempre in agguato.

Per reazione a tutto ciò, si può incorrere nel rischio (sembra si sia verificato e continui a verificarsi con una certa facilità), riguardo al processo formativo vocazionale vero e proprio, di un utilizzo *«estrinseco»* delle scienze psicopedagogiche. In tal caso, ci si avvarrebbe di una loro *collaborazione parallela*. Con tale espressione intendiamo riferirci a una collaborazione caratterizzata da un superficiale e limitato contatto dialogico e di confronto, di fatto piuttosto esterno, se non proprio del tutto estraneo allo specifico iter formativo vocazionale: una collaborazione che non trova protagonisti davvero interattivi. Più concretamente ed esemplificando: dialogo e collaborazione sarebbero messi in campo per un uso prevalentemente psicodiagnostico, con finalità selettivo-preventive. Oppure, per interventi psicoterapeutici a fronte di casi, più o meno conclamati, di stranezze e gravità psicopatologiche. In tal modo, ci si mostrerebbe molto meno interessati, intenzionati e impegnati a integrare quanto, invece, le scienze psicopedagogiche, ispirate a una visione antropologica cristiana, potrebbero positivamente offrire al cammino vocazionale preso nel suo svolgimento ordinario e nella normalità dei casi, che costituiscono la maggioranza di coloro che sono in vocazione. Cosa, questa, che, in una parola, corrisponderebbe a un loro utilizzo più *«intrinseco»* e, più propriamente, in *funzione «riflessiva»*, cioè un utilizzo finalizzato a un cammino di presa di contatto, comprensione, purificazione, controllo di sé e delle proprie disposizioni interiori, non riducibili soltanto a quelle morali, ideali, spirituali, ma estensibili pure a quelle rappresentate dai comuni stati d'animo e moti emotivo-affettivi, dalle più normali e spontanee dinamiche e disposizioni psichiche, dalle reazioni più immediate, dagli stili comportamentali e stili difensivi più prossimi ai livelli semi consci o del tutto inconsci, piuttosto che a quelli più consapevoli e presenti al soggetto. Insomma, un utilizzo fondato su una sorta di «alleanza formativa» le cui finalità siano quelle di aiutare concretamente le persone a percorre un itinerario che, sempre con la Grazia di Dio, le conduca «*a una più pura e più matura vita di fede*» (GS 62).

5. TENTATIVI A MAGGIOR RESPIRO ANTROPOLOGICO-INTERDISCIPLINARE E PIÙ MIRATI ALLA FORMAZIONE VOCAZIONALE

In sintesi, possiamo ribadire che le posizioni sopra delineate, per l'uno o per l'altro verso, sembrano limitarsi a relegare le scienze psicopedagogiche, e il contributo che da esse può derivare, ad un ruolo meramente o prevalentemente *estrinseco*. In effetti, come abbiamo visto, esse, di fronte all'itinerario di verifica e di accompagnamento nella maturazione vocazionale del candidato, o sono ritenute del tutto estranee e superflue (= non servono proprio!); oppure sono accettate al punto di sovrapporsi e così sostituirsi allo specifico intervento pedagogico vocazionale (= la premura profusa nei confronti dell'«umanità» del candidato può come annullare l'attenzione rispetto alle dimensioni vocazionali, risucchiare e fagocitare quelle spirituali!). Ancora, possono essere chiamate in causa perché il soggetto non funziona a dovere (= qui si ferma l'opera educativa vocazionale, va lasciato spazio allo psicologo clinico!); oppure perché i formatori brancolano nel buio su un determinato «caso», fatichino a prendere una decisione e necessitano di una conferma e di un appoggio, se non proprio di un alibi (= cari psicologi lasciatevi usare!).

Di tutt'altro avviso, invece, sembra essere il Concilio Vaticano II. Così, almeno, ci è parso di cogliere e capire nei rapidi ma precisi passaggi di *Optatam Totius*, che abbiamo potuto visionare. E, ancora, nell'indicazione di *Gaudium et Spes* (62), più volte richiamata, tanto scarna per quanto lungimirante e davvero ispirata. Psicologia e scienze affini devono dare il loro apporto non semplicemente per far fronte alle patologie e sofferenze psichiche, ma perché «anche i fedeli siano condotti a *una più pura e più matura vita di fede*». Senza specificare modalità di incontro e di mediazione, il Concilio intuisce e suggerisce come le scienze umane possano e debbano giocare — magari di riflesso, ma con effetti sulla stessa *qualità* dell'esperienza di fede — un qualche ruolo *più intrinseco* al cammino di crescita e maturazione della personalità cristiana.

Se, al presente, tutto ciò è quanto mai complesso e improbabile da attuare su larga scala nell'azione pastorale in genere, nelle relazioni di aiuto e di direzione spirituale dei fedeli in specie, andrebbe ricercato e messo in atto, in primo luogo e perlomeno, con i candidati al presbiterato e alla vita consacrata, cioè almeno con i futuri pastori, con le persone consacrate (di vita attiva e contemplativa), con chi svolge un particolare ministero (per esempio, quello legato al diaconato permanente), con gli operatori pastorali impegnati in alcuni settori specifici (pastorale familiare, pastorale giovanile, pastorale vocazionale). In una parola, con quanti sono chiamati ad assumere ruoli e responsabilità ministeriali, educative o di particolare delicatezza all'interno della comunità ecclesiale. Una prospettiva, questa, che sembra diventare sempre più possibile e realizzabile, se pensiamo che proprio i candidati al ministero presbiterale e alla vita consacrata sono, da un punto di vista numerico, notevolmente diminuiti (è quanto capita in non pochi Paesi). Come dire: la crisi vocazionale «di quantità» potrebbe volgere a favore di un lavoro «di qualità», cioè di un lavoro di *accompagnamento personalizzato con i singoli soggetti*, che, in tempi non lontani, sarebbe stato, ancor più che impossibile, impensabile. Tale lavoro è concepito, da alcuni, come un particolare tipo di *«colloquio pedagogico»*, un sistematico lavoro di *«colloqui di crescita vocazionale»,* entro il cui ambito il formando vocazionale può essere aiutato a prendere contatto anche con gli strati affettivi più profondi, con le motivazioni e dinamiche più nascoste, con gli stili e i meccanismi difensivi inconsci, riscontrabili e in azione nel proprio mondo interiore, che è, allo stesso tempo, psichico e spirituale, emotivo e razionale, conscio e inconscio, libero e condizionato.

Per un utilizzo degli apporti delle scienze psicopedagogiche assunto e assimilato *dal di dentro* — cioè dall'interno dello stesso processo formativo vocazionale — non occorre, di per sé o per forza, puntare ad introdurre nelle nostre équipe formative la figura dello psicologo professionista, così come accade in certe istituzioni educative e scolastiche o in ambienti lavorativi particolari. Potrebbe trattarsi, ancora, di una manovra fuorviante: un non affrontare, anzi uno spostare il problema. La questione non ci sembra debba ridursi alla chiamata in causa dello specialista, anche se, soprattutto di fronte ai casi più problematici e difficili, non si può proprio fare a meno di coinvolgerlo.

La sfida è, piuttosto, un'altra: che i *formatori vocazionali assumano, acquisiscano,* entro l'orizzonte di una antropologia della vocazione cristiana fondata su basi interdisciplinari, *una rinnovata e più integrata capacità psico-spirituale* da mettere poi in campo nell'opera di discernimento e di accompagnamento dei candidati. Ciò corrisponde all'esigenza crescente, avvertita da molti «operatori del settore» e sintetizzata nello slogan, tante volte ripetuto negli ultimi anni, *«formare i formatori!».* Lavorare in tale direzione significa portare a realizzazione quanto indicato, da decenni, dal Magistero ecclesiale, soprattutto così come si è espresso nel Concilio Vaticano II.

Va riconosciuto come, negli ultimi quarant'anni, siano stati fatti tentativi in questa direzione. Alcune indagini rigorose, condotte su soggetti in vocazione sacerdotale-religiosa e impostate sulla base di quadri di riferimento in cui i contributi delle scienze psicopedagogiche vengono posti al vaglio dell'antropologia cristiana, dimostrano di essere in grado di offrire *visioni più sfumate delle possibili risorse ed energie come pure delle difficoltà e ostacoli nella maturazione umano-cristiano-vocazionale* dei soggetti concreti. Oltre alle difficoltà psicopatologiche, non controllabili dai soggetti che ne restano vittime, e a quelle prevalentemente riconducibili ad un uso negativo, malizioso, peccaminoso della propria libertà, ci mostrano come ne esistano altre, legate a limitazioni dovute a dinamiche motivazionali, intenzionalità, meccanismi e stili difensivi che non sono di per sé riconducili a vere e proprie sindromi, e, quindi, non sono qualificabili come patologiche. Numerose e assai frequenti nella vita delle persone, si presentano come resistenze che ostacolano la crescita vocazionale, perché impediscono un'autentica assimilazione degli *ideali «autotrascendenti»* (da non confondere o ridurre ai valori più condivisi e comuni, diremmo «naturali»), che, almeno a parole e nelle buone intenzioni, più o meno tutti vorrebbero perseguire alla sequela di Gesù, nella dedizione nel ministero presbiterale o nella vita consacrata. Proprio perché connesse a resistenze di natura affettivo-inconscia, possiamo definirle impropriamente *«patologie» della vocazione*, distinguendole dalle *patologie vere e proprie*, che, comunque, possiamo sempre ritrovare anche *nella vocazione* (ora più ora meno gravi, esse sono diagnosticate dalla psicopatologia o dalla psichiatria, e, appunto, possiamo trovarle presenti e attive anche in soggetti in vocazione: si tratta di *disordini gravi* della personalità, di *disorganizzazioni* della personalità, di perversioni sessuali di genere vario, di *disturbi meno gravi* della personalità, ecc.). Tra questi tentativi di natura teorica, ma ancor più caratterizzati da ricerche molto serie e scientifiche sul campo, dalle ricadute pedagogiche sulla preparazione di formatori vocazionali, è da annoverare certamente l'*Istituto di Psicologia* (i suoi iniziatori, nell'anno accademico 1971-1972, sono stati i gesuiti Luigi M. Rulla e Franco Imoda) della Pontificia Università Gregoriana. Ad esso sono poi da collegare numerose altre Scuole per formatori, sparse nel mondo. Senza dimenticare, che, sempre all'interno della Gregoriana, esiste ed è attivo il *Centro Interdisciplinare per la Formazione dei Formatori al Sacerdozio e alla vita consacrata*.

6. CONCLUSIONE: «...CONDOTTI A UNA PIÙ PURA E PIÙ MATURA VITA DI FEDE» (GS 62)

Alla luce della significativa e ispirata affermazione conciliare, anche noi, a modo di breve conclusione, ci dichiariamo convinti che occorra davvero prenderla sul serio e raccogliere le sfide e le potenziali prospettive in essa ancora racchiuse, e proseguire il cammino.

Come? Soprattutto, continuando a *formare formatori vocazionali*, magari tra loro diversamente qualificati quanto a livello di preparazione e di competenze, ma tutti impegnati a raggiungere quegli obiettivi che possono renderli, a partire dalle loro stesse concrete persone, più efficaci «strumenti pedagogici» al servizio della Grazia e dei «vocati».

Gli obiettivi essenziali, da prefiggersi per una loro più adeguata preparazione e un loro — se possibile — ancor più fecondo servizio, ci sembra possano essere: una più profonda conoscenza di sé, allo scopo di ridurre spazi e influenze alle dinamiche di un inconscio non patologicamente dannoso, ma, comunque, restio e riluttante all'autentica e complessiva crescita e maturazione; un più profondo contatto con il proprio mondo emotivo-affettivo e, quindi, un suo più sereno e fermo controllo, e un suo più mirato utilizzo; una maggiore integrazione e coerenza tra le componenti ideali e attuali costitutive della propria personale identità umano-cristiano-sacerdotale.

Di conseguenza, sempre con l'aiuto dell'unico supremo Maestro e Formatore, saranno in grado di offrire una più trasparente e più efficace testimonianza cristiana e vocazionale; potranno vivere relazioni interpersonali più coltivate e qualificate sul versante pedagogico con riflessi costruttivi e vantaggiosi per i futuri presbiteri, per le persone consacrate, per i fedeli laici, per le comunità, per la Chiesa.

LA CRISI DI IDENTITÀ SACERDOTALE DOPO IL CONCILIO VATICANO II

Don Mario Tomljanović
Centro Interdisciplinare per la Formazione dei Formatori al Sacerdozio e alla Vita Consacrata

1. Negli ultimi decenni, ci siamo trovati di fronte ad una realtà, cioè, a una crisi dell'identità sacerdotale. Sarebbe illusorio pensare che l'identità del sacerdote sia estrinseca al tempo in cui si vive. Se la si pensasse estrinseca, sarebbe come ritenere che il sacerdote viva fuori della storia e che la sua vita sia solo una parentesi nel contesto sociale in cui vive.

2. Il Concilio Vaticano II ha offerto alla Chiesa un rinnovamento e un aggiornamento sulla natura del sacerdozio, ed è stato, per vari aspetti, una «rivelazione» per tutta la Chiesa. L'insegnamento della Chiesa sul ministero sacerdotale è stato esaminato in molti documenti del Concilio Vaticano II. Il Concilio Vaticano II è stato un tentativo di riconcepire, attraverso la rilettura della tradizione del passato, il sacerdozio ministeriale. La crisi dell'identità sacerdotale è stata una grande preoccupazione nella Chiesa postconciliare. Si può dire che la crisi di identità sacerdotale sia una crisi di ignoranza, di indifferenza e tiepidezza.

I sintomi erano già ben chiari quando il Sinodo dei Vescovi si riunì nel 1971 per discutere di tale argomento. Il risultato finale fu la promulgazione del documento *Ultimis temporibus*. Il Sinodo del 1971 pose in evidenza come fosse già in atto una crisi di identità tra i sacerdoti a causa dei seri dubbi sorti, negli anni successivi al Concilio Vaticano II, circa la natura del sacerdozio e il suo scopo.

3. L'idea generale dei teologi è che, dalla fine del Concilio Vaticano II, sia iniziata una crisi del sacerdozio. Bisogna riconoscere che la crisi di identità si è manifestata, anzitutto, per ragioni culturali e sociali, e che è errato ritenerla una pura conseguenza del Concilio Vaticano II. Anche certe idee teologiche — secondo Gagliardi — hanno dato il loro contributo negativo a riguardo dell'identità del sacerdote. Alcuni teologi, per esempio, hanno interpretato il sacerdozio in modo funzionale e non ontologico.

4. In riferimento all'identità sacerdotale, è possibile riconoscere e parlare di due differenti generi di crisi: le crisi vocazionali ed esistenziali dei sacerdoti.

Parlando della crisi vocazionale, va sottolineato come la vita spirituale del sacerdote debba essere il cuore che dà tono a tutte le attività che egli svolge. Il sacerdote deve trovare più spazio per la preghiera. Proprio qui si deve rilevare che il sacerdote non è un «funzionario» che offre un servizio. Le radici della crisi dei sacerdoti sono socio-culturali. È, infatti, quello che stiamo vivendo, un momento di grande relativismo, che non è certo favorevole alla vita spirituale e che non richiede una grande misura di devozione.

Le crisi esistenziali avvengono, piuttosto, quando il sacerdote non conosce se stesso. Il sacerdote, non solo deve conoscersi, ma deve anche avere consapevolezza del fatto che la sua identità è riconosciuta come tale pure dagli altri. Dopo il Concilio Vaticano II, psicologi e teologi hanno cominciato a trattare dell'immaturità affettiva del sacerdote come di una fragilità che esplode in maniera drammatica. L'immaturità affettiva è segnata dalla presenza di un radicato egocentrismo, che ostacola la vita del sacerdote e ne causa seri danni. La crisi della immaturità comincia quando il sacerdote vive il conflitto tra la sua identità e l'impegno per la Chiesa. Il più triste e acuto problema per la Chiesa si presenta quando il sacerdote abbandona il suo ministero. L'abbandono del ministero è un'ovvia conseguenza della crisi d'identità sacerdotale. L'abbandono avviene quando il sacerdote non riconosce più il valore del suo ministero. Le sfide sono delicate e non esiste un percorso chiaro e facile per risolverle, ma bisogna cercare di rispondere testimoniando con l'atteggiamento della fede, della speranza, della carità.

Per affrontare il tema della crisi dell'identità sacerdotale, occorre orientarsi e concentrarsi verso la più profonda ed intima realtà della stessa vita sacerdotale, di prendere in considerazione la connotazione sacra del sacerdozio, e non soltanto sostituirlo con un qualunque altro ministero funzionale. Per questo, il sacerdozio deve essere valutato sotto l'aspetto di valore e deve far parte di un preciso progetto nel quale il sacerdote cerca di raggiungere l'obiettivo principale: la santità.

IL CONCILIO ALLA PROVA DEL PRESENTE

Centro Fede e Cultura «Alberto Hurtado»

Giovanni XXIII, nella Costituzione Apostolica *Humanæ Salutis* con cui convoca il Concilio Vaticano II, presenta due realtà prospettiche: «immettere l'energia perenne, vivificante, divina del Vangelo nelle vene di quella che è oggi la comunità umana» (numero 3) e, di fronte agli animi sfiduciati, indicare l'impegno a riconoscere i «segni dei tempi» (Mt 16,4), indizi di speranza in mezzo alle tenebre (numero 4). Queste istanze che hanno guidato la convocazione del Concilio si pongono, proprio per la loro natura, allo stesso modo come «metodo» fondamentale per la verifica della sua recezione nel tempo,

Celebrato il Concilio, vissuto il post-Concilio, si affacciano oggi generazioni che devono ancora veramente e in modo necessariamente diverso confrontarsi con la notizia dell'evento conciliare. Il tema del Forum è proprio quello di verificare la presa di contatto di alcuni grandi temi del Vaticano II nel presente delle giovani generazioni.

Per questo, i due interventi di studenti hanno preceduto la proposta di riflessione da parte di un professore e il dibattito comune collettivo: abbiamo voluto lasciare a due giovani il compito di creare l'ambiente, il tono della sensibilità e porre le questioni che dal loro punto di vista sono le più rilevanti. Il dibattito che è seguito, vivace e stimolante, si è concentrato soprattutto sui problemi relativi al linguaggio, in particolare al rapporto tra contenuto e forma. Una delle osservazioni ascoltate successivamente dal relatore principale, p. J. O'Malley («La tradizione non ci dice cosa fare, ma ci dà la libertà di immaginare ciò che è necessario») e il richiamo al discorso per la solenne apertura del Concilio di Giovanni XXIII[1], ci hanno confermato che la nostra riflessione ci aveva condotto su buone strade.

---

[1] «Lo scopo principale di questo concilio non è, quindi, la discussione di questo o quel tema della dottrina fondamentale della chiesa, in ripetizione diffusa dell'insegnamento dei padri e dei teologi antichi e moderni quale si suppone sempre ben presente e famigliare allo spirito.

Per questo non occorreva un Concilio Ecumenico. Ma dalla rinnovata, serena e tranquilla adesione a tutto l'insegnamento della chiesa nella sua interezza e precisione, quale ancora splende negli atti conciliari del Tridentino e del Vaticano I, lo spirito cristiano, cattolico e apostolico del mondo intero, attende un balzo innanzi verso una penetrazione dottrinale e una formazione delle coscienze; è necessario che questa dottrina certa e immutabile, che deve essere fedelmente rispettata, sia approfondita e presentata in modo che risponda alle esigenze del nostro tempo. Altra cosa è infatti il deposito stesso della fede, vale a dire le verità contenute nella nostra dottrina, e altra cosa è la forma con cui quelle vengono enunciate, conservando ad esse tuttavia lo stesso senso e la stessa portata. Bisognerà attribuire molta

I. Il Concilio Vaticano II, ai miei occhi
Come vedo, comprendo, sento il Concilio Vaticano II?

1. Primo intervento:
João Delicado (III anno Teologia)

Il Papa Benedetto XVI, il 14 Febbraio — esattamente un mese fa — durante il suo incontro con i parroci e il clero di Roma, ha fatto una distinzione molto interessante tra il Concilio Vaticano II dei padri e quello dei giornalisti. Questa osservazione mi ha fatto pensare che forse c'è anche il «mio» Concilio Vaticano II. E, per presentarvelo, vorrei aprire tre finestre, tre punti di vista e di osservazione, che si sviluppano a partire da tre dimensioni della mia storia personale.

Ai miei occhi di portoghese

Sono nato a Lisbona nel 1977. Davanti al Concilio Vaticano II — come evento che mi ha preceduto, del quale ho ricevuto soltanto alcuni segni di cui sono più o meno consapevole — mi viene subito in mente la Rivoluzione del 1974, quando la dittatura in Portogallo è caduta ed è cominciata la democrazia. Essendo nato tre anni dopo quell'evento, esso non può che essere sconosciuto per me; ma posso ancora sentire i testimoni che mi dicono: «non sapete da che cosa vi siete liberati!». Allo stesso tempo, per la mia generazione e per quelle seguenti, rimane vero che quella rivoluzione non significa molto più che un giorno di festa, il 25 aprile. E constatiamo che ci sono anche alcuni che, davanti a momenti più difficili, vorrebbero tornare indietro!

Questo parallelismo può essere ben chiarito da quanto affermava il filosofo Thomas Kuhn quando diceva che «*la storia è scritta dai vincitori*». E questo significa che — anche con il Concilio Vaticano II — possiamo tendere a dimenticare, a lasciare nascosto nell'ombra della memoria, tutto quello che non è stato registrato nei documenti ufficiali. Per esempio: possiamo dimenticare quelli che hanno «perso» la battaglia delle idee; possiamo dimenticare come era prima dell'evento; possiamo dimenticare il dopo, il «come sarebbe se...». Non considerare queste prospettive significherebbe assumere un atteggiamento assai rischioso, di chi avanza non volendo sapere cosa ha lasciato indietro, di chi non vuole fare attenzione alle zone cieche.

---

importanza a questa forma e, se necessario, bisognerà insistere con pazienza nella sua elaborazione; e si dovrà ricorrere ad un modo di presentare le cose che più corrisponda al magistero, il cui carattere è preminentemente pastorale.» (Giovanni XXIII, *Gaudet Mater Ecclesia*, 11 ottobre 1962, 54* e 55*).

Ai miei occhi di architetto

Sono cresciuto in un quartiere degli anni '70, alla periferia di Lisbona, e in mezzo a chiese di struttura architettonica post-conciliare. Forse anche a causa di questo, la sensibilità estetica e liturgica sviluppata da bambino mi fa sentire che entrare in chiese che hanno secoli di storia e architetture di altri generi è un po' come visitare la casa della nonna: ci sono delle cose belle, antiche, eleganti, ma anche cose che non riesco a capire, che parlano un'altra lingua che non è la mia. Un esempio di questo tipo di esperienza mi è stato offerto da amiche che hanno studiato qui a Roma per un semestre: un giorno sono andate a visitare una grande chiesa; mentre camminavano nella navata laterale, una di loro ha chiesto alle altre: «questo armadietto qua... a cosa serve?». Quell'oggetto strano, in legno, era un confessionale!

Questo — anche se è un esempio forse estremo di ignoranza liturgica — ci fa capire il pericolo reale che la fede diventi la «fede della nonna»! Per esempio, se leggiamo la *Sacrosanctum Concilium* e rileviamo l'insistenza sulla necessità della «*partecipazione attiva dei fedeli*», ci possiamo chiedere: ma... se questa che vivo è partecipazione attiva, come mai sarà stata prima?! Quando poi incontriamo il riferimento all'«*uso delle lingue vernacole*», possiamo immaginare come, durante il Concilio Vaticano II, questo possa essere stato visto come una iniziativa di estrema mutazione, quasi «rivoluzionaria», e rilevare poi come, in poco tempo, sia diventata una pratica così comune che quasi non siamo consapevoli del cambiamento.

Eppure, proprio oggi, possiamo chiederci: è vero che usiamo le lingue vernacole, ma perché succede tante volte che non si capisca il linguaggio usato nella liturgia? In sostituzione del latino abbiamo forse sviluppato una specie di «*liturgichese*», che rischia di non essere la lingua di nessuno?

Ai miei occhi di gesuita

Anche senza approfondire lo studio del Concilio Vaticano II, è facile percepire quest'evento come un'apertura di porte e finestre, un'apertura al mondo: la valorizzazione delle Scritture, la riscoperta della collegialità, la riforma liturgica, sono esempi di una sorta di rivoluzione accaduta dentro della Chiesa. Lo spirito che ha spinto a questi cambiamenti può essere già percepito, per esempio, nel discorso della sera dell'apertura del Concilio Vaticano II conosciuto come «Discorso della luna»: Giovanni XXIII — improvvisamente affacciatosi per salutare le persone della fiaccolata che aveva riempito Piazza di San Pietro quella sera — usa un linguaggio poetico, dolce, semplice: lì si intuisce già il «nuovo tono, prima sconosciuto» che Giovanni Paolo II riconoscerà più tardi riferendosi al Concilio.

Allo stesso tempo, però, — come quando si fa una grande pulizia in casa — sembra che siano anche state acquisite e gettate cose che non avrebbero dovuto. Il segno di tutto questo è una certa fame, una certa sete di «qualcosa», che ancora bisogna capire cosa sia veramente. Non sono in grado di dire se sia conseguenza del Concilio Vaticano II oppure di tutta l'effervescenza culturale di quegli anni nel suo insieme, ma mi domando: abbiamo perso una spiritualità, in particolare per quello che riguarda il negativo? Abbiamo dimenticato una parte della grammatica e del vocabolario spirituale, quelle che riguardano i peccati, le tentazioni, l'ascesi, la disciplina, la fatica, ecc.? Come esempio vorrei citare il fatto che un anziano sacerdote ha detto a un mio amico: «mi fido più dei sacerdoti di 40 anni che di quelli di 60». Cosa significa questo? Forse significa che il «Discorso della luna» è bello, ma non possiamo rimanere solo lì: una visione troppo aperta, troppo benevola della realtà, può forse portare all'ingenuità, a una identità liquida, morbida, in un certo senso invertebrata? Abbiamo buttato tutta la pedagogia e la capacità di accompagnamento della tradizione credente circa il male e il negativo della vita? Ma questo rischia di lasciarci più vulnerabili e soli di fronte al male.

Ho provato a dire come vedo il Concilio Vaticano II; spero che queste finestre ci aiutino a rivisitare e ad approfondire ciò che lo Spirito ci vuole comunicare attraverso il Concilio.

2. Secondo intervento:
Viktar Zhuk (III anno Teologia)

Vorrei organizzare il mio intervento intorno a quattro temi, che collego direttamente alle quattro costituzioni del Concilio Vaticano II: l'ambito liturgico-sacramentale (*Sacrosanctum Concilium*), la Chiesa — istituzione e gerarchia (*Lumen Gentium*), la rivelazione e la Parola di Dio (*Dei Verbum*), la Chiesa e il mondo contemporaneo (*Gaudium et Spes*).

Ambito liturgico-sacramentale

Condivido qualche mio ricordo personale che può essere indicativo per il nostro argomento. Il primo ricordo riguarda la parola stessa «concilio»: l'unico riferimento a questa parola per me, quando da piccolo ero un chierichetto nella mia parrocchia di origine (in Bielorussia), era l'espressione «altare post-conciliare» (per differenza all'«altare principale», come veniva chiamato invece quello tridentino) che significava l'altare messo più vicino ai fedeli appunto dopo il Concilio, al quale oggi si celebra la Messa.

Un'altra curiosità biografica: qualche volta gli uomini anziani della parrocchia, che a loro volta erano stati chierichetti molti anni prima, ci raccontavano che per loro era molto più complicato fare il servizio all'altare, perché bisognava sapere anche le risposte in latino e gestire cerimonie più lunghe e complicate.

Questi riferimenti sono i piccoli riflessi di un grande cambiamento nell'ambito della liturgia che per noi, che non abbiamo conosciuto altro, è semplicemente un fatto. Eppure voglio ricordare alcuni aspetti che a mio avviso mostrano quanto la riforma liturgica ha fatto fatica a entrare nella vita della Chiesa e nella mente dei fedeli, a cominciare dagli stessi sacerdoti.

Ecco dunque un altro ricordo: già da gesuita ho incontrato, sempre in Bielorussia, un prete che, seppur giovane, è riuscito a raccogliere fondi sufficienti per costruire una nuova chiesa parrocchiale. Questo prete, mostrando la chiesa e raccontando come era andata tutta la vicenda, con orgoglio ha fatto notare di aver posizionato il tabernacolo «tradizionalmente» al centro, quindi dietro l'altare «post-conciliare» in linea retta (pur avendo altre possibilità...); e quindi non secondo le indicazioni post-conciliari... Ho visto anche altri casi simili, in cui si nota la stessa difficoltà di recepire la novità, in questo caso chiamata ad esprimersi attraverso l'architettura e i simboli ad essa connessi.

Una questione più profonda riguarda la comprensione della celebrazione eucaristica che in particolare si mostra attraverso la questione dell'intenzione della Messa. La menzione dell'intenzione diventa quasi un fatto «giuridico», in particolare quando il celebrante principale elenca le intenzioni dei diversi sacerdoti che concelebrano. In questo modo ovviamente si lascerebbe intendere che chi effettivamente *celebra* è il sacerdote, e non l'assemblea tutta dei fedeli.

La Chiesa – istituzione e gerarchia

Sappiamo bene che i padri del Concilio hanno fatto una certa fatica a definire in modo nuovo la struttura della Chiesa che non fosse più estremamente gerarchizzata, aprendo comunque una prospettiva sulla Chiesa più compresa come popolo di Dio, con più spazio per i fedeli laici. Posso testimoniare che nella mia cultura, dove non è ancora passata l'onda dell'anti-clericalismo, il rapporto fra il clero e il resto dei fedeli rimane ancora molto gerarchizzato. I sacerdoti sono rispettati a priori, per il loro ruolo istituzionale nella Chiesa, ma non si percepisce in modo abbastanza evidente che sono soprattutto *al servizio* — oltre che a capo — dei fedeli. Nell'atteggiamento dei laici si riscontra troppo spesso l'atteggiamento dei «consumatori dei beni religiosi» più che delle «pietre vive» di un edificio in cui ciascuno ha un proprio luogo — diverso da quello del clero, ma non meno importante! C'è ancora una lunga strada da fare finché i laici occupino il ruolo auspicato per loro dal Concilio.

La rivelazione e la Parola di Dio

È difficile per noi immaginare che ancora alcuni decenni fa era vietato ai semplici fedeli leggere da soli la Bibbia. Il ritorno alla Parola di Dio come fonte per eccellenza della fede, della teologia e della predicazione, è stato sicuramente uno dei guadagni maggiori del Concilio, insieme appunto alla possibilità di avere accesso diretto e personale alla Bibbia. Eppure anche in questo ambito ci sono degli aspetti problematici... Il primo può essere la domanda su quanto effettivamente la predicazione nelle chiese si basa sulla Scrittura e sulla necessità dell'attualizzazione della Parola di Dio. Un altro aspetto, secondo me, riguarda la cultura necessaria ad una conoscenza adeguata della Bibbia e questo è particolarmente problematico da noi: da un lato ci sono molte proposte di *lectio* e di percorsi di lettura, ma d'altro lato una grande parte dei fedeli sa pochissimo sia dei contenuti che dei principi ermeneutici di base. Va ricordato, ad esempio, che in Bielorussia non esiste ancora una traduzione integrale della Bibbia, anche se delle parti sono tradotte, e si sta lavorando ovviamente su questo, ma lentamente...

La Chiesa e il mondo contemporaneo

Su questo tema vorrei condividere una riflessione che riguarda una certa categoria dei giovani con cui lavoro, riflettendo circa l'apertura che la *Gaudium et Spes* mostra verso il modo contemporaneo e verso la cultura. Nei ragazzi e nei giovani, che per un verso sono molto spesso «impregnati» della cultura circostante in modo acritico, percepisco a volte il bisogno non di apertura, ma piuttosto al contrario di una certa separazione, di un delineamento di confini e identità che significa anche una certa chiusura. E questo può avere come conseguenza il rifugiarsi nel tradizionalismo, nel fare in modo diverso dagli altri, e quindi anche dagli ortodossi, e così via — e non essere aperti a un dialogo, allo scambio dei valori che porta all'arricchimento reciproco... È come se ci fosse una ricerca di sicurezza e identità forte, anche a discapito della condivisione e del dialogo. C'è quindi, secondo me, bisogno di un'analisi attenta e critica dei vari aspetti dell'esistenza e della cultura contemporanea alla luce del Vangelo — fatta *insieme* ai ragazzi, come parte stessa della educazione religiosa e umana.

In conclusione

Un parallelo che mi viene in mente, guardando la storia del dopo-Concilio, è quello della storia del mio paese e della maggioranza delle repubbliche dell'ex-Unione Sovietica che, nel '90-'91, ad un tratto si sono trovate con la libertà — ma molto spesso non avendo né la tradizione né gli strumenti per trasformare questa libertà in un modello socio-politico di giustizia e di democrazia. Dobbiamo ancora faticare per introdurre nella realtà ciò che hanno voluto per la Chiesa i padri del Concilio, con l'aiuto dello Spirito, costruendo e diffondendo pian piano le strutture e i mezzi e dando così carne al soffio dello Spirito.

II. INSEGNARE IL CONCILIO VATICANO II: RIFLESSIONI SULLA TRASMISSIONE ALLE GIOVANI GENERAZIONI

TERZO INTERVENTO:
DOTT.SSA STELLA MORRA (CENTRO A. HURTADO E FACOLTÀ DI TEOLOGIA)

Vorremmo offrire alcuni punti di riflessione, sia a partire da quanto abbiamo sentito, sia allargando ulteriormente la prospettiva, per indicare alcune piste di approfondimento possibile e stimolare la discussione tra noi. Non si tratta dunque di una riflessione compiuta sulle problematiche della ricezione del Concilio Vaticano II, tematica ormai ben documentata[2], ma piuttosto è lo sforzo di «ascoltare» le difficoltà, per certi versi inedite, delle generazioni più giovani nel recepire la traiettoria di fatto disegnata dal Concilio nella vita delle chiese.

Il Concilio tra evento e fatto storico

Ogni episodio della storia di una certa portata si caratterizza, nel suo svolgersi, come un evento, irripetibile e, in una certa misura, irraccontabile nella sua realtà di evento appunto. Nella trasmissione diventa inevitabilmente un fatto storico, il cui carattere «presente» è irrimediabilmente perduto insieme alla generazione dei testimoni oculari. Anche il Concilio Vaticano II non sfugge a questa legge della riflessione storica e, in questo tempo di transizione in cui, per meri motivi anagrafici, è diventata compiutamente

---

[2] Cf. M. FAGGIOLI, *Interpretare il Vaticano II. Storia di un dibattito*, Bologna 2013; J.W. O'MALLEY, *What Happened at Vatican II*, Cambridge (MA) 2010; GILLES ROUTHIER, *Vatican II. Herméneutique et réception,* Montréal 2006; CH. THEOBALD, *La réception du concile Vatican II. I. Accéder à la source*, Paris 2009.

adulta la generazione dei giovani al tempo del Concilio, 50 anni fa, si misura una reciproca insofferenza di fronte alla indicibilità dell'evento in quanto tale: chi lo ha conosciuto rimpiange la mancanza di entusiasmo e partecipazione anche emotiva dei più giovani, chi non lo ha conosciuto si sente continuamente misurato con qualcosa che non sente totalmente proprio e quasi «imprigionato» nella colpa di essere nato troppo tardi!

Ma, ovviamente, non si tratta solo di una sensazione emotiva: la questione in gioco è che proprio la storia delle conseguenze e della ricezione di questo evento nella storia e nelle pratiche delle chiese concrete, ha cambiato la percezione dei problemi e delle loro soluzioni e, ad esempio, ciò che è stato salutato come (e storicamente in una prospettiva di lungo periodo è veramente) una vivificante «liberazione» da strettoie a volte ingiustificate, finisce per mostrare nel tempo anche il proprio aspetto più faticoso o le necessità di aggiustamento e riequilibrio nelle prassi; chi vive l'oggi senza una compiuta memoria storica rischia di percepire solo questi ultimi effetti (fatica e necessità di aggiustamento) senza percepire fino in fondo quale sia la svolta da salvaguardare perché, appunto, di lungo periodo. Le osservazioni che abbiamo ascoltato dai nostri amici più giovani sul «liturgichese» o sull'insicurezza di identità troppo aperte e sbilanciate sul dialogo sono significative in proposito. Allo stesso modo ci si potrebbe chiedere se una recezione troppo semplicistica della libertà di coscienza non rischi di trasformarsi, involontariamente, in una sostanziale solitudine di coscienza, ad esempio.

Ci sembra di poter dire che in questo caso la difficoltà principale sia quella di trasmettere insieme i frammenti (prassi rinnovate di fatto, stili e modi dell'essere cristiani, ecc.) e il quadro ermeneutico di lungo periodo che li sorregge e li orienta e che quindi guida anche la necessaria valutazione delle applicazioni in relazione agli orientamenti che Vaticano II ci ha donato.

A questo proposito, dunque, sorge la domanda se non sia forse necessario riprendere con forza una più ampia diffusione della conoscenza dei documenti stessi di Vaticano II, che rischiano oggi di rimanere sconosciuti ai più, ma contemporaneamente se sia la conoscenza dei documenti l'unico elemento necessario alla trasmissione di una consapevolezza della transizione di lungo periodo che stiamo abitando circa le forme della concreta esperienza della vita cristiana.

Elementi propri della difficoltà di trasmissione del Concilio Vaticano II

Se le considerazioni fin qui svolte possono essere considerate di ordine generale, cioè riguardanti la trasmissione di ogni evento storico, il Concilio Vaticano II pone anche delle difficoltà proprie, legate in modo specifico alle caratteristiche, alle scelte, al metodo e ai contenuti di questo specifico evento conciliare.

La prima difficoltà è rappresentata dalla esplicita e volontaria scelta di utilizzare un genere letterario inedito rispetto ai Concili precedenti: l'uscita da una formulazione giuridica relativa a contenuti specifici (e ai comportamenti conseguenziali) e la ricerca di un linguaggio descrittivo che ridisegni l'intero insieme dell'autocomprensione dell'esperienza cristiana nella storia, per di più segnato dalla ricerca di una nuova modalità di utilizzo del linguaggio e delle figure proprie del testo biblico, è una traiettoria densa di conseguenze.

Da un lato, il vantaggio è una ricomprensione del rapporto tra forma e contenuto, che apre a una più integrale percezione dell'esperienza credente, uscendo da strettoie razionaliste e giuridiste; d'altro canto, la difficoltà è una minore «potenza canonica»[3] immediata dei testi e una apparente perdita di precisione. È sufficiente prendere atto del dibattito sul carattere pastorale di questo Concilio e su cosa questo significhi per esserne coscienti[4].

A livello di una trasmissione nella concretezza delle comunità cristiana, l'effetto di medio periodo rischia di essere una recezione quasi solo lessicale del Concilio: il linguaggio più descrittivo e biblico risulta efficace e le espressioni vengono ormai normalmente usate nel parlare ecclesiale; ma, per contro, queste espressioni non sono comprese nella loro portata strutturale e dunque continuano ad essere agite in un «sistema» teologico che rimane intoccato, diventando causa di non pochi fraintendimenti nonostante loro stesse e causando non poche difficoltà.

La seconda difficoltà è rappresentata dal volontario carattere incipitale del Concilio Vaticano II: non ha la pretesa di ridire tutto e in modo definitivo, proprio per la sua presa in carico delle esigenze della storicità; il suo obiettivo è piuttosto «permettere», cioè consentire a una rinnovata soggettività ecclesiale, nella comunione di tutte le sue componenti e funzioni, di incarnare di nuovo e sempre la verità cristiana guidata da una forte pratica di ascolto della Parola di Dio, dello Spirito e della storia.

---

[3] Cf. P. SEQUERI, «Coscienza cristiana, *ethos* della fede e canone pubblico», in M. VERGOTTINI, ed., *«A misura di Vangelo». Fede, dottrina, Chiesa*, Cinisello Balsamo 2003, 13-30.

[4] In «Un Concile "pastoral"» (*Parole et mission* 6 [1963] 185), Marie-Dominique Chenu scrive: «Il carattere *pastorale* è diventato il primo criterio della verità da formulare e da proporre e non solo il motivo delle decisioni pratiche da adottare. Dunque "pastorale" qualifica una teologia, un modo di pensare la teologia e di insegnare la fede, meglio: una visione dell'economia di salvezza». Giuseppe Ruggieri scrive che viene inserita «la connotazione pastorale come esigenza intrinseca della dottrina perché se ne renda presente la sostanza nel tempo: pastorale come ermeneutica storica della verità cristiana». G. RUGGIERI, «Appunti per una teologia in papa Roncalli», in G. ALBERIGO, *Papa Giovanni*, Bari 1987, 256. Si veda anche CH. THEOBALD, «Le Concile Vatican II et la "forme pastorale" de la doctrine», in B. SEBOÜÉ, *La parole du salut. Histoire des dogmes*, Paris 1996, 471-510.

Questo carattere incipitale corrisponde al desiderio di «aggiornamento», parola chiave dell'indizione del Concilio; e l'aggiornamento per sua propria natura non è definibile nella sua totalità di risultato a priori, ma va attuato come metodo nella permanente ricerca dei criteri di valutazione e delle necessarie verifiche.

La difficoltà, dunque, risiede nella necessità di trasmettere insieme dei «contenuti/risultati» e, altrettanto, un metodo e uno stile di soggettività battesimale che va mano a mano precisandosi, ma che deve rimanere aperto alle domande inaudite che la storia pone. In questo percorso, con il passare del tempo, la fatica propria dell'aggiornamento rischia di polarizzare le posizioni tra chi, nostalgico dell'evento originario e della sua intuizione, diventa un difensore ad oltranza della memoria conciliare, fino ad una sua lettura ideologica, e chi, intimorito dalle difficoltà e incertezze della applicazione di un metodo così complesso e non consueto, tende a sottovalutare l'evento e a cercare nuove/antiche sicurezze in rivisitazioni più o meno idealizzate di un preteso equilibrio precedentemente esistente.

In questa polarizzazione tendenzialmente ideologica, le giovani generazioni rischiano di trovarsi comunque escluse da quadri ermeneutici che non appartengono loro.

Con gli occhi di chi è venuto dopo

Ascoltare dunque, in prima istanza, l'autocomprensione della fatica dell'essere cristiani oggi, da parte di chi è venuto dopo, diventa la prima opzione necessaria per la trasmissione del dono del Concilio; lasciar guardare il Concilio dagli occhi dei giovani aiuta chi ha maggiore conoscenza e responsabilità a liberarsi dalle proprie precomprensioni ideologiche e a riconoscere gli effetti, anche quelli non intesi all'origine, di una storia delle conseguenze e della ricezione che è essa stessa parte di un evento di Tradizione ecclesiale. Prima di insegnare, ascoltare, dunque, prima di narrare lasciarsi narrare: in fondo, anche questo è una fedeltà al metodo conciliare, che ha fatto dell'ascolto reciproco dei Padri e del loro ascolto delle istanze del mondo il primo passo necessario per l'aggiornamento.

Se in termini di principio siamo assolutamente convinti che il metodo conciliare del dialogo non è affatto un indebolimento dell'identità e della verità cristiane, anzi al contrario è un modo di meglio comprenderla e annunciarla, ad esempio, pure non possiamo ignorare la fatica di chi cerca le strade concrete e gli equilibri di pratiche necessari per riconoscere la verità dell'Evangelo e praticarla in un tempo di pluralismo e di complessità che continuamente confronta con gli «altri»; accettare di non scegliere la scorciatoia dell'isolamento arroccato e della verità usata come spada è la sfida che ci sta di fronte e, in parte almeno, ancora da costruire.

Al termine di queste brevi riflessioni, ci piace concludere con alcune delle parole che il papa Paolo VI ha pronunciato alla conclusione del Concilio stesso, in quella Allocuzione finale in cui ha voluto tracciare una breve prima valutazione dell'evento che si stava concludendo. Ci sembra l'invito, anche per oggi, a essere coraggiosi e fiduciosi nel porsi di fronte alla realtà così come è, agli uomini e alle donne che vivono, sperano, lottano, sbagliano... Il dialogo tra il Vangelo e la loro vita è, ancora e sempre, all'inizio...

> La Chiesa del Concilio, sì, si è assai occupata, oltre che di se stessa e del rapporto che a Dio la unisce, dell'uomo, dell'uomo quale oggi in realtà si presenta: l'uomo vivo, l'uomo tutto occupato di sé, l'uomo che si fa soltanto centro d'ogni interesse, ma osa dirsi principio e ragione d'ogni realtà. Tutto l'uomo fenomenico, cioè rivestito degli abiti delle sue innumerevoli apparenze; si è quasi drizzato davanti al consesso dei Padri conciliari, essi pure uomini, tutti Pastori e fratelli, attenti perciò e amorosi: l'uomo tragico dei suoi propri drammi, l'uomo superuomo di ieri e di oggi e perciò sempre fragile e falso, egoista e feroce; poi l'uomo infelice di sé, che ride e che piange; l'uomo versatile pronto a recitare qualsiasi parte, e l'uomo rigido cultore della sola realtà scientifica, e l'uomo com'è, che pensa, che ama, che lavora, che sempre attende qualcosa, il «filius accrescens» (Gen. 49, 22); e l'uomo sacro per l'innocenza della sua infanzia, per il mistero della sua povertà, per la pietà del suo dolore; l'uomo individualista e l'uomo sociale; l'uomo «laudator temporis acti» e l'uomo sognatore dell'avvenire; l'uomo peccatore e l'uomo santo; e così via. L'umanesimo laico profano alla fine è apparso nella terribile statura ed ha, in un certo senso, sfidato il Concilio. La religione del Dio che si è fatto Uomo s'è incontrata con la religione (perché tale è) dell'uomo che si fa Dio. Che cosa è avvenuto? Uno scontro, una lotta, un anatema? Poteva essere; ma non è avvenuto. L'antica storia del Samaritano è stata il paradigma della spiritualità del Concilio. Una simpatia immensa lo ha tutto pervaso. La scoperta dei bisogni umani (e tanto maggiori sono, quanto più grande si fa il figlio della terra) ha assorbito l'attenzione del nostro Sinodo. Dategli merito di questo almeno, voi umanisti moderni, rinunciatari alla trascendenza delle cose supreme, e riconoscerete il nostro nuovo umanesimo: anche noi, noi più di tutti, siamo i cultori dell'uomo[5].

---

[5] PAOLO VI, allocuzione per l'ultima sessione pubblica del Concilio Vaticano II, 7 dicembre 1965.

EBRAISMO IN SARDEGNA NEL PERIODO POST CONCILIARE

Carla Piras
Centro «Cardinal Bea» per gli Studi Giudaici

L'intervento richiestomi ha interessato il graduale sviluppo della conoscenza ed integrazione della religione e cultura ebraica sul territorio sardo. Avvalendomi della mia esperienza personale e di alcune ricerche in ambito religioso, parrocchiale, didattico e culturale, ho cercato di tracciare il percorso di consapevolezza che in questi cinquant'anni è stato proposto e accolto da un numero sempre crescente di persone nella mia terra.

Il discorso ha preso l'avvio nel descrivere quanto sia stata importante per la creazione di un interesse sull'ebraismo la presenza dei Benedettini nel monastero di S. Pietro di Sorres, in provincia di Sassari. Il loro apporto è stato prezioso sia nel promuovere studi ed interventi sul piano teologico, che prevedessero la lettura e l'esegesi delle Sacre Scritture tenendo conto anche dell'interpretazione ebraica; sia nella ricerca e cura di testi religiosi e mistici ebraici, conservati nella loro biblioteca qualora si provvedesse ad un restauro o nella libreria del monastero per facilitare la conoscenza dell'argomento ai visitatori. Essendo un luogo di notevole afflusso e importanza sotto il profilo spirituale, Sorres ha creato i presupposti per una motivata curiosità.

Nel tempo anche le comunità parrocchiali, sia nelle città che nei piccoli centri, hanno promosso diverse iniziative per preparare i fedeli a guardare alla religione ebraica con benevolenza e voglia di comprendere quali aspetti possano unire più che dividere ebrei e cattolici: conferenze e studi, cineforum su argomenti spirituali, storici e culturali, alcuni segni inseriti nelle celebrazioni eucaristiche per testimoniare la reciproca vicinanza.

Nell'ultima parte del discorso ho descritto il contributo dato dalle scuole sarde all'incontro con l'ebraismo, citando alcuni lavori eseguiti nei vari istituti della mia città, Cagliari.

Agli alunni viene offerta una formazione sull'argomento di notevole spessore, se si considera che in città non esiste una comunità religiosa ebraica con la quale confrontarsi.

Si parte dai lavori più semplici della scuola primaria, come la lettura di brevi racconti di cultura ebraica, per passare attraverso le rappresentazioni teatrali della Shoah nella scuola media; infine nei licei si propone l'esegesi biblica analizzando le due versioni, cattolica ed ebraica.

Presso il liceo classico Dettori ci si è avvalsi anche dell'intervento di rappresentanti della Sinagoga di Roma, per permettere un confronto più vivo.

Ho concluso partecipando a chi ascoltava il vivo e sincero interesse del popolo sardo verso il mondo ebraico, ricordando che spesso l'isola è stata luogo di esilio per gli Ebrei e che storicamente i due popoli hanno avuto diverse occasioni di contatto.

Questo ha lasciato tracce positive nella memoria e nella storia dei Sardi, che ancora oggi le conservano nelle lingue dialettali e nei monumenti sparsi in tutto il territorio.

DOCUMENTI DELLA CHIESA FONDAMENTALI PER IL DIALOGO EBRAICO – CRISTIANO

Rafael Starnitzky
Centro «Cardinal Bea» per gli Studi Giudaici

Il Documento senz'altro più conosciuto e citato è la Dichiarazione Conciliare *Nostra Aetate* sulla relazione della Chiesa con le Religioni non Cristiane, promulgata nella quarta sessione del Concilio Vaticano II, il 28 Ottobre 1965. Benché, come indica il titolo, questa dichiarazione guardi alle relazioni della Chiesa con tutte le Religioni, un posto particolare è riservato all'Ebraismo:

> Scrutando il mistero della Chiesa, il sacro Concilio ricorda il vincolo con cui il popolo del Nuovo Testamento è spiritualmente legato con la stirpe di Abramo. La Chiesa di Cristo infatti riconosce che gli inizi della sua fede e della sua elezione si trovano già, secondo il mistero divino della salvezza, nei patriarchi, in Mosè e nei profeti. Essa confessa che tutti i fedeli di Cristo, figli di Abramo secondo la fede, sono inclusi nella vocazione di questo patriarca e che la salvezza ecclesiale è misteriosamente prefigurata nell'esodo del popolo eletto dalla terra di schiavitù. Per questo non può dimenticare che ha ricevuto la rivelazione dell'Antico Testamento per mezzo di quel popolo con cui Dio, nella sua ineffabile misericordia, si è degnato di stringere l'Antica Alleanza, e che essa stessa si nutre dalla radice dell'ulivo buono su cui sono stati innestati i rami dell'ulivo selvatico che sono i gentili. [...] Inoltre la Chiesa ha sempre davanti agli occhi le parole dell'apostolo Paolo riguardo agli uomini della sua stirpe: «ai quali appartiene l'adozione a figli e la gloria e i patti di alleanza e la legge e il culto e le promesse, ai quali appartengono i Padri e dai quali è nato Cristo secondo la carne» (Rm 9,4-5), figlio di Maria vergine. [...] secondo l'Apostolo, gli Ebrei, in grazia dei padri, rimangono ancora carissimi a Dio, i cui doni e la cui vocazione sono senza pentimento. Con i profeti e con lo stesso Apostolo, la Chiesa attende il giorno, che solo Dio conosce, in cui tutti i popoli acclameranno il Signore con una sola voce e « lo serviranno sotto uno stesso giogo » (Sof 3,9). Essendo perciò tanto grande il patrimonio spirituale comune a cristiani e ad ebrei, questo sacro Concilio vuole promuovere e raccomandare tra loro la mutua conoscenza e stima, che si ottengono soprattutto con gli studi biblici e teologici e con un fraterno dialogo (NA 4).

Il precursore di questa dichiarazione era il progetto di un documento «De Iudaeis», richiesto da Giovanni XXIII al Cardinal Agostino Bea, ultimato nel Novembre 1961, prima dell'apertura del Concilio. La promulgazione della Nostra Aetate ebbe come conseguenza dapprima la nascita del «Comitato Internazionale di Collegamento Cattolico-Ebraico», e poi la creazione della Pontificia Commissione per i Rapporti Religiosi con l'Ebraismo, istituita nel

1974 all'interno del Pontificio Consiglio per la promozione dell'unità dei Cristiani. Questa commissione ha emanato i seguenti documenti fondamentali per il dialogo Ebraico – Cristiano:

– «Orientamenti e Suggerimenti per l'Applicazione della Dichiarazione Conciliare *Nostra Aetate* (n. 4)» (1974)

Come espresso dal titolo, il documento si prefigge di dare orientamenti di natura pratica per applicare la Dichiarazione negli vari ambiti della vita Ecclesiale. Demanda a un secondo momento la questione di una teologia dell'Ebraismo, concentrandosi sulle possibilità di studio, azione sociale, dialogo e preghiera comune.

– Rapporti religiosi con l'Ebraismo (1975)

Questo documento raccoglie i frutti dei primi lavori della Commissione. Dà una panoramica storica dello sviluppo del Dialogo Ebraico – Cristiano, rilevando lo status quaestionis attuale (di allora).

– «Circa una corretta presentazione degli Ebrei e dell'Ebraismo nella Predicazione e nella Catechesi della Chiesa cattolica» (1985)

Forse il documento più importante dal punto di vista pastorale, dona linee guida riguardanti la formazione cristiana a tutti i livelli.

– «Noi ricordiamo: Una Riflessione sulla *Shoah*» (1998)

Come il precedente documento, questa riflessione è stata esplicitamente voluta dal Beato Giovanni Paolo II per la purificazione della Memoria in preparazione al Grande Giubileo dell'Anno 2000.

– Altrettanto importante è il documento della Pontificia Commissione Biblica «Il Popolo Ebraico e le sue Sacre Scritture nella Bibbia Cristiana» (2001) per il suo contributo esegetico e teologico .

– Infine è da richiamare l'Esortazione Apostolica Postsinodale «Ecclesia in Medio Oriente» (2010), frutto del lavoro dell'Assemblea Speciale per il Medio Oriente del Sinodo dei Vescovi.

RILEGGERE I CONCILII DI TRENTO E VATICANO II

Traduzione della Conferenza del Rev. P. John O'Malley, S.I.
tenutasi in occasione del Dies Academicus

Per una strana coincidenza, in questo momento, stiamo vivendo l'anniversario di due Concilii spesso considerati antitetici: il 50° anniversario dall'apertura del Concilio Vaticano II, nell'ottobre 1962, e il 450° anniversario dalla chiusura del Concilio di Trento, nel dicembre 1563. È una coincidenza gradita, perché ci invita ad esaminare la relazione che intercorre tra i due momenti storici e valutarne le relative affinità e divergenze. In questo studio dei Concilii, ci impegneremo a non esprimere preferenze sull'uno o sull'altro, ma semplicemente a comprenderne la specificità e vedere cosa possiamo apprendere da un loro confronto. Credo che questa comparazione operi come una tecnica ermeneutica che ci aiuta ad avere una migliore e più profonda comprensione di entrambi i Concilii.

Cominciamo a collocarli nel tempo e nello spazio. Il Concilio di Trento si è esteso per diciotto anni e cinque pontificati, in tre periodi distinti: 1545-47, 1551-52, 1562-63. Ha avuto luogo nella città di Trento, a centinaia di chilometri da Roma, dunque a centinaia di chilometri dall'immediata supervisione papale. Il Concilio, incontro estremamente difficile, è stato molto condizionato dalla distanza tra le due città. L'immagine che abbiamo di esso, come di un'assemblea serena e risoluta, non potrebbe essere più lontana dalla realtà. Il Concilio di Trento si trascinava da una grave crisi all'altra, ciò ha implicato la sua lunga durata.

Il Concilio Vaticano II si è tenuto nella Basilica di San Pietro in quattro diverse sessioni di circa dieci settimane, ogni autunno tra il 1962 e il 1965. Fu convocato da Papa Giovanni XXIII, il quale morì dopo la prima sessione, e si concluse con il suo successore, Papa Paolo VI. Sebbene all'apertura del Concilio i contorni fondamentali del programma fossero abbastanza chiari, esso prese poi dimensioni e forme impreviste. Come per Trento e praticamente come per ogni grande Concilio, il Vaticano II visse una serie di crisi interne ma, per quanto importanti queste crisi siano state, non possono essere paragonate per numero e rilevanza a quelle di Trento. Confrontate con le crisi che continuamente portarono Trento sull'orlo del disastro, quelle del Vaticano II rimpicciolisccono fin quasi a diventare insignificanti.

La differenza più evidente tra questi due Concilii riguarda il numero e la provenienza dei partecipanti. Cominciamo da Trento: nessuno dei cinque papi dell'epoca partecipò al Concilio. Tuttavia questi erano rappresentati da legati che avevano poteri quasi plenipotenziari nel controllo del programma e si tenevano in stretto contatto con Roma attraverso un efficiente servizio di corrieri. Si può quindi affermare che i papi erano praticamente presenti a Trento, ma con i limiti delle comunicazioni scritte e di un ritardo di più di una settimana.

Allo stesso modo, erano presenti praticamente attraverso i loro ambasciatori anche i grandi sovrani, quali gli imperatori del Sacro Romano Impero, Carlo V e Ferdinando I, i re di Francia, re Filippo II di Spagna, e i governatori di Stati più piccoli come la Repubblica di Venezia. Come i papi, quindi, questi sovrani erano virtualmente presenti ed era grande la loro influenza. Dobbiamo ricordare che, senza la pressione esercitata sul papato dall'imperatore Carlo V, il Concilio non sarebbe mai stato convocato. Una volta preso parte al Concilio, gli ambasciatori ottenevano il diritto di parola e potevano quindi influenzare il programma. Non dovremmo automaticamente liquidare questo fenomeno come un'incursione illegittima dello Stato negli affari della Chiesa: senza la pressione dei sovrani, forse il Concilio non sarebbe stato indirizzato verso il problema della riforma della Chiesa.

Naturalmente, i vescovi sono il cuore di un Concilio. Nel XVI secolo, l'episcopato cattolico annoverava circa 700 prelati. All'apertura del Concilio di Trento, il 13 dicembre 1545, se ne presentarono solo 29, alla sessione di apertura del secondo periodo, solo 15. Le ragioni di questo numero estremamente esiguo erano molteplici, ma la principale era rappresentata dallo scetticismo sulla possibilità che il Concilio si sarebbe effettivamente riunito e che il Papa lo avrebbe portato a compimento. Alla fine, nel primo periodo, si raggiunse il numero di un centinaio di presenze. Il terzo periodo fu il più seguito, con oltre 250 presenze, ma la rappresentanza fu incredibilmente sbilanciata: più di due terzi dei vescovi provenivano dall'Italia, mentre la maggior parte dei rimanenti, dalla Spagna. Nessuno proveniva da Paesi che non fossero dell'Europa Occidentale: la Spagna e, specialmente l'Italia, dominarono il Concilio di Trento in quanto a presenza episcopale.

I teologi, presenti e con un ruolo cruciale nei decreti dottrinali, spesso erano più numerosi dei vescovi. A differenza di quanto poi avvenne nel Concilio Vaticano II, solo due o tre teologi venivano scelti dal Papa: tutti gli altri venivano scelti dai loro re o dal proprio ordine religioso. Essi aprivano la discussione su ogni decreto dottrinale con una serie di sermoni per i vescovi, che potevano proseguire per settimane. I vescovi ascoltavano in silenzio, e solo dopo la fine di queste omelie potevano mettersi al lavoro. Quindi a volte, per settimane, questi sedevano come studenti ad ascoltare i teologi.

A questo proposito, quindi, il contrasto con il Concilio Vaticano II difficilmente avrebbe potuto essere più marcato. Quest'ultimo si tenne in Vaticano e, sebbene né Papa Giovanni né Papa Paolo partecipassero ad alcuna sessione di lavoro, essi venivano prontamente informati di ciò che stava accadendo attraverso la radio, la TV a circuito chiuso e gli incontri pressoché quotidiani con i singoli vescovi. Nella maggior parte delle sessioni di lavoro, i vescovi presenti erano circa 2100-2200: in Vaticano erano circa dieci volte più numerosi di quelli presenti a Trento. Se si paragona il numero dei partecipanti all'apertura dei due Concilii, si nota che il Vaticano II ha avuto una presenza di vescovi circa cento volte maggiore e oltre al loro numero, allo stesso modo era importante il loro rispettivo luogo di provenienza. Questi venivano da 116 Paesi dislocati nella varie parti del mondo: questo fatto, diversamente da quanto avvenne per Trento, rese il Concilio Vaticano II *ecumenico* nel senso originale del termine, cioè *universale*. Molti vescovi delle ex colonie europee erano originari di quei Paesi e portarono al Concilio un senso nuovo della cattolicità della Chiesa.

Al Vaticano II i vescovi erano decisamente più numerosi dei teologi ed erano tutti nominati dal Papa; i teologi erano presenti nelle commissioni che preparavano le bozze dei documenti , ma potevano intervenire solo quando i vescovi chiedevano la loro opinione. I teologi ebbero un grande impatto sul Vaticano II ma, in confronto a Trento, non erano strettamente integrati nella procedura operativa del Concilio.

Una presenza importante al Concilio erano i cosiddetti *osservatori* provenienti dalle altre Chiese cristiane, quindi protestanti e ortodosse: il loro numero era variabile ma, in alcune occasioni, sfiorò il centinaio. Sebbene non avessero voce ufficiale, facevano sentire la loro presenza attraverso canali semi- ufficiali. Durante il Concilio di Trento furono fatti seri tentativi per incoraggiare o costringere i protestanti a partecipare ma, per vari motivi, tali tentativi non produssero risultati. Nella metà del XX secolo la situazione era cambiata: tutte le parti coinvolte speravano di trovare un modo per sanare le divisioni, o almeno dissipare i miti che circondavano l'una e l'altra parte e attenuare l'astio e la diffidenza.

Chi non era presente? Vescovi provenienti da Paesi controllati dal regime comunista, come la Cina, il Vietnam, la Corea del Nord. I governi comunisti presenti nell'Europa Orientale rendevano la partecipazione difficile o impossibile, anche se i vescovi polacchi riuscirono a partecipare. In drammatico contrasto con ogni Concilio precedente fino al Vaticano I, i laici non erano presenti se non come delegazione simbolica. A Trento, come menzionato, i laici godevano di una potente rappresentanza attraverso gli ambasciatori dei sovrani.

Questa sbalorditiva differenza tra i partecipanti è importante, come pure il fatto che tranne per i sovrani, gli ecclesiastici e pochi altri, Trento era una realtà estremamente lontana, della quale i cattolici avevano scarse informazioni o non ne avevano affatto, anche dopo la conclusione del Concilio. Inoltre, per decenni e perfino per secoli dopo la chiusura del Concilio, Trento ebbe un impatto poco percepibile nella vita della maggior parte dei cattolici. Al tempo del Vaticano II invece, grazie alla radio, al telefono, alla televisione, il Concilio divenne ogni giorno immediatamente accessibile a milioni di persone, con un impatto diretto sulla vita dei cattolici.

Per quanto degne di nota siano queste differenze, la divergenza nel programma è di gran lunga la più importante. Trento è il risultato diretto di due problemi che portarono uno sconvolgimento nell'Europa del XVI secolo e il relativo programma si basò su un risoluto sforzo per affrontarli: il primo problema era la Riforma Protestante e le divisioni religiose e politiche che ne seguirono. I papi, a cominciare da Paolo III che convocò il Concilio, videro nel programma, soprattutto e quasi esclusivamente, l'affermazione della dottrina cattolica rispetto agli attacchi protestanti, specialmente luterani. Le due dottrine in questione erano principalmente la *giustificazione* e i *sacramenti*.

Quando il Concilio nel 1545 si aprì, alcuni cattolici, specialmente l'imperatore Carlo V, ancora speravano che i luterani potessero essere persuasi o costretti a parteciparvi ed a riconciliarsi. La maggior parte dei cattolici era decisamente scettica a riguardo, ma questi non avrebbero potuto rifiutarlo di fronte all'insistenza dell'imperatore. Nonostante le continue battute d'arresto, la speranza della riconciliazione continuava ad essere viva nel terzo periodo del Concilio, che iniziò nel 1562. I vescovi e i teologi, sebbene potessero essere totalmente contrari alle posizioni protestanti, fecero del loro meglio per produrre documenti che affermavano semplicemente il tradizionale insegnamento della Chiesa. Come segno di riconciliazione, Trento, a differenza di ogni Concilio precedente, non condannava nessun protestante singolarmente, ma solamente le dottrine o gli insegnamenti che si riteneva fossero abbracciati dai protestanti.

Sin dall'inizio, i legati papali si resero chiaramente conto che la questione chiave, dal punto di vista dottrinale, era quella della *giustificazione*. Lutero accusava i cattolici di essere pelagiani, ovvero di predicare il raggiungimento della salvezza attraverso le buone azioni, come se la salvezza fosse dovuta agli sforzi individuali e la grazia fosse una ricompensa per un corretto comportamento, piuttosto che un dono elargito liberamente da un amore incondizionato. Il Pelagianesimo era un'eresia che la Chiesa, sotto la guida di Sant'Agostino, aveva ripetutamente condannato. Appena i vescovi si misero al lavoro divennero ancora più consapevoli della necessità di proclamare con chiarezza l'assoluta priorità della grazia nel processo della *giustificazione*. D'altra parte, tuttavia, essi reputarono indispensabile ribadire l'importanza della responsabilità umana, per evitare che gli esseri umani potessero figurare come semplici burattini nelle mani di Dio.

Il decreto della *giustificazione*, sul quale il Concilio lavorò per sette mesi, è un grande risultato: è compatibile con l'insegnamento di Lutero? Sebbene lo stesso Concilio non la pensasse così, una dichiarazione congiunta della Federazione Mondiale Luterana e del Vaticano, nel 1999, delineò delle aree di accordo e disaccordo e asserì che la dottrina della *giustificazione* non era più terreno di scontro tra le due Chiese. Il problema principale dell'accordare le asserzioni di Lutero con il decreto di Trento deriva dalla manifestazione di due diverse culture: quella di Lutero, personale ed esistenziale; quella di Trento, accademica e sistematica. Il decreto di Trento fu la risposta intellettuale, emotivamente fredda, all'angoscia spirituale di Lutero.

Il decreto sulla *giustificazione* fu ratificato nel gennaio 1547, un anno dopo l'apertura del Concilio: in questa sede ci si concentrò sui sette *sacramenti*, compito dottrinale che durerà per sedici anni, fino alla conclusione del Concilio. Allo stesso tempo si dovette affrontare la questione esplosiva della riforma della Chiesa. Sebbene si trattasse di una questione straordinariamente complessa, i vescovi stabilirono che la chiave di una buona riuscita era la riforma dell'episcopato. Il Concilio voleva assicurarsi che i vescovi adempissero ai loro doveri pastorali, così come venivano tradizionalmente intesi. La riforma del Concilio di Trento è stata quindi essenzialmente pastorale: quello di Trento, è stato un Concilio pastorale.

La riforma intendeva, innanzitutto, spingere i vescovi riluttanti a risiedere nella loro diocesi, Milano, la più grande e la più ricca diocesi d'Italia, la quale per ottant'anni non aveva avuto un vescovo residente al suo interno. Il problema era reale e molto diffuso: un vescovo assente intascava le entrate della diocesi e assumeva un vicario che lavorasse per lui. Ancor peggio, poteva ottenere una dispensa che gli consentiva di essere vescovo di due, tre o più diocesi contemporaneamente e acquisire ancora più soldi e la stessa cosa valeva anche per i parroci.

Anche se il diritto canonico proibiva questi abusi in maniera categorica, si trattava di un fenomeno dilagante e ogni sforzo per sradicarli nei cento anni precedenti la riforma era fallito per un unico motivo: la dispensa papale dalla legge. Il papato garantiva queste e altre dispense simili perché le faceva pagare: aveva un enorme bisogno di denaro per le spese correnti. I vescovi cominciarono a credere che l'unico modo per sradicare tali abusi era quello di mettere un freno alle dispense, ma ciò significava sollevare la questione esplosiva dell'autorità papale e quella ancora più dirompente del rapporto tra il Concilio e il Papa.

Il problema aveva un altro aspetto importante: la riforma della Curia romana. L'insistenza sulla residenza dei vescovi nella loro diocesi e sul mantenimento di un solo vescovato, inflisse un colpo ai cardinali vescovi nella Curia, alcuni dei quali erano i peggiori trasgressori. Ad esempio, quando

Papa Paolo III e nominò il suo nipote omonimo Alessandro Farnese cardinale all'età di 14 anni, gli conferì due dei benefici più prestigiosi della Chiesa, ossia gli arcivescovati di Avignone e Monreale, ma in nessuno dei due il cardinale risiedette mai. I riformatori al Concilio tendevano ad eliminare del tutto tali abusi: la riforma della Curia divenne un'ossessione e, viceversa, la resistenza a quella riforma divenne una preoccupazione. Il Concilio deliberò che i cardinali della Curia non dovevano arricchirsi con le entrate della Chiesa, e questo portò sgomento tra di essi. Il decreto fu attuato solo in maniera imperfetta ma istituì una norma che, nel corso del tempo, iniziò a prevalere.

Se si presta attenzione ai documenti finali del Concilio di Trento, non c'è il minimo accenno al fatto che il rapporto tra vescovi e Papa o, più precisamente, tra Concilio e papato, fu la questione più controversa che si dovette affrontare. Quella questione mise il Concilio sempre più in crisi e durante il suo terzo e conclusivo periodo, lo portò ad una totale paralisi per dieci lunghi mesi, durante i quali ci fu incapacità di stilare anche un solo documento. La difficoltà fu, alla fine, risolta con un tormentato compromesso effettuato da un nuovo legato papale, Giovanni Morone, chiamato talvolta «Il Salvatore del Concilio di Trento».

Il decreto del Concilio riguardo il mandato di residenza di vescovi e parroci fu molto più debole di quanto molti vescovi desiderassero: dopo il Concilio, alcuni di essi ancora non risiedevano nelle loro diocesi e nemmeno l'abuso di mantenere contemporaneamente più di un vescovato scomparve da un giorno all'altro. Tuttavia, alla lunga, si affermò la legislazione Tridentina: l'esempio di santi vescovi, soprattutto di Carlo Borromeo di Milano, rese chiaro nel mondo cosa ci si aspettasse da un buon vescovo. Oggi, come risultato del Concilio di Trento, diamo per scontato che un vescovo risieda nella propria diocesi e che un parroco faccia lo stesso nella sua parrocchia.

Il Concilio di Trento aveva un programma limitato ma specifico: concentrare l'insegnamento cattolico nella *giustificazione* e nei *sacramenti* e poi riformare vescovi e parroci. Naturalmente si lavorò su altre questioni, ma furono trattate in modo frettoloso e superficiale: il Concilio non intendeva occuparsi di ogni problema importante della Chiesa. Ad esempio non emise alcun decreto sulle missioni straniere, sebbene il XVI secolo fosse il grande periodo dell'evangelizzazione cattolica del «Nuovo Mondo». Più sorprendentemente, non furono emessi decreti sul primato papale, anche se questo costituiva un insegnamento negato da tutte le Chiese protestanti: sebbene il Concilio approvasse tale dottrina, c'era una divergenza di opinioni su come il papato dovesse operare ed entro quali limiti.

Se il programma di Trento era limitato e piuttosto specifico, quello del Vaticano II fu l'opposto: Papa Giovanni XXIII, nella sua lettera ai vescovi, poco dopo l'annuncio del Concilio, chiese loro di inviare tutto ciò che ritenevano si dovesse trattare. L'agenda era ampia sin dall'inizio, e lo divenne ancor di più quando il Concilio si riunì e si mise al lavoro: di conseguenza, non c'è un aspetto della Chiesa che non sia stato in qualche modo toccato, nei suoi sedici documenti finali.

All'apertura del Concilio, nel 1962, i vescovi erano sgomenti davanti alla prospettiva di lavorare su circa 75 diversi documenti che, in molti casi, sembravano non relazionarsi tra di loro. Il Concilio mancava di un punto focale. Come si sa, alla fine del primo periodo, nel dicembre 1962, trovò invece il suo centro nella dottrina della Chiesa dando origine alle costituzioni *Lumen Gentium* e alla *Gaudium et Spes*: la prima può essere considerata il documento centrale intorno al quale si raggruppano gli altri.

Le premesse di questa decisione furono stabilite dalla *Sacrosanctum Concilium*, sulla Sacra Liturgia : questo fu il primo documento esaminato perché, paragonato agli altri, era quello preparato meglio. Infatti ricevette un'approvazione schiacciante, con soli 46 voti contrari su 2200. Sebbene tratti direttamente di liturgia, deve essere considerata anche una dichiarazione ecclesiologica perché in esso sono presenti, *in nucleus,* tutti i grandi temi ecclesiologici che caratterizzano il Concilio Vaticano II.

Ad esempio la *Sacrosanctum*, affermando la piena e attiva partecipazione di tutti i fedeli all'azione sacra, pose le basi per caratterizzare la Chiesa come Popolo di Dio. Inoltre, pose le fondamenta per la vocazione universale alla santità, che è uno dei segni distintivi del Vaticano II. Nel dichiarare che i simboli, i riti e le tradizioni di culture non occidentali erano benvenuti nella liturgia se privi di superstizione, la *Sacrosanctum* affermava in modo nuovo e concreto la vera universalità della Chiesa cattolica e lo fece proprio come energica reazione all'imperialismo culturale occidentale, che irrompeva nelle ex colonie europee. Insistendo sul fatto che le conferenze episcopali locali avevano l'autorità di prendere determinate decisioni sulla liturgia, la *Sacrosanctum* affermava implicitamente che i vescovi avevano un'autorità divinamente conferita e non erano semplici esecutori della Congregazione dei Riti. Si potrebbe dire molto di più sulla vasta ramificazione di questo documento, oltre la liturgia stessa. In ogni caso, è un buon esempio del vecchio assioma *lex orandi, lex credendi* , soprattutto nella preghiera ufficiale della Chiesa: indica come crediamo... e come ci comportiamo.

La *Sacrosantum* afferma che verranno introdotti alcuni cambiamenti nelle forme liturgiche e presenta un concetto chiave già presentato, implicitamente, nel Concilio di Trento: in che cosa e fino a che punto la Chiesa dovrebbe cambiare alla luce dei mutamenti delle situazioni. A partire dal Concilio di Trento era prevalso il mito che la Chiesa cattolica non cambia: in quel contesto, si era rafforzata questa immagine come reazione alle accuse protestanti, secondo le quali per secoli la Chiesa aveva fallito nel predicare il Vangelo e, di fatto, aveva divulgato il messaggio secondo cui ci salviamo attraverso le buone azioni. In altre parole, la Chiesa cattolica avrebbe contraddetto, a questo proposito e in altri aspetti, l'insegnamento del Nuovo Testamento. A questa accusa, il Concilio di Trento rispose che la Chiesa non si era mai in alcun modo discostata dal Vangelo e nacque così il mito che la Chiesa fosse resistente ad ogni cambiamento: la sua storia divenne quella dell'ininterrotta continuità col passato.

Al tempo del Concilio Vaticano II, il mito dell'assenza di cambiamento aveva perso credibilità: con il fiorire degli studi storici del XIX secolo divenne chiaro, ad esempio, che il dogma dell'Immacolata Concezione non era conosciuto come tale nell'era patristica. Per citare un altro esempio, divenne chiaro che nel sacramento della Penitenza, la confessione privata ad un sacerdote era praticamente sconosciuta alla Chiesa primitiva e, fino al XIII secolo non era in alcun modo richiesta per il perdono dei peccati. Al tempo del Vaticano II, quindi, la Chiesa dovette affrontare il problema del cambiamento verificatosi nel suo insegnamento e nella pratica nel corso dei secoli.

Questo divenne, così un argomento di considerevole rilevanza al Concilio, a volte in modo esplicito, più spesso, implicito: il tema era alla base dei grandi dibattiti affrontati e questo spiega, in larga misura, l'acuta divergenza fra maggioranza e minoranza. La *Sacrosanctum* introdusse nel Concilio, fin da subito, il tema del cambiamento. Fortunatamente, il Beato John Henry Newman aveva fornito la teoria dello sviluppo della dottrina, che il Vaticano II poteva ora richiamare per aiutare la Chiesa ad affrontare il problema.

Quando si chiama in causa la tematica del cambiamento, si è facilmente condotti ad un'altra questione pertinente ai due Concilii. Spesso sentiamo, ad esempio, che il Concilio Vaticano II, a differenza di quello di Trento, fu convocato per affrontare la grande crisi della Riforma, mentre nessuna difficoltà minacciava la Chiesa nel 1959. A sostenere questo punto di vista è il fatto che l'annuncio di Papa Giovanni ha stupito praticamente tutti: perché c'è bisogno di un Concilio? La Chiesa sembra andare bene. Gli argomenti proposti dai vescovi per l'agenda svelavano uno scarso carattere di urgenza o necessità di esaminare la situazione della Chiesa.

Persino quando il Concilio emanò i suoi decreti, sembra che i vescovi non abbiano avuto più di un'intuizione che, specialmente nei 150 anni precedenti, il mondo fosse radicalmente cambiato e che molti presupposti su cui si fondava la Chiesa fossero stati sfidati radicalmente. Con la chiara visione del senno di poi, cinquant'anni dopo la chiusura del Concilio, possiamo in realtà comprendere che la Chiesa ha affrontato una crisi epocale, non esplosiva e ovvia come la Riforma: si è trattato di un più sottile disagio della cultura, ma non meno minaccioso solo perché meno evidente.

Quali erano gli elementi della crisi? Ho già parlato dei fattori più invadenti e profondi: la nuova coscienza storica e l'applicazione di una raffinata metodologia critica ad ogni aspetto del passato. Sebbene questo approccio critico al passato trovasse le sue radici nel Rinascimento Italiano del XV secolo, questo prese una forma pungente e maggiormente critica solo nel XIX secolo. Non sorprende che esso iniziò ad essere applicato alla Bibbia, alla liturgia, alla storia della Chiesa e persino al dogma, come già menzionato.

Appena il passato iniziò a essere studiato in modo più critico, i suoi valori normativi vennero messi in dubbio. Così come aveva osservato molti anni prima Bernard Lonergan, il quale fu illustre professore della Gregoriana, la concezione classica del mondo iniziava a frantumarsi. Due tratti caratterizzavano questa visione: primo, l'Universo era stabile e, secondo, il presente doveva essere determinato in base alle conquiste del passato. Entrambi questi aspetti furono sottoposti a severa critica. Con *l'Origine della Specie* di Darwin, molti studiosi iniziarono ad accettare l'idea dell'evoluzione di tutte le specie, inclusa quella umana, che naturalmente chiamò in causa la storia della Creazione di Adamo ed Eva nella Genesi.

Molto tempo prima, inoltre, gli scienziati avevano messo in discussione i lavori scientifici di Aristotele, cosa che a sua volta mise in dubbio la sua *Metafisica*, sulla quale si basava la gran parte della filosofia e della teologia cattolica. A metà XX secolo, inoltre, gli astronomi avevano scoperto che la nostra galassia era solo una delle tante e stavano per scoprire che ne esistevano a milioni, come la nostra. Queste scoperte portarono poi alla rivelazione che l'Universo, lungi dall'essere stabile, si stava invece espandendo ad un ritmo veloce.

Al livello meno elevato della politica e della teoria politica, la Rivoluzione Francese aveva radicalmente sfidato tutte le autorità, dall'alto al basso, e fu un primo passo per l'affermazione della democrazia nell'Europa Occidentale e altrove dopo la Seconda Guerra Mondiale. L'autorità politica ora si fondava sul consenso dei governati, non su una teologia o metafisica della monarchia. I moderni mezzi di trasporto e comunicazione avevano abbattuto la sicurezza dei ghetti religiosi: protestanti, cattolici, ebrei e persino altri cominciarono a mescolarsi liberamente e a chiedersi quale rapporto avessero tra loro. Iniziarono, così, a trovare legami comuni e ne divennero ancor più consapevoli nella catastrofe dell'Olocausto.

Le grandi potenze coloniali come L'Inghilterra, la Francia e il Belgio, ora si sentivano costrette a concedere l'indipendenza alle loro ex colonie, cosa che, come ho menzionato, coincise con l'esplosione violenta contro l'imperialismo culturale occidentale, attribuito persino ai missionari. Le ex colonie chiedevano il riconoscimento della dignità delle loro culture e tradizioni. Il mondo era sempre stato multiculturale ma ora lo era consapevolmente, cosa che sollevò profondi interrogativi per una Chiesa le cui tradizioni erano così visibilmente occidentali.

Questi sono solo alcuni degli elementi di quella che viene definita modernità o anche post-modernità. Non dovremmo ingannarci pensando che questo fenomeno è soltanto un'altra delle tante crisi culturali della storia dell'occidente. Ma il cosiddetto mondo moderno e la relativa mentalità sono diversi rispetto a prima non per intensità ma per tipologia. Questo implicò profonde conseguenze per una Chiesa che, al livello ufficiale, prima del Concilio, considerava questi sviluppi così minacciosi tanto da condannarli e sperare che si dileguassero. Alcune volte volontariamente e altre involontariamente, il Concilio cercò di affrontare il problema: dopotutto i vescovi presenti non vivevano una vita separata dalla realtà del presente.

Ad un certo livello, la maggior parte dei partecipanti al Concilio prese consapevolezza del problema e cercava delle soluzioni e questo aiuta a spiegare, ancora una volta, come il divario tra maggioranza e minoranza si diffuse così rapidamente e fu permanente per tutta la durata del Concilio. Alla base di ogni crisi si pose il problema del «mondo moderno» e di come gestirlo: nessun documento del Concilio può essere completamente compreso senza considerare questa questione. Ma nessuna dichiarazione lo esamina completamente perché il problema è troppo vasto, intenso e complesso per essere trattato in un unico documento o perché un singolo Concilio possa affrontarlo in modo adeguato.

Se il Concilio di Trento e il Vaticano II sono simili in quanto entrambi affrontano crisi severe nella Chiesa, anche se molto diverse, sono affini anche per un altro aspetto che spesso non viene notato. Come ho già detto, il problema ricorrente nei dibattiti del Concilio di Trento è il rapporto tra vescovi e papato, in particolare tra episcopato e papato, anche se non ve n'è traccia nei documenti finali.

Lo stesso accade nel Vaticano II e il problema emerse subito con la *Sacrosanctum*: quando la bozza di questo decreto concesse alle Conferenze Episcopali la facoltà di prendere alcune decisioni sulla liturgia, ci fu una forte obiezione riguardo tale concessione, la quale fu vista come un attacco all'autorità della Santa Sede. Alla fine l'autorizzazione rimase invariata, ma l'acceso dibattito sulla questione segnalò che era stato toccato un nervo sensibile. Come è noto, il conflitto irruppe in piena forza sulla collegialità episcopale e continuò ad essere combattuta in un modo o nell'altro anche dopo che la dottrina era stata approvata in linea di principio.

Come a Trento, nel Concilio Vaticano II un aspetto di questa tematica è rappresentato dalla Riforma della Curia romana. Certamente nessun cardinale nella Curia romana deteneva plurimi benefici o accumulava grandi fortune personali come ai tempi di Trento: i problemi erano completamente diversi.

Molti vescovi, però, avevano la sensazione che le Congregazioni Romane li trattassero come servitori e senza rispettare l'autorità e l'autonomia che l'ordinazione episcopale aveva loro conferito. Inoltre, durante il primo periodo del Concilio, nell'autunno 1962, i vescovi cominciarono a sentire fortemente i tentativi della Curia di controllare il programma del Concilio. Alla fine di questo periodo, la Riforma della Curia era divenuto un problema scottante.

Paolo VI stemperò la tensione quando, pochi mesi dopo la sua elezione, si rivolse alla Curia comunicando ai suoi membri che la riforma sarebbe stata necessaria e che l'avrebbe intrapresa insieme a loro. Così, la riforma della Curia continuò ad essere un tema scottante per il resto del Concilio, mentre i membri attendevano le riforme promesse dal Papa. Paolo VI operò dei cambiamenti nella Curia, ma certamente non così radicali come alcuni membri del Concilio ritenessero necessari. È interessante, anche se non sorprendente, che al giorno d'oggi la questione della riforma della Curia è ancora un argomento di cui si discute molto.

C'è ancora un altro aspetto che accomuna questi due Concilii: in modi diversi e su livelli differenti, furono entrambi Concilii di riconciliazione. Con il decreto dell'ecumenismo, *Unitatis redintegratio*, e quello sulle religioni non cristiane, *Nostra Aetate*, la dinamica riconciliatoria del Vaticano II è evidente.

Non è così ovvio per Trento, ma dobbiamo ricordare che l'unica ragione per cui il Concilio ebbe luogo a Trento, e non altrove, era la speranza che i luterani potessero essere persuasi o costretti a partecipare: solo in una città neutrale come Trento poteva avvenire la riconciliazione. Infatti, durante il secondo periodo, 1551-1552, giunsero diverse delegazioni di luterani al Concilio e fu loro concessa la parola. Ne risultò un'assoluta situazione di stallo, non tanto per un disaccordo su questa o quella dottrina specifica ma perché il luteranesimo era divenuto, nel frattempo, un sistema incompatibile con quello cattolico.

Molto, molto di più dovrebbe essere detto su ogni aspetto che ho affrontato. Ciò che questa mattina ho cercato soprattutto di suggerire è che entrambi questi Concilii sono stati degli eventi della più grande complessità. Non sorprende, quindi, che essi siano stati oggetto di malintesi e slogan che ne hanno distorto il significato. Meritano di più: il nostro studio, ma anche il nostro rispetto, la nostra benevolenza, in quanto hanno cercato di affrontare problemi più grandi di loro stessi.

Lasciatemi concludere rivolgendo una parola personale agli studenti della Pontificia Università Gregoriana, istituzione che ha una gloriosa tradizione di servizio alla Chiesa: vi state preparando per il futuro ministero, mentre io sono in quella fase della vita in cui sto per concludere il mio, che è stato quello, altamente specializzato, di studiare la storia della Chiesa, di riflettere su di essa, di scriverne e di insegnarla.

Mi sono appassionato perché lo considero di essenziale importanza, per la Chiesa. Non ho scritto un libro sul Concilio di Trento e un altro sul Concilio Vaticano II per soddisfare la mia curiosità. Non sono venuto qui questa mattina semplicemente per offrirvi qualche informazione su due importanti Concilii, come se non avessero importanza per la nostra vita o per il momento attuale della vita della Chiesa.

Credo che, invece, quello di cui mi sono occupato e la lezione di questa mattina abbiano rilevanza per la vostra vita, il vostro ministero ed il momento attuale della Chiesa. La rilevanza è molteplice, posso solo suggerirne alcuni aspetti.

Lo studio della storia della Chiesa rivela la ricchezza della tradizione cattolica e le molteplici forme che ha assunto. Mostra quanto sia diverso il presente dal passato e così ci avverte del rischio di legittimare il presente come se fosse l'unico modo in cui possa essere espressa la tradizione della Chiesa. Per esempio, il prossimo Concilio non deve essere per forza il Vaticano III, potrebbe essere il Manila I, né dovrà essere organizzato necessariamente come Trento o come il Vaticano II. In altre parole, lo studio della Storia della Chiesa può accendere la nostra immaginazione ed aiutarci a vedere la libertà che la tradizione ci consente: non ci dice cosa fare ma ci dà la libertà di fare ciò che è necessario.

C'è di più: magari ci è capitato di incontrare persone affette da amnesia, che non sanno chi siano i propri genitori, i propri coniugi, i propri figli e riconoscono solo il momento presenti. Credo che se non conosciamo la nostra storia, non sappiamo chi siamo. Non sappiamo chi sono i nostri genitori. Non sappiamo quale scuola abbiamo frequentato o cosa abbiamo imparato: siamo vittime di un'amnesia collettiva. Se tutto ciò che conosciamo è il momento attuale della Chiesa, allora noi siamo intrappolati in quel momento e non possiamo più fuggirvi.

Non sappiamo chi siamo e neanche dove siamo, perché non sappiamo come siamo arrivati ad essere dove siamo. Se non sappiamo dove siamo, siamo menomati nel prendere decisioni prudenti per il futuro.

Viviamo in un periodo di cultura che si è fossilizzato dal momento presente ed ha solo una brevissima memoria di ciò che è accaduto l'altro ieri. Noi che viviamo nella grande tradizione del Cattolicesimo, non possiamo lasciarci cadere in questo modello. Se, come cristiani, vogliamo avere un atteggiamento in contro tendenza culturale, questo è un buon punto di partenza: iniziare conoscendo la ricchezza della tradizione per potervi costruire sopra il futuro.

Ad un livello più basso e personale, credo che lo studio della nostra tradizione nella sua ricchezza e diversità possa, se fatto bene, aiutarci a diventare esseri umani e cristiani migliori. Diventare tolleranti delle follie del passato ci può rendere meno propensi a giudicare coloro con i quali siamo in disaccordo nel presente. In una parola, può renderci esseri umani più saggi e così migliori ministri nella Chiesa. Nel congedarmi da voi questa mattina, prego affinché vi sia concessa questa grazia: che possiate proseguire i vostri studi della tradizione cattolica nella Pontificia Università Gregoriana.

Grazie.

INDICE

FACOLTÀ DI TEOLOGIA

P. Humberto Miguel YÁÑEZ, S.I.
Il Concilio Vaticano II, evento morale 3

P. Samuel VELÁSQUEZ SERRANO
Il piccolo concilio di «Medellin» porta del concilio Vaticano II
in America latina: «l'aggiornamento ecclesiale di una chiesa
che ascoltò il grido dei poveri» 18

Rev. Dario VITALI
Prima del Concilio:
una retrospettiva ecclesiologica tra Vaticano I e Vaticano II 30

Alberta M. PUTTI
Dopo il Concilio: le tesi di dottorato sul Vaticano II
nella Facoltà di teologia 35

Marcos RIBEIRO FARIA
Il contributo dei professori della Facoltà di teologia
allo studio del Vaticano II 47

Rev. Pasquale BUA
La Gregoriana verso il Concilio: i voti della facoltà di teologia
nella fase antepreparatoria del Vaticano II 59

P. Jean-Pierre SONNET, S.I.
L'ispirazione biblica al Concilio Vaticano II.
Il Concilio fonte di ispirazione per il nostro lavoro esegetico? 77

Sr. Elena CHIAMENTI
Uno sguardo unitario e sintetico:
il cammino dello studente di teologia biblica 83

Prof.ssa Maria Carmen APARICIO VALLS
Complementarietà tra la *Dei Verbum* e la *Gaudium et spes* 86

Maximillian GRECH
Una sensibilità maggiore alla cultura scientifica nel Vaticano II
...alla luce della rivelazione 94

Francisco HERRERA
Apostolicam actuositatem e la sua complementarietà
con il resto dei documenti conciliari 98

FACOLTÀ DI DIRITTO CANONICO

P. Gianfranco GHIRLANDA, S.I.
Il libro II del Codice di diritto canonico
alla luce di Vaticano II 101

Jordi Bertomeu FARNÓS
La riforma del codice nell'ottica del Concilio:
per una interpretazione «conciliare» del can. 517 §2 103

FACOLTÀ DI FILOSOFIA

P. Kevin L. FLANNERY, S.I.
I documenti del secondo Concilio Vaticano e la filosofia 107

P. Paul GILBERT, S.I.
L'insegnamento della filosofia in Gregoriana
all'epoca del Concilio Vaticano II 112

FACOLTÀ DI STORIA E BENI CULTURALI DELLA CHIESA

P. Norman TANNER, S.I.
Novità, sviluppi o continuità nel Concilio Vaticano II
How «novel» was Vatican II? 122

Robert Henry YOUNG
John Henry Newman e i concili della chiesa 130

FACOLTÀ DI SCIENZE SOCIALI

Il forum della Facoltà di scienze sociali
Gaudium et Spes della società odierna.
Riflessioni interdisciplinari sul film Most/The Bridge (2003) 136

ISTITUTO DI SPIRITUALITÀ

P. Mihály SZENTMÁRTONI, S.I.
L'Esperienza mistica – Un dono di Dio per tutti.
L'apporto del Concilio Vaticano II 148

Emma CAROLEO
La radicalità dell'Evangelo in compagnia degli uomini
e delle donne: l'esperienza spirituale
della Comunità monastica di Bose 157

Gabriel Vasile BUBOI
Ospitalità alla Parola ed esperienza del martirio
nella Chiesa Greco-Cattolica di Romania 162

ISTITUTO DI PSICOLOGIA

P. Franco IMODA, S.I.
Il Concilio Vaticano II e l'Istituto di Psicologia
all'Università Gregoriana. Radici, ragioni, nesso, sviluppi 166

P. Tim HEALY, S.I.
Un Concilio «pastorale»: visitando alcune riflessioni
di Bernard Lonergan sul Concilio Vaticano II 177

CENTRO INTERDISCIPLINARE SULLA COMUNICAZIONE SOCIALE

Dott. Stephen OGONGO ONGONG'A
Il Concilio Vaticano II nella vita della Chiesa africana 181

CENTRO INTERDISCIPLINARE PER LA FORMAZIONE DEI FORMATORI AL SACERDOZIO E ALLA VITA CONSACRATA

Rev. Alessandro Maria RAVAGLIOLI
Formazione al Sacerdozio/Vita Consacrata e Psicologia:
il contributo del Vaticano II e i suoi sviluppi 186

Don Mario TOMLJANOVIĆ
La crisi di identità sacerdotale dopo il concilio Vaticano II 197

CENTRO FEDE E CULTURA «ALBERTO HURTADO»
Il Concilio alla prova del presente 199

CENTRO «CARDINAL BEA» PER GLI STUDI GIUDAICI

Carla PIRAS
Ebraismo in Sardegna nel periodo post conciliare 210

Rafael STARNITZKY
Documenti della Chiesa
fondamentali per il Dialogo Ebraico – Cristiano 212

P. John O'MALLEY, S.I.
  Rileggere i concili di Trento e Vaticano II 214

Gregoriana

1. «Vivere insieme» nell'Europa di oggi
   (Herman Achille VAN ROMPUY, Giovanni Maria FLICK)

2. *Patrem consummat Filius*
   Omaggio al R. P. Luis Ladaria, S.I.

3. La nuova evangelizzazione
   Dies academicus 2011-12

4. *The Council of Trent. Myths, Misunderstandings, and Unintended Consequences*
   R.P. John O'MALLEY S.I.

5. Il ministero dello storico
   Omaggio al R. P. Marcel Chappin, S.I.

6. De Robert Schuman à demain
   suite du Christ et engagement politique

7. Défis européens
   Cycle de conférences de Michel Praet
   Conseiller du Président de l'Union Européenne

8. Tra passato e futuro, la missione della Chiesa Cattolica in Asia: il contributo della Sophia University

9. Dies Academicus
   L'evento conciliare nella vita della Chiesa